U0446718

转型时期英国社会重构与社会关系调整研究

姜德福 等著

商务印书馆
The Commercial Press
2017年·北京

图书在版编目(CIP)数据

转型时期英国社会重构与社会关系调整研究/姜德福等著.—北京:商务印书馆,2017
ISBN 978-7-100-12977-0

Ⅰ.①转… Ⅱ.①姜… Ⅲ.①社会结构—重组—研究—英国 ②社会关系—调整—研究—英国 Ⅳ.①D756.16

中国版本图书馆 CIP 数据核字(2017)第 036877 号

权利保留,侵权必究。

转型时期英国社会重构与社会关系调整研究
姜德福 等 著

商 务 印 书 馆 出 版
(北京王府井大街36号 邮政编码100710)
商 务 印 书 馆 发 行
北京市十月有限公司印刷
ISBN 978-7-100-12977-0

2017年6月第1版　开本 880×1230 1/32
2017年6月北京第1次印刷　印张 11½
定价:39.00元

本书获得教育部人文社会科学一般项目"转型时期英国社会重构与社会关系调整研究"(项目批准号 10YJA770018)资助

目录

序言 ……………1

第一章 贵族优势的延续 ……………4
第一节 贵族经济优势的延续 ……………4
一、逐步扩展的地产 ……………4
二、多样化的经济行为 ……………12
三、收支与债务问题 ……………27
第二节 贵族与国家的关系 ……………51
一、贵族与王权关系的演变 ……………51
二、贵族政治优势的延续 ……………56
第三节 贵族在文化生活中的地位 ……………63
一、贵族对文化活动的涉足 ……………63
二、贵族扮演文化生活新角色的动因 ……………67
三、贵族对文化生活的主导 ……………69

第二章 宗教改革后的国教会教士 ……………73
第一节 国教会教士的经济状况 ……………73
一、安妮女王津贴与贫困教职救助 ……………73
二、国教会堂区教士的富裕程度 ……………81
第二节 国教会教士的职业化 ……………85
一、神权等级的瓦解 ……………85

二、现代职业特征的显现⋯⋯⋯91
　第三节　国教会教士的社会角色⋯⋯⋯98
　　一、教区教士的多重社会角色⋯⋯⋯98
　　二、教区教士担负多重社会角色的原因⋯⋯⋯102
　　三、多重社会角色对教士与教民关系的影响⋯⋯⋯105

第三章　"光荣革命"后的议会下院议员⋯⋯⋯108
　第一节　下院议员的个人资历⋯⋯⋯108
　　一、下院议员的年龄⋯⋯⋯109
　　二、下院议员的参政经历⋯⋯⋯114
　　三、下院议员的教育状况⋯⋯⋯120
　第二节　下院议员的社会构成⋯⋯⋯128
　　一、下院中的土地所有者⋯⋯⋯128
　　二、下院中的职业集团⋯⋯⋯131
　　三、下院中的商人⋯⋯⋯133
　第三节　下院议员的社会地位⋯⋯⋯136
　　一、下院议员的等级地位⋯⋯⋯136
　　二、下院议员的经济地位⋯⋯⋯139

第四章　维多利亚时代贵族女性的社会活动⋯⋯⋯146
　第一节　维多利亚时代的英国社会⋯⋯⋯146
　　一、维多利亚时代⋯⋯⋯146
　　二、维多利亚时代的各阶层女性⋯⋯⋯150
　第二节　贵族女性的社会活动⋯⋯⋯155
　　一、贵族女性与政治⋯⋯⋯156

二、贵族女性与经济 ············ *165*

三、贵族女性与社会慈善 ············ *172*

四、贵族女性与休闲活动 ············ *179*

第三节 贵族女性社会活动的影响 ············ *183*

一、对社会发展及贵族阶层的影响 ············ *183*

二、对社会文化的影响 ············ *189*

三、贵族女性获得自我提升 ············ *191*

第五章 权力精英的重构 ············ *193*

第一节 权力精英与王权 ············ *193*

一、政治纽带 ············ *194*

二、经济纽带 ············ *210*

三、社会纽带 ············ *214*

第二节 权力精英与庇护制度 ············ *219*

一、庇护制与政治生活 ············ *220*

二、权力精英庇护下的议会选举 ············ *225*

三、权力精英与地方社会 ············ *234*

第六章 邻里关系与乡村司法判案 ············ *240*

第一节 乡村社会关系与乡村管理 ············ *240*

一、乡村社会关系 ············ *241*

二、乡村司法体系与执法者 ············ *250*

第二节 邻里关系在司法判案中的作用 ············ *255*

一、案件的目击者与报案人 ············ *255*

二、案件审理中的重要证人 ············ *258*

三、为受控告的邻人请愿……261
第三节 乡村的法治与司法……263
 一、村民对犯罪的认识……264
 二、邻里感情对法治的抵制……267
 三、"人治"与"法治"：对抗中的妥协……272

第七章 18世纪的政党政治与报刊业……277
第一节 18世纪党争缘起与报刊业的发展……277
 一、党争的缘起……278
 二、报刊业发展概况……284
 三、政府对报刊业的管理……294
第二节 18世纪前期报刊业的发展与党争……301
 一、政党报刊的兴起……301
 二、报刊对党争的参与……305
 三、政党报刊的衰落与商业报刊的兴起……313
第三节 18世纪后期政党政治与报刊业……321
 一、威尔克斯事件与报刊业……321
 二、北美殖民地独立战争与报刊业……327
 三、法国大革命与英国报刊业……331

结语……339
参考文献……343
后记……359

序 言

16世纪至19世纪，英国逐步从传统农业社会向现代工业社会转型，转型中的英国成为国际学术界关注的焦点。在西方学术界，R. H. 托尼（R. H. Tawney）、劳伦斯·斯通（L. Stone）、彼得·拉斯莱特（P. Laslett）、克里斯托弗·希尔（C. Hill）等学者对英国社会转型研究倾注了大量心血，他们关注农业革命、社会阶层演变、人口结构变迁、宪政变迁等问题，发表了《16世纪的农业问题》(*The Agrarian Problem in the Sixteeth Century*)、《贵族的危机1558—1641》(*The Crisis of the Aristocracy 1558-1641*)、《我们失去的世界》(*The World We Have Lost*)、《17世纪英国的变迁与延续》(*Change and Continuity in Seventeenth-Century England*)、《现代早期英国社会的变迁与延续1550—1750》(*Social Change and Continuity in Early Modern England 1550—1750*)等研究论著。改革开放后国内学术界的相关研究有了较大进步，戚国淦、刘新成、钱乘旦、侯建新、阎照祥、王晋新等学者关注贵族体制研究、工业资产阶级研究、社会保障制度研究、流民问题研究、社会结构研究、农民与农业问题研究、城市问题研究等,并发表了相关论著。其中较有代表性的论著有:《在传统与变革之间》、《英国16世纪经济变革与政策研究》、《英国都铎王朝议会研究》、《现代化第一基石》、《城市转型与英国的勃兴》、《农民经济的历史变迁》、《英国社会保障制度的发展》等。应该说,转型时期英国社会结构与社会关系调整的研究也已经有人关注,如斯通的《1500—1700年英国的社会流动》(Social Mobility in England 1500—1700)、舒小昀的《分化与整合:1688—1783年英国社会结构分析》等。关于英国社会关系的调整及政府社会治理策略的转变,国内外的相关论著主要有 A. J. 弗莱彻(A. J. Fletcher)的《现代早期英国的秩序与动乱》(Order and Disorder in Early Modern England)、尹虹的《十六、十七世纪前期英国流民问题研究》、刘金源的《现代化与英国社会转型》等。

本书以16世纪至19世纪为时间断限,以此间英国社会结构重组与社会关系调整为研究对象,从社会阶层的变迁、权力精英的重构、乡村社会治理的转变等方面入手,科学分析转型时期英国社会变迁、社会结构重组与社会关系调整中出现的问题、产生的矛盾与冲突、化解矛盾与解决问题的思路与手段,进而揭示英国模式的意义所在。以马克思主义历史唯物主义为基本指导思想,充分利用现有条件,在吸纳国内外学术界研究成果的基础上,多视角多层次地勾勒出社会转型时期英国社会结构重组与社会关系调整的全貌;采用社会史的研究方法,运用社会理论全面考察英国社会转型过程中社会结构重组与社会关系调整的状况及相互关系,揭示社会转型时期英国社会结构重组与社会关系调整的性质与意义。

作为第一次工业革命的发源地和世界上首个工业化国家,英国在"西方的崛起"中发挥了无可替代的作用,即使在整个西方范围来说也具有典型性和独特性。社会转型是阶级和集团力量此消彼长的时代，往往导致社会骚乱和动荡。但英国社会转型却以相对平稳为基本特点。这种相对平稳与英国的社会结构重组及社会关系的调整密切相关，对这一问题的深入研究，将加深我们对英国社会转型模式的认识，同时也将进一步丰富英国历史研究。另外，我国正处在社会急剧转型时期，原有的社会领域、社会结构、社会功能都在不断分化，社会秩序处在一定程度的失范状态中，我们面临着许多发展机遇，同时也附带着许多冲突。因此，研究转型时期英国社会结构重组与社会关系的调整，可以借他山之石，攻己之玉，促进我们对转型时期中国的社会结构及其变迁的认识，从而为党和国家制定相应的路线、方针、政策，解决我国社会转型时期出现的诸多问题，提供理论借鉴和学术支持。

第一章 贵族优势的延续

贵族是近代英国社会分层体系的重要组成部分之一,它的发展演变是英国社会转型的体现。作为这一时期英国社会构成中的强势集团与社会主角之一,贵族积极迎接社会变迁带来的挑战,抓住了历史机遇,在经济、政治、文化等方面继续保持着优势地位。

第一节 贵族经济优势的延续

这一时期,英国贵族也经历了经济上的危机,但他们通过扩大地产,开展多样性的经济活动,不仅度过了危机,而且进一步扩大了他们的经济优势,即使到19世纪中叶,贵族的经济优势仍然没有遭到根本性的撼动。

一、逐步扩展的地产

地产是贵族财富与地位的根基,是他们的信用基础,是他们世代可靠的财富。用威廉·马歇尔的话说,"土地财富是所有其他形式的财富建立的基础"。[1] "在贵族的自我意识中，土地是重要的，在他们要呈献给别人的形象中，土地也是关键的因素"。[2] 在当时的人们看来，地产拥有其他形式的财富所不具备的稳定性。托克维尔认为，地产与贵族家族的命运紧密相连，"家庭的声望几乎完全以土地体现。家庭代表土地，土地代表家庭。家庭的姓氏、起源、荣誉、势力和德行，依靠土地而永久流传下去。土地既是证明家庭的过去的不朽证明，又是维持未来的存在的确实保证。"[3]

拥有足够数量的地产是成为贵族、晋升爵位的必备条件。1846年，第十四代德比伯爵在上院说道，贵族就是"这个国家的一大批土地所有者"。[4] 直到19世纪晚期，获封贵族爵位的最主要条件仍然是拥有地产，而且，如果没有足够的地产，就不要指望在贵族的等级阶梯上更进一步。可以说，在贵族内部，谁拥有的地产数量越多，谁晋升爵位等级的机会就越大。贝克特认为，"在1914年之前，虽然人们承认购买小块土地可能有机会进入贵族阶层，但是，只有极少数家族在没有大片土地的情况下进入到贵族上层。"[5]

长期以来形成的贵族财产等级制，"要求爵位领有人必须拥有与其地位相称的地产"。[6] 光荣革命以后，这一点更是成为整个社会的共识。1701年，朗格维尔子爵指出，新晋子爵至少应该拥有每年4000镑的稳定收入，

---

[1] J. V. Beckett, *The Aristocracy in England 1660-1914*, New York: Basil Blackwell, 1986, p.43.
[2] 姜德福：《社会变迁中的贵族》，北京：商务印书馆2004年版，第151页。
[3] 〔法〕托克维尔：《论美国的民主》，上卷，董果良译，北京：商务印书馆1996年版，第55页。
[4] J. V. Beckett, *The Aristocracy in England 1660-1914*, p. 21.
[5] J. V. Beckett, *The Aristocracy in England 1660-1914*, Introduction, p. 3. 需要说明的是，贝克特这里说的贵族是包括从男爵和骑士在内的。
[6] 阎照祥：《英国近代贵族体制研究》，北京：人民出版社2006年版，第144页。

而新晋男爵则至少应该拥有每年3000镑的稳定收入。[1]这种共识使得那些争取进入贵族行列的家族或意图晋升更高爵位的贵族，在处理爵位和地产之间关系的时候，必须给予足够的重视。他们会通过各种途径和手段，使自己拥有的地产达到足以与其爵位相称的规模。

1690年，第二代沃灵顿伯爵的父亲在决定接受伯爵爵位时，其年均收入只有2000镑。因此，他的决定遭到了家族的反对，认为他负担不起伯爵的花销，这会有损于家族的声望。1702年，马尔伯勒的妻子萨拉不希望他接受公爵爵位，因为他的经济状况距离公爵爵位的资产要求还有较大距离，在马尔伯勒得到一笔5000镑的年金时，萨拉才同意他接受公爵爵位。[2]这说明，贵族们在其地产规模与爵位不相称的情况下，对于爵位的晋升往往持有比较谨慎的态度。为了使自己的地产规模与爵位相称，贵族们会购进地产，扩大自己的地产规模。威灵顿以263000镑的价格买下斯特拉菲尔德—萨耶（Stratfield Saye），就是为了拥有一块与其公爵地位相称的地产。纳尔逊伯爵以120000镑的价格买下索尔兹伯里附近的一块地产，并更名为特拉法加庭园（Trafalgar Park），也是出于同样目的。[3]拥有足够规模的地产，会让那些即将获封贵族爵位的人自信满满。1712年1月，理查德·诺顿致信牛津伯爵，表示"我非常愿意在上院为您效力。我的地产年收入从未低于4000镑，今后也不会。"[4]而那些试图晋升爵位的贵族也会表示，他们的地产可以负担得起更加耗费钱财的爵位。

正是出于这种共识，很少有人在没有大量地产的情况下成为贵族。没

---

[1] J. V. Beckett, *The Aristocracy in England 1660-1914*, p. 44.
[2] Ibid.
[3] Ibid.
[4] Ibid, p. 45.

有足够规模的地产而成为贵族，往往会受到人们的质疑。威廉·皮特就在这个问题上受到了指责。不过，在他担任首相期间获封爵位的多数贵族来自家世更为久远、根基更雄厚的土地家族。到19世纪，这种情况也没有发生太大变化。在1802年至1830年间获封爵位的贵族中，有三分之一的人在获封爵位时只有很少或没有土地，但这只是某种例外，因为在1833年至1885年间受封的贵族中，只有五分之一的人拥有的土地在3000英亩以下。[1]

由于地产是世代相传的产业，是身份与地位的重要标志，贵族必须保护好地产，最好能够扩大地产。为了加强对家族地产的保护，贵族们寻求法律上的保障。在这方面，有多种制度发挥了重要作用。其一是长子继承制，按照这个制度的规定，贵族家族的地产只能由贵族的直系长子来继承。其二是限定继承制度，根据这个制度的规定，贵族家族的地产继承并不局限于直系长子，其特定亲属序列中的其他后代也有权继承。这两种制度的目的是确保土地永远留在贵族家族之内，避免了大地产因被众多子女继承而碎化的可能，维持了贵族家族土地保有量的稳定。即便是为了照顾幼子和女儿利益的家产析分制度，也不仅仅让那些家族保持所有地产的完整性，而且鼓励地产的集聚。乔治·布罗德里克认为，"建立在长子继承制基础之上并受到家产析分制度保护的土地制度，具有直接的防止土地分散的倾向……其进一步的作用是促进小块土地的集聚和地块数量的持续减少。"因此，有人认为，家产析分制度是"贵族为了使土地掌握在少数人手里的精心设计，其代价是……大多数人的牺牲"。[2]

---

[1] J. V. Beckett, *The Aristocracy in England 1660-1914*, p. 46.
[2] Ibid, p. 60.

正因如此，只有在遇到极端困难的情况下，作为最后的不得已手段，贵族才会考虑出售地产，而这样做往往会在上流社会引起非议，甚至给家族声望和地位带来极其不利的影响。1830年菲茨威廉规劝第六代德文郡公爵不要为了偿还债务而出售地产，他说："出售一些地产不会使您获益甚多，可您又怎样去弥补因这一小笔收入而造成的损失呢？现在，您要全面权衡各种情况，约克郡东区的头号绅士失去一大片地产会是一件众所周知的事件，这肯定会对您的声誉、对您在国内社会上所占有的地位造成明显伤害。"这种看法也影响了第七代德文郡公爵，即便债务缠身，他依旧拒绝用出售地产的办法来还债，因为他意识到，这种做法会降低其家族的影响和地位。[1]

出售地产会降低家族的地位，而购进地产，无论其经济收益如何，都被认为提升了地位。正如《经济学家》杂志所说："在英国，花费百万巨款，耗尽半数财富，购买了1万英亩土地，然而经济回报低微，靠着剩下的财富生活……但在更多人的眼中，他是个大人物。"[2] 为了使自己的财力与爵位相称，为了维持与爵位相称的生活方式和生活水平，为了实现进一步攀升爵位等级的目标，贵族们会通过各种途径扩大自己的地产规模。

购买土地是贵族构建大地产的一个重要途径。1807年，诺森伯兰公爵家族在其原来的郡拥有134000英亩土地，1817年至1847年间，第三代公爵花费375000镑购买土地，到1850年该家族拥有大约161000英亩土地。到1865年，其继承人又花费94000镑购买土地，三年之后，该家族的土地

---

[1] 阎照祥：《英国近代贵族体制研究》，第136页。
[2] J. V. Beckett, *The Aristocracy in England 1660-1914*, p. 43.

总共达到166000英亩。1814年至1848年间,第二代布特侯爵花费150000镑购买土地,这是他的格拉摩根(Glamorgan)地产重组计划的一部分,1839年,第四代纽卡斯尔公爵花费375000镑用于沃克索普(Worksop)庄园,以巩固他在诺丁汉郡的产业。如果手头资金不足,他们还会借款以保证购买土地。1773年至1790年间,德文郡公爵借了170000镑用于购买地产,而纽卡斯尔公爵也是通过银行家的帮助,为他获得沃克索普庄园提供了资金支持。[1]

继承是扩大地产的又一个重要途径。这里所说的继承指的是除父子继承之外的继承,主要包括通过联姻而实现的继承和因为缺少直系男性继承人而由远房男性亲属继承地产两种情况。17世纪末,理查德·格伦维尔还是一个富有的绅士,在娶了科巴姆子爵的女继承人后,获得了位于白金汉郡和沃里克郡的地产以及贵族爵位。他的孙子娶了纽金特勋爵的女儿后,获得了位于爱尔兰、康沃尔和埃塞克斯的地产,进而铺平了通向侯爵的道路。第一代侯爵的儿子娶了第三代钱多斯公爵的女继承人,继承了位于汉普郡、米德尔塞克斯郡和萨默塞特郡的地产,并获得了公爵爵位。与女继承人的联姻也让利文森—高尔家族和格罗夫纳家族从中受益,后者在伦敦的庞大地产就来源于1677年的一桩联姻。有些大家族往往通过继承等途径,将大量地产集中到一个家族手中。德比伯爵即斯坦利家族和拉特兰伯爵即曼纳家族这两个16世纪领地最广的显贵家族,主要是通过这种途径获得其家族的巨额地产的。[2]当然,并不是所有的联姻都对扩大地产产生

---

[1] J. V. Beckett, *The Aristocracy in England 1660-1914*, p. 54.
[2] C. G. A. Clay, *Economic Expansion and Social Change: England 1500-1700*, 2 Vols., Cambridge University Press, 1984, p. 143.

积极作用。"来自爱尔兰的证据表明，这类联姻对地产积累的影响不大。"[1]

贵族们还会通过地产交换来实现地产集中连片的计划，或者出售一些附属产业以筹集资金购进相邻地产，以扩大地产面积。埃格蒙特伯爵的注意力全部集中在西苏塞克斯，在购买了 14000 英亩土地后，又于 1800 年至 1830 年间通过交换获得了 1200 英亩土地，从而进一步扩大了自己的地产规模。

除了以上途径，一些政治变动也成为贵族们扩大地产的良机。亨利八世没收并出售修道院地产，给了相当多贵族扩大地产的机会。至 1547 年为止，国王将没收的修道院地产的 14% 授予了贵族。[2] 根据托尼对格罗斯特郡、北安普顿郡和沃里克郡 250 个原属修道院的庄园进行的研究，最初有 1/6 以上的修道院庄园土地为 17 个贵族所有。到 1558 年，莱斯特郡修道院土地的 30% 落到贵族之手。南安普顿郡伯爵、桑迪斯勋爵和波利特勋爵三家贵族获得了汉普顿郡将近 40% 的修道院庄园土地。[3]

通过上述途径和手段，贵族们普遍集聚了大量地产。根据约翰·贝特曼在 1883 年的统计，当时英国最大的四块地产都归公爵所有，60000 英亩及以上的 10 块地产都属于贵族。在 331 个拥有 10000 英亩及以上地产的所有者中，有 21 个公爵中的 20 个，19 个侯爵中的 17 个，115 个伯爵中的 74 个，25 个子爵中的 10 个，248 个男爵中的 50 个，分别占到 95%、89%、64%、40% 和 20%。[4] 最大的地产是诺森伯兰公爵的地产，面积为 186000 英亩，接下来是德文郡公爵的地产，面积为 139000 英亩，克利夫

---

[1] J. V. Beckett, *The Aristocracy in England 1660-1914*, p. 57.
[2] 沈汉：《英国土地制度史》，上海：学林出版社 2005 年版，第 146 页。
[3] 同上书，第 148 页。
[4] J. V. Beckett, *The Aristocracy in England 1660-1914*, p. 45.

兰公爵的地产为 104000 英亩，贝德福德公爵的地产为 86335 英亩。一般来说，贵族们的地产分布在全国各地。16 世纪，诺森伯兰伯爵在 8 个郡有地产。[1] 贝德福德公爵、克利夫兰公爵、德文郡公爵和库珀伯爵的地产分布在 11 个郡，豪伯爵和奥弗斯通勋爵在 10 个郡里都有地产。[2] 在一些地方，贵族也是当地的大地主。根据芭芭拉·英格里希的研究，在 1530 年至 1830 年间排在前 10 位的东约克郡大地主中，总有二三个贵族，他们分别是 1530 年的坎伯兰伯爵和诺森伯兰伯爵、1580 年的坎伯兰伯爵、诺森伯兰伯爵和拉特兰伯爵、1630 年的坎伯兰伯爵、诺森伯兰伯爵、1670 年的伯灵顿伯爵、温切尔西伯爵和诺森伯兰伯爵、1720 年的伯灵顿伯爵、萨莫塞特公爵、1780 年和 1830 年的德文郡公爵和埃格蒙特伯爵。[3]

在拥有地产的规模上，贵族拥有着超越于乡绅等其他社会阶层的优势。在 16 世纪 20 年代东约克郡的贵族中，诺森伯兰伯爵 1524 年的土地收入是 2920 镑，坎伯兰伯爵 1526 年的收入是 1050 镑。而乡绅中最富有的地主约翰·康斯特布尔爵士 1525 年的土地估价为 133 镑 6 先令 8 便士，紧随其后的拉尔夫·埃勒克爵士和玛格丽特·博因顿夫人的土地估价分别是 80 镑，约翰·霍瑟姆爵士的土地估价是 60 镑。正如芭芭拉·英格里希所说："虽说对贵族和平民的这些估算数额可能过低，但贵族和乡绅之间的鸿沟显然是巨大的。"[4] 到 19 世纪，这一鸿沟不仅仍然存在，而且有进一步扩大的趋势。

---

[1] Barbara English, *The Great Landowners of East Yorkshire 1530-1910*, London: Harvester Wheatsheaf, 1990, p. 11.
[2] J. V. Beckett, *The Aristocracy in England 1660-1914*, p. 51.
[3] Barbara English, *The Great Landowners of East Yorkshire 1530-1910*, pp. 10, 15, 21, 22, 26, 28, 29.
[4] Ibid, p. 14.

19世纪70年代的土地所有权分布

阶层或地产规模	土地所有者数量(人)	地产面积(英亩)	所占比例(%)
贵族	400	5728979	17.4
拥有3000英亩或以上地产或者地租收入在3000镑的平民	1288	8497699	25.8
拥有1000—3000英亩或者3000镑以下地租收入者	2529	4319271	13.1
拥有300—1000英亩地产者	9585	4782627	14.5
拥有1—300英亩地产者	241461	8076078	24.5
公共团体	14459	1443548	4.4
茅舍农	703289	151148	0.5
总　计	973011	32999350	100

资料来源：John Bateman, *The Great Landowners of Great Britain and Ireland*, 1883, Leicester, 1971 edn., p. 515. 转引自 J. V. Beckett, *The Aristocracy in England 1660-1914*, p. 50.

根据这个表格中的统计，贵族的人均土地面积为14322英亩，以下依次为6598英亩、1708英亩、499英亩和33英亩。这说明，从人均占有的土地面积来看，贵族将其他社会阶层远远甩在了后面。即使在整个集团占有的地产面积上，贵族也超过了紧随其后的四个集团中的两个，即拥有1000—3000英亩或者3000镑以下地租收入者和拥有300—1000英亩地产者。正如阎照祥所说："英国近代这种'贵族即地主'、'大地产者'多是贵族的现象十分引人注目。"[1]

二、多样化的经济行为

拥有庞大的地产是贵族经济优势的牢固根基。正是以庞大的地产为基础，贵族才能在经济生活中游刃有余。这一时期，贵族的经济行为基本上是围绕地产而展开的。

---

[1] 阎照祥：《英国近代贵族体制研究》，第135页。

在英国，庄园制下的耕作方式在14、15世纪就已经走到了尽头。不过，在此之后，多数贵族还是保留了一定规模的家庭农场，以便于供应其乡间宅邸的消费所需。1759年，罗金厄姆侯爵位于温特沃斯的伍德豪斯宅邸（Woodhouse）周边的家庭农场供应家庭所需的麦子和大麦价值195镑，饲养马匹的干草、麦秆、燕麦价值1229镑，还有相当数量的肉和奶制品。在这些贵族的农场中，有一些具有较为先进的示范性。诺丁汉郡的先进农场多数位于公爵领地内。波特兰公爵、纽卡斯尔公爵、曼弗斯伯爵都保留了农场，这些农场被视为上等农场的典型。[1]卡莱尔伯爵有一个先进的农场，他在那里广泛种植了芜菁和草。不过，这些家庭农场的经济收益有着较大的差别。卡莱尔伯爵位于坎伯兰的农场在18世纪早期处于亏损状态。从保留下来的1803年至1833年的账簿来看，格雷伯爵位于诺森伯兰的豪伊克（Howick）的家庭农场只有两年是亏损的，有些年的利润高达2000镑，整个这个时期的年均利润是1015镑。从经济角度来看，虽说这些家庭农场具有示范性，但其经济意义并不大，因为它并没有给贵族们提供生计，"在一定程度上，它只被视为有趣的耕作"。[2]关于贵族家庭农场的示范性，稍后再加详述。

相比较而言，贵族拥有的绝大多数地产是以租佃的方式进行经营的。在这一时期，对于这类地产的管理日益专业化。对此，下文再行详述。但要指出的是，即便将地产管理委托给地产经纪人，贵族也并未完全放弃对于租佃地产的关注。无论是亲自管理，还是交由管家或地产经纪人进行管理，贵族仍旧要对这些地产的租赁和耕作等事宜做出决定。科巴姆的达恩

---

[1]　J. V. Beckett, *The Aristocracy in England 1660-1914*, p. 161.
[2]　Ibid, p. 163.

利勋爵在1795年至1812年间将其位于肯特郡的佃农从租约佃农改为随意租佃，斯塔福德侯爵在19世纪初将其位于西米德兰的农场改变为一年期的租约。在坎伯兰，18世纪30年代，卡莱尔伯爵就进行耕种、栽种木材、种植芜菁和黑麦的土地数量，向佃农提出要求。在18世纪，几代达德利伯爵将更加先进的租约引进到他们在西米德兰的租地契约中。[1]因此，并不能因为贵族将耕地租佃出去就否认贵族在农业经营中的地位和作用。

  除了耕地，贵族地产之上另一个重要的资源就是森林。贵族对森林资源的经营包括两个方面：砍伐树木出售和植树造林。传统上贵族一直将砍伐树木出售作为一个重要财源，因为被砍伐的树木既为建筑业和造船业提供木材，也在煤炭普遍成为工业燃料和民用燃料之前提供燃料。1720年，第二代高尔男爵与西米德兰的木炭烧制者签订了一份合同，在接下来的5年里向他们提供栎木、白蜡木、榆木，他由此几乎可以收入5000镑。[2]随着长期砍伐导致森林减少和煤炭使用的逐渐普及，到18世纪，贵族在控制砍伐林木数量的同时，也开始在自己的地产上植树造林，将拥有大规模森林作为一个重要的备用财源。到18世纪中叶，阿索尔公爵拥有4000多英亩林地。还有些贵族在租约中附加条款，鼓励佃农植树。18世纪末，昆斯伯里公爵与佃农们订立了为期57年的租约，在这份租约中有鼓励佃农种植带状的树林的条款。他之所以将原来19年的租期延长为57年的租期，就是因为在19年的租期下佃农们不愿意种植短期内无法获得收益的树木。[3]

---

[1] J. V. Beckett, *The Aristocracy in England 1660-1914*, pp. 187-188.
[2] Ibid, p. 207.
[3] Michael Reed, *The Georgian Triumph 1700-1830*, London: Routledge and Kegan Paul, 1983, p. 78.

开采蕴藏在地产之下的矿藏，是贵族投入精力和财力较多的领域。虽说"在都铎王朝时期的英国，贵族与上等乡绅都积极地在自己的地产上发展起了采矿业与冶金业"，[1] 但贵族们直到18世纪才广泛进入采矿业。其原因是采矿权问题直到18世纪才彻底解决，贵族获得了对其地产之上的全部矿藏的开采权。驱使贵族从事矿藏开采的主要动力是经济收益，对于面临经济压力的贵族来说，在自己的地产上发现矿藏尤为重要。1725年，第一代钱多斯公爵开始在其位于什罗普郡的地产上找寻煤和铜，并对煤炭市场和传统开采方式进行研究。到1727年1月，勘探工作因没有成效而停止。不过，直到1732年12月，他仍然持乐观态度，告诉其经纪人他期待听到一座富有铜矿被开采的消息。[2] 当然，并不是所有贵族都像钱多斯公爵这么不走运。许多贵族不仅在自己的地产上发现了矿藏，而且进行了有效的开采，成为有名的矿主。在西北煤矿界有名的有诺森伯兰公爵、斯卡伯勒伯爵，在约克郡有诺福克公爵，在兰卡郡有克劳福德伯爵、巴尔卡雷斯伯爵、第三代布里奇沃特公爵，在莱斯特郡有莫伊拉伯爵，在西米德兰有达德利伯爵、萨瑟兰公爵。[3] 从大面积铅矿生意中获益的贵族中有德文郡的德文郡公爵、弗林特郡的格罗夫纳伯爵。19世纪上半叶，德文郡铅矿合并背后的主导人就是白金汉侯爵、萨尼特伯爵和乔治·亨利·卡文迪什勋爵。有些贵族的采矿业生意做得很大。1760年，第四代德文郡公爵决定在自己的埃克顿山（Ecton Hill）开采铜矿石，到1817年，开采了66000吨高品质铜矿石，价值852000镑，其产量相当于所有康沃尔铜矿总产量

---

[1] 卡洛·M. 奇波拉主编：《欧洲经济史》，第二卷：十六和十七世纪，贝昱等译，北京：商务印书馆1988年版，第353页。
[2] J. V. Beckett, *The Aristocracy in England 1660-1914*, pp. 210-211.
[3] Ibid, p. 212.

的 12%，到 1786 年，年开采量达到 4000 吨。1801 年至 1824 年间，菲茨威廉伯爵拥有的煤矿数量从 3 个增加到 6 个，产量从 1818 年的 55000 吨增加到 1826 年的 142000 吨。1805 年，第二代高尔伯爵的工业公司拥有 5 座高炉和 2 个锻造厂，生产了 100000 吨煤炭、6000 吨煤粉、30000 吨铁矿石以及同样数量的石灰石。当然，也有些贵族因为管理不善或燃料问题等原因，在经营上出现了问题。第六代巴尔卡雷斯伯爵与人合伙建立了一个制铁公司，但该公司经营一直不佳，第七代巴尔卡雷斯伯爵最终于 1835 年退出公司。

交通运输业是又一个贵族投入精力和财力较多的领域。在这方面，贵族们涉足于修建运河与港口、修筑铁路与收费公路。第三代布里奇沃特公爵在修建运河方面树立了一个典型，到 1763 年，他通过自己的运河将煤炭运到曼彻斯特港口。18 世纪 70 年代，萨尼特伯爵修建了斯基普顿城堡（the Skipton Castle）运河，将木材和石灰石运到利兹和利物浦运河。菲茨威廉伯爵在推进约克郡运河上发挥了积极作用，达德利伯爵在黑乡（the Black Country）也发挥了同样作用，该家族也是斯陶尔布里奇航运（the Stourbridge Navigation）背后的推动力量。[1] 在建设港口设施方面做出积极贡献的有第三代伦敦德里侯爵和布特家族。伦敦德里侯爵在 1821 年购买了锡厄姆（Seaham），7 年之后修建了港口，作为达勒姆煤矿出产煤炭的新出口。19 世纪二三十年代，布特侯爵在加的夫（Cardiff）建造了港口，以推动迅速发展的煤炭贸易。投资进行铁路修建的贵族包括布克莱公爵和德文郡公爵，1844 年，他们在佛尼斯（Furness）铁路合作投入了 30000 镑的原始股金。1845 年艾尔斯伯里侯爵夫妇投资 59333 镑用于铁路建设。

---

[1] J. V. Beckett, *The Aristocracy in England 1660-1914*, p. 248.

1845年，在利物浦和曼彻斯特铁路的额定资本中，斯塔福德侯爵一个人就占了20%。在投资于收费公路的贵族中有达德利勋爵和高尔勋爵，18世纪70、80年代，他们都在西米德兰信托基金中有投资。德文郡公爵在6条不同公路中有股份，诺福克公爵有5条公路的股份，波特兰公爵有3条公路的股份，利兹公爵和霍尔德内斯伯爵有2条公路的股份。许多贵族甚至在几个方面都有涉足。达德利家族在米德兰西部投资道路、运河与铁路，伦敦德里勋爵既修建港口也修建铁路，德文郡公爵既关注佛尼斯的铁路，也关注那里的港口建设。但是，也有贵族出于多种原因阻碍甚至反对一些交通设施的建设，在这其中对修建铁路的反对最多。在反对修建铁路的贵族中，"有的是为保护他们的隐私而担忧，有的是要保护他们的租地农场和在运河上的投资，有的是担心由租佃者经营的小酒馆，但还有更具有阻碍作用的是经济上的要求……有些地主常常会要求过分的补偿。"[1] 德比伯爵曾经在1825年和1826年反对过利物浦和曼彻斯特铁路公司的法案。在约克郡，第五代菲茨威廉伯爵准备反对任何他担心可能影响到他在米尔顿宅邸（Milton House）的隐私或猎狐的铁路计划。不过随着时间的推移，尤其是在他们看到铁路带来的诸多便利之后，这些贵族的态度也发生了根本性的变化。

城市房地产开发同样是贵族涉足的一个重要领域。这是因为，贵族不仅拥有大片乡村地产，在大大小小的城市和城镇，贵族都是重要的地主。因此，在这一时期的城市开发建设中自然少不了贵族的身影。在伦敦，1660年以后，贵族们新开发的地产包括南安普顿伯爵的布卢姆斯伯里广场（Bloomsbury Square）、圣奥尔本斯伯爵的圣詹姆斯广场（St James Square）。

---

[1] J. V. Beckett, *The Aristocracy in England 1660-1914*, p. 246.

在地方，第五代纽卡斯尔公爵的位于诺丁汉的帕克（Park）地产被开发成专供企业家和专业人士包括律师、建筑师、教士和银行管理者居住的地方。而伊斯特本（Eastbourne）成功的高水平开发，是因为第七代德文郡公爵的详细而全面的计划。但是，在城市开发中，贵族的继承问题有时也会成为障碍。1801年，第二代达特茅斯伯爵留下一份限制性遗嘱，禁止将其位于西布罗姆威奇（Bromwich）附近的桑德维尔公园（Sandwell Park）租让出去，签订60年期以上的建筑租约。19世纪60年代以前，布拉德福德伯爵的限制继承条款妨碍了他在西布罗姆威奇的开发中发挥积极作用。

贵族涉足的上述经济领域有一个共同特点，那就是它们都与地产有着密切关系，换句话说这些领域的基础都是贵族拥有的地产。而对于那些与他们拥有的地产关系不大或者没有关系的领域，贵族们的表现就有些差强人意了。一个典型的事例就是，贵族在推进制造业发展上的作用有限。第一代朗斯代尔子爵尝试引进纺织业的努力因管理不善而失败。1740年，第三代朗斯代尔子爵重建了毛纺织工厂，但再次因为管理恶劣而不得不宣告失败。

贵族的经济活动并不仅仅局限于同地产有密切关系的领域。在商业贸易领域和金融领域也能见到贵族的身影。传统的合股贸易公司一直是许多贵族的投资途径之一。1698年，波特兰公爵在新的东印度公司拥有价值10000镑的股份，1689年到1707年间，总共有29个贵族在东印度公司有投资，大多数人的投资额超过1000镑。1694年英格兰银行成立的时候，在银行股份的持有者中有9个贵族。在1709年的银行股东中，有戈多尔芬、哈利法克斯、马尔伯勒、纽卡斯尔、萨默斯和桑德兰等一批贵族家族。在臭名昭著的南海泡沫事件中，钱多斯公爵等贵族也活跃其中。贵族在海外贸易中也占有重要地位。1585年创办的北非公司有莱斯特伯爵的背景，德雷克、芬顿和雷利等著名航海家的远洋航行的背后有莱斯特伯爵、塞西尔家族等一批贵族的支持。施鲁斯伯里伯爵乔治和莱斯特伯爵罗伯特·达德利还拥有自己的远洋商船。[1] 在伊丽莎白时代英国的私掠巡航活动中,贵族同样发挥了重要作用。正如劳伦斯·斯通所说,"在地主阶级当中,海上劫掠的最积极的参加者并不像人们近来认为的那样来自普通乡绅,而是来自贵族和廷臣",不是来自"被排斥的集团",而是来自"掌权者集团"。[2]

无论是对于地产的管理,还是对于这些投资领域的管理,贵族都表现出灵活性和经济头脑。他们并不拘泥于固有的管理方式,而是顺应时代发展需要,适时做出调整。

由于地产是贵族主要的财富来源和家族的根本利益所在,因此,无论他们情愿与否,经济需求和家族利益都要求他们认真履行其职责。不过,由于地产规模不同,利益范围存在差异,贵族们对于各自地产的管理也就存在着较大的差别。同时,由于贵族的地产往往规模较大,而且在很多情况下分布在不同的区域,甚至相互之间距离较远,贵族亲自对手下所有地产进行管理的可能性就会大大降低。如果说在17世纪中叶之前,贵族地产的主要管理任务就是收取地租和对耕作进行巡查的话,那么,随着时间的推移,各种新的利益使得地产管理变得复杂起来。农业技术的进步提高了管理地产所需的能力要求,工业利益的开发需要远远超出业余管理者的知识和能力。公路与铁路的建设、运河的开凿和城市地产开发,既给贵族带来了新的利益,同时也提高了对相关管理专业知识水平的需要。所有这些发展都提升了管理地产所需要的专门知识的水平。与此同时,随着贵族

---

[1] 姜德福:《社会变迁中的贵族》,第165—166页。
[2] Lawrence Stone, *The Crisis of the Aristocracy 1558-1641*, Abridged Edition, Oxford: Oxford University Press, 1967, p. 175.

在议会开会期间要前往伦敦，贵族参与城市生活的时间也越来越长，有些贵族长期远离自己的地产，也使其无法履行管理地产的职责。为了适应这些变化，出现了复杂的贵族地产管理机构。

在传统的地产管理上，即使贵族亲自进行管理，也需要一个或多个管家从旁加以协助。这些管家有些是全职的管家，有些则是兼职的，他可能还兼管贵族的法律事务等。一般来说，管家的职责是负责家庭农场、宅邸、园林、林地、矿产资源以及佃户管理。他的任务不仅仅是收取地租，还涉及出租田地、巡查地界、强制那些顽固的佃农履行契约，详细审核贵族的开支，负责地产账目。另外，管家还要在议会选举中充当贵族的代理人，要将外来的穷人赶出教区，改善收费道路，监管下属仆人如普通管事、园丁等的行为。大地产尤其是那些分散在多个郡的大地产，通常实行完全委托管理，随着时间的推移，这种管理日益标准化。18世纪早期，管理方式有了很大不同。地产经纪人开始进入贵族地产的管理队伍。18世纪20年代，格拉夫顿公爵位于北安普顿郡的地产由一个5人团队进行管理，他们按照要求在伦敦或北安普顿郡开会，决定租约条款、房屋维修以及其他事项。18世纪20、30年代，地主、下院议员、辩护律师彼得·沃尔特担任许多贵族的地产经纪人。18世纪50年代，纹章官、土地勘测员托马斯·布朗负责监管埃格蒙特伯爵位于约克郡和坎伯兰的地产。詹姆斯·洛赫是全国知名的萨瑟兰地产首席经纪人，也负责管理弗朗西斯·埃杰顿勋爵、卡莱尔伯爵的地产，管理达德利伯爵家族、基思子爵的委托地产。到19世纪早期地产管理日益专业化，地产经纪人的出现取代了传统的管家的位置。罗伯特·罗伯森对巴斯侯爵的全部庄园拥有最终的管理权，将对朗利特（Longleat）的管理与对赫里福德郡、什罗普郡和格罗斯特郡的庄园账簿的管理结合起来。权力和责任越大，收入越多。1811年，菲茨威廉伯爵的地产经纪人年薪为1200镑，1861年，克里斯托弗·哈迪从贝德福德公爵那里拿到的工资是1800镑。

虽然说如果贵族不愿意亲自管理地产，他们可以雇用全职的或兼职的管家或经纪人，但这并不能使他们彻底摆脱应该担负的责任，他们还必须经常巡查自己的地产，必须细心监督他们的雇员。因为有些管家或经纪人也存在不尽职尽责的现象。1716年，萨尼特伯爵抱怨其位于威斯特摩兰的阿普尔比（Appleby）周边的庄园的地租低，是因为管家托马斯·卡尔顿未能精心管理。在几年后的议会补选中，卡尔顿又欺骗了他，于是，萨尼特让卡尔顿卷铺盖走人。许多贵族即使雇用了管家或经纪人，仍然要对许多管理事务做出指示，对地产管理进行指导。1735年，第三代卡莱尔伯爵对其坎伯兰地产的管家发出执行政策的指示，涉及收缴拖欠的地租、支付看守人的工资、维修开支、对可能的购买进行调查。第六代萨尼特伯爵也给其管家托马斯·卡尔顿发出有关地产管理的备忘录，1720年的备忘录有9页，两年之后的备忘录长达13页。与此同时，贵族们还要在时间允许的情况下，对自己的地产进行巡查，以检查地产的管理情况。

有些贵族不是雇用经纪人，而是亲自从事地产管理工作。17世纪晚期，第一代阿什伯纳姆男爵对其家族位于苏塞克斯地产的管理就很成功，18世纪20年代和30年代，第二代高尔男爵在家族位于米德兰西部地产的管理工作中也有出色表现。19世纪早期，第二代布特侯爵拥有6块分布较广的地产，在这种情况下，他仍然尽可能亲自进行管理。不过，到19世纪，这种管理方式已经不是贵族地产管理的主流方式。当然，也有极少数贵族对于地产管理毫无兴趣。19世纪40年代，蒂奇菲尔德侯爵坚决拒绝父亲要他承担起地产管理职责的要求，即使在继承波特兰公爵爵位后，仍然在威尔贝克（Welbeck）过着隐居的生活。19世纪的几代贝德福德公爵也都不愿承担管理庞大地产的职责。

在谈到贵族对这一时期英国经济发展尤其是农业革命与工业革命的贡献的时候,学者们的观点存在着较大分歧。有相当部分学者认为,贵族在这一时期英国经济发展中的作用不大,哈罗德·珀金和 M. L. 布什都持这类看法。从他们的看法出发,可以说,"尽管贵族拥有社会领导权以及程度稍逊的政治领导权,但在对经济发展的贡献方面,贵族并未给公众留下好的印象"。[1] 但另一部分学者坚持认为,在这一时期的英国经济发展中,贵族的作用是不容否认的,不能因为大量的贵族财富表现为现金消费而不是资本支出,贵族的资金支出大多用于年金、嫁妆、遗产、建造和重建家族宅邸、园林、增加地产、兽苑以及其他非生产性支出,就否认本该属于贵族的合理评价。

贵族对农业发展尤其是农业革命的作用主要表现在如下四个方面:

第一,贵族家庭农场的示范作用。1730 年,汤森子爵从政治生活中退隐,回到诺福克郡的雷思哈姆,在自己的家庭农场试行有规律的轮作制,在几年时间里把一个贫瘠的地区改造为繁荣的地区,获得"萝卜汤森"的绰号,其首倡的"诺福克耕作法"也逐渐被推广开来。1757 年,第二代埃格蒙特伯爵亲自主持所属地产上的改革事务。18 世纪末,贝德福德公爵建立起模范牧场,培育优质绵羊,被称为"创立新型农业体系的先驱者"。同期的纽卡斯尔公爵、波特兰公爵、罗金厄姆侯爵等,也因经营农场有方被誉为"第一流的农场主"。[2]

第二,进行农田基本设施建设。排水造田是农业发展的一个重要内

---

[1] J. V. Beckett, *The Aristocracy in England 1660-1914*, p.134.
[2] 姜德福:《社会变迁中的贵族》,第 156—157 页。

容。对沼泽地进行疏浚排水，将其改造为农田，始于哈特菲尔的沼泽，这项工程所需的大笔资金是由贝宁子爵提供的。在最大的排干沼泽工程——排干"大沼泽"——中，第四代贝德福德伯爵既是一个积极的领导者，又持有其中15%的股份，其他股东中还包括博林布鲁克伯爵等贵族。圈地是贵族愿意投入其中的又一项农业改革活动，因为这不需要太多的资金，而且圈围起来的土地能够获得更高的租金。来自剑桥郡农业理事会（the Board of Agriculture）1794年的报告称，被圈围起来的土地的地租是18先令，而没有被圈围起来的土地的地租是10先令。[1]因此，贵族通过各种手段将敞地制下的自营地、荒地及公共土地圈围起来，然后再以合适的面积将其租赁给租地农场主。为了能够以更高的租金将土地租赁出去，为了吸引更有实力的租地农场主或佃农，贵族还必须在土地、农场建筑、栅栏、树篱、大门、道路和排水工程上进行投资，并每年进行维护。虽说农业改革的资金并非完全来自贵族，但是，"排水工程和农场建筑的开支则由他们独自承担，即便有些人退出，但这些改革所需的大部分资金仍然来自这个集团"。[2]

第三，贵族在农业协会等组织活动中发挥重要作用。18世纪，英国涌现了一批全国性和地方性的农业组织，在这些组织中，贵族或担任重要职务，或提供赞助费，或借助自己的声望为其提供方便。成立于1793年的全国性的农业协会（the Board of Agriculture）30个初始成员中包括3个公爵、1个侯爵、7个伯爵和3个男爵，这些人都被认为是农业改革者，这从保留下来的自1803年起担任主席的谢菲尔德伯爵的通信中可以看出来。1838年，皇家农业协会（the Royal Agricultural Society）成立，该协

---

[1] J. V. Beckett, *The Aristocracy in England 1660-1914*, p.173.
[2] Ibid, p.182.

会的理事会具有强烈的贵族色彩，到1864年，160个理事中包括2个王室成员、5个公爵、6个侯爵、23个伯爵、5个子爵、17个男爵。[1] 该协会接替了在19世纪20年代解散的农业协会的功能。在地方性的农业组织中也有贵族担任重要角色。莫伊拉伯爵是18世纪晚期莱斯特郡农业协会的主席，1838年约克郡协会的主席和4个副主席是公爵和伯爵。这些协会要生存和发展，需要贵族的支持，协会在提供推进农业改革手段的同时，又能够加强乡村的家长制，而这也是贵族对其情有独钟的一个重要原因。因此，贵族不仅积极参与这些协会的活动，还常常为协会提供赞助费。埃格蒙特伯爵给了苏塞克斯协会部分赞助，拉特兰公爵的赞助有助于林肯郡的沃尔瑟姆（Waltham）协会的成立。另外，贵族们还通过举办农业展览会和农业比赛，来推进农业改革。18世纪90年代，埃格蒙特伯爵在佩特沃斯（Petworth）创立了一个牛展览会。波特兰公爵赞助在纽瓦克（Newark）举办的农业展览会和在索斯维尔（Southwell）举办的犁地比赛。

第四，在议会推动圈地立法。在诺丁汉郡1787年至1806年间递交的58份圈地法案中，贵族是15份法案的主要申请人。在由其他人提交的法案中，贵族常常在确定内容方面发挥决定性作用。第一代诺森伯兰公爵的经纪人告诉圈地的支持者，拿不出明确的解决办法，就不要指望在议会得到公爵的支持。在将解决办法纳入法案以补偿其领主权的损失之前，菲茨威廉伯爵拒绝接受平民的圈地。毫无疑问，地主会利用他们在议会的地位来推动圈地立法的通过。

总之，到17世纪，在英国农业生产中，中世纪大面积的领地耕作已经让位于实行租赁制经营的农场，农场主和大大小小的佃农成为农业生产

---

[1] J. V. Beckett, *The Aristocracy in England 1660-1914*, p.166.

经营的主要力量。但是，无论采用什么样的经营方式，对于作为地主的贵族而言，地产收益始终是第一位的。要想从地产上获得最好的收益，就要对地产实行有效的管理。而有效的管理不仅依赖于经营者与生产者的能力，也依赖于贵族"任命合适的经纪人的能力，依赖于他定期造访农场巡视其下属行为的愿望，依赖于他制定决策和确保其佃农与管理者合作的能力，依赖于他发展与佃农的和谐关系的能力"。[1] 换句话说，出租土地并未使贵族摆脱责任，农业改革也没有脱离贵族的影响。确实，除了少数有名的例子，贵族的家庭农场通常不是试验和改革的中心，但这并不能掩盖贵族在农业协会和农业展览以及推动有力的议会立法方面发挥的重要作用。另外，在那些租种的土地上，农业生产资本更多地出自农场主和佃农之手。但同时我们也注意到，对农业基础设施的长期投资是不少农场主和佃农不愿意掏自己腰包的，因为这种长期投资很有可能在自己的租赁期内无法收回。而这项工作恰恰是作为地主的贵族要做的。一个不投入资金改善基础设施如房屋、栅栏和排水工程的贵族，很难吸引那些有能力且愿意采用新技术的佃农租种他的土地。因此，在农业改革和发展过程中，虽然说贵族参与的程度存在很大差别，但"公平地说，他们的贡献是肯定性的"。[2]

在工业发展和工业革命进程中，贵族的作用主要表现在以下三个方面：

第一，在这一时期工业发展所需的重要矿产煤炭和铁矿石的开采方面具有重要地位。我们知道，在英国工业革命的准备期和工业革命过程中，煤炭和铁是两种至关重要的燃料和工业原料，对英国工业革命的开展具有重要意义，蒸汽机时代的出现离不开煤炭，工业机械的制造离不开铁。而

---

[1] J. V. Beckett, *The Aristocracy in England 1660-1914*, p.136.
[2] Ibid, p.139.

在贵族从事的工业活动中，煤炭和铁矿石的开采占据着重要的份额。因此，"贬低煤和铁在工业化进程中的作用的趋势，进一步削弱了贵族的作用。当煤炭和制铁工业被视为整个工业革命中的关键时，贵族就能够被视为在工业化进程中发挥了重要而持久的作用。"[1]

第二，在交通运输基础设施的建设上发挥了其他社会阶层无法匹敌的作用。交通运输设施建设对于生产原料的运输、产品的销售、国内外市场的发展都具有极其重要的意义，在经济发展中的地位至关重要。可以说，在这方面，贵族处于当仁不让的地位。这有两个原因。一个原因是，无论是运河的开凿、港口的建设，还是收费公路和铁路的修建，都不可避免地要与地产主打交道，而作为大地产主的贵族必然首当其冲。第二个原因是，这些交通运输基础设施的建设往往需要大笔的资金，而且这些资金投入需要很长时间才能收回成本，要实现赢利可能需要更长的时间。与商人、企业家相比，贵族更有胆量也更有能力进行长期大笔的投资。可以说，"在推进交通改善方面，贵族的重要作用是不容否认的。"[2]

第三，在议会有关工业立法的工作中，贵族的作用同样十分重要。随着经济的进展，工厂主越来越需要得到议会的支持。在议会被贵族把持的情况下，要想得到议会支持，就必须求助于贵族。当然，贵族往往与工厂主有或多或少的利益关系，通过相关立法能够促进他们的共同利益。在反对小皮特提出的扩大英格兰和爱尔兰贸易这件事上，德比伯爵、菲茨威廉伯爵就和约克郡的毛纺织工厂主们达成了统一战线。18世纪70年代，马修·博尔顿从达特茅斯伯爵那里获得了极有价值的建议，并宣称联系了40

---

[1] J. V. Beckett, *The Aristocracy in England 1660-1914*, p.208.
[2] Ibid, p.137.

个贵族，帮助他确保在设菲尔德和伯明翰设立实验室，约书亚·韦奇伍德及斯塔福德郡的陶工们则在有争议的专利证书问题上，求助于高尔勋爵和罗金厄姆侯爵。当然，贵族也会常常利用其在议会的地位，以工厂主的利益为代价，来保护自己的利益。18 世纪 80 年代，一项对设菲尔德至巴德比（Budby）道路收费的计划，在沃克索普—凯勒姆（Worksop-Kelham）道路的问题上，受到波特兰公爵反对，这份计划因此被否决。

总而言之，贵族在工业化进程中的作用是被戴着有色眼镜来看待的。贬低甚至漠视贵族在工业发展中作用的看法，忽视了贵族在一些经济领域中重要的具有企业精神的作用。同时，地产是经济这架机器中一个重要的齿轮，贵族的地产是更为宽泛的经济的组成部分，而不仅仅是怡人的园林或可以纵马驰骋的猎场。在 17 世纪的内战的一个世纪里，按照劳伦斯·斯通的说法，贵族承担了绝大多数重要开创性冒险的风险。即使在工业发展日益复杂、风险分担更有吸引力的情况下贵族退出了工业的主要领域，但他们仍然要为提供合理的租约、进行矿井钻探、推动必要的立法、保护煤矿区的风景负责任。总的说来，贵族接受改变的必要性，并为改变的发生发挥重要作用。当然，我们也要注意，贵族在工业化进程中的作用"既不是一贯的，也不是一致的"，他们在工业领域的活动有着很大的局限性，而且，"他们既可以运用权势去推动经济发展，还会用之维护私利，阻碍经济发展"。[1] 对此要给予合理的评价。

三、收支与债务问题

这一时期，贵族的经济收入呈现多样化的趋势。土地收入、工矿业收入、商业贸易收入、官职收入、国王的赏赐和年金，构成了贵族收入的组

---

[1] 阎照祥：《英国近代贵族体制研究》，第 159—160 页。

成部分。

土地收入在贵族的总收入中占据重要份额,这是由于这一时期的贵族占有大量土地,这些土地每年都会给他们带来丰厚的收益。贵族的土地收入主要包括耕地或牧场的地租、城市地产的地租以及林地的收入。从16世纪后期开始,地租出现普遍增长的趋势,在几十年的时间里,地租有2倍到4倍的增长。[1]1590年至1640年间,17个贵族家族的地产的租金翻了一番。[2]根据R. A. C. 帕克的估计,从1776年到1816年,地租上升了105%。[3]据当时人估计,英格兰和威尔士的地租总额从1770—1771年的2080万镑上升到1848—1849年的4230万镑。仅从19世纪30年代早期到60年代,每英亩的平均地租就从18先令5便士增长到24先令8便士。[4]具体到某个地区,情况也是如此。到1630年,约克郡东区的地租总水平上升了3倍多,在1670年到1720年间增加了三分之一,1720年到1780年间翻了一番,1780年到1830年间增长了3倍,1830年到1880年间又翻了一番。"地租运动的这种普遍模式在其他郡也可以看到。"[5]1692年,拉塞尔家族地产的地租收入大约为15000镑,1739年达到37000镑,而到1771年更达到51000镑以上。[6]克利福德家族和珀西家族两个贵族家族在约克郡东区的地租变化也反映了地租不断上涨的情况,见下表。

---

[1] J. Thrisk, *The Agrarian History of England and Wales*, Vol. 4, 1500-1640, Cambridge, 1967, pp. 690, 693.

[2] H. Kamen, *European Society 1500-1700*, London: Hutchinson & Company Ltd., 1984, pp. 107-108.

[3] J. Cannon, *Aristocratic Century: The Peerage of Eighteenth Century England*, Cambridge: Cambridge University Press, 1984, p. 146.

[4] J. V. Beckett, *The Aristocracy in England 1660-1914*, pp. 197-198.

[5] Barbara English, *The Great Landowners of East Yorkshire 1530-1910*, pp. 104-105.

[6] J. Cannon, *Aristocratic Century: The Peerage of Eighteenth Century England*, p. 146.

约克郡东区贵族 1580—1830 年间的地租总收入

(单位：镑)

家　族	1580 年	1630 年	1670 年	1720 年	1780 年	1830 年
克利福德家族	336	459	649	645	3100	9447
珀西家族	613	2372	1905	2868	5480	15556

资料来源：Barbara English, *The Great Landowners of East Yorkshire 1530-1910*, p. 105.

导致贵族地租收入增加的因素主要有：这一时期，农产品价格稳步提高，进而带动了地租的上涨；人口的不断增加也加剧了对土地的需求，导致地价上升；贵族占有的土地面积的增加和土地条件的改善如圈地、增加建筑、竖立篱笆等，也促进了地租收入的上涨。1765 年前后，第二代埃格蒙特伯爵雇用了托马斯·布朗对自己位于约克郡的地产进行整顿。布朗对伯爵的农场进行重新估价，对租约做出修改完善，加入了有关耕作的条款，禁止转租，将地租增加了 60%。圈地是增加地租收入的一个重要途径。"总的来说，圈地之后 2 倍的地租大概是个平均数，有些特殊的事例增加了 3 倍甚至 4 倍。"[1]

德文郡公爵在约克郡东区的地租收入（1791—1826 年）

(单位：镑)

年　份	地　租	地租增加或减少的原因
1791	3100	
1792	3103	
1793	3122	部分地租增加
1794	3122	
1795	3122	
1796	3332	进行圈地
1797	3452	进行圈地

---

[1] J. V. Beckett, *The Aristocracy in England 1660-1914*, p. 174.

续表

1798	3492	进行圈地
1799	3522	增加建筑
1800	3522	
1801	3522	
1802	3509	进行植树
1803	3520	进行圈地
1804	3520	
1805	3928	进行圈地,树立篱笆
1806	3958	进行圈地
1807	4520	进行圈地
1808	4520	
1809	6596	总地租增加
1810	6596	
1811	6586	进行植树
1812	地租数据缺失	
1813	6643	进行圈地,什一税重新估价
1814	6639	进行植树
1815	6639	
1816	6639	
1817	6639	
1818	6639	
1819	地租额相当于年地租的 1.5 倍(10709)	
1820	7426	
1821	7426	
1822	7370	经济压力
1823	8581	进行圈地
1824	9088	进行圈地
1825	9103	进行圈地
1826	9447	地租增加

资料来源:Chatsworth House MS series, T, 52. 转引自 Barbara English, *The Great Landowners of East Yorkshire 1530-1910*, p. 191.

从上表可以看出，在德文郡公爵来自约克郡东区的地租收入中，除了1819年的地租收入出现大幅上涨的原因没有注明外，在其余年份地租收入增加的原因中有：地租增加、圈地、竖立篱笆、增加建筑和对什一税进行重新估价，而在这些原因当中，圈地出现的频率明显超出其他措施。

随着城市房地产开发的兴起，贵族从城市地产获得的地租收入日渐增多。17世纪60年代，贝德福德家族的考文特花园（Covent Garden）地产的年地租收入是1500镑，布卢姆斯伯里的年地租收入约为1200镑。到1732年，布卢姆斯伯里和考文特花园的地租总收入接近10000镑，到18世纪50年代这一数字攀升到18000镑，到1775年超过20000镑。到1830年，布卢姆斯伯里的总地租收入为66000镑。威斯敏斯特公爵家族的伦敦地产收入更加可观。1768年到1782年间，该家族从梅菲尔（Mayfair）地产获得的地租收入约为年均3450镑，到1802年增加到5550镑，到1820年达到8000镑。1835年，该家族的伦敦地产总收入约为88000镑。18世纪30年代中期，波特兰公爵家族从其苏活（Soho）地产获得的地租约为3000镑，到90年代，这一数字上升到4200镑。1758年，该家族获得了马里伯恩（Marylebone）地产，该地产的地租从1828年的43316镑增加到1837年的52894镑，到1845年增加到56876镑。[1] 在贝德福德公爵家族，1732年城市地租收入占到家族总收入的三分之一，1819年伦敦地租收入占总收入的50%。

除了地租，出售木材也可以获得较多的收入。16世纪晚期，第九代诺森伯兰伯爵声称，他的地产经纪人出售木材获得了20000镑来偿付他的债务。在1600年代早期的租约中，诺森伯兰要求约克郡大多数佃农必须每年种植一定数量的林木，如橡树、白蜡树、榆树、苹果树或梨树等。[2] 1699

---

[1] J. V. Beckett, *The Aristocracy in England 1660-1914*, pp. 281-282.
[2] Barbara English, *The Great Landowners of East Yorkshire 1530-1910*, p. 180.

年到 1723 年间，在萨尼特伯爵家族位于威斯特摩兰的地产上，平均每年出售的木材价值 307 镑。1720 年，第二代高尔伯爵与西米德兰的木炭烧制者签订了一份合同，在接下来的 5 年里向他们提供栎木、白蜡木、榆木，他由此可以收入 5000 镑左右。[1] 在坎伯兰，卡莱尔伯爵家族在 1726 年至 1751 年间年均出售价值 179 镑的木材，18 世纪 70 年代，出售木材所得占其地产年收入的 5%。贝德福德公爵家族也将出售木材作为其收入的一部分，1816 年至 1895 年间，从其位于白金汉郡和贝德福德郡的地产上出售的木材价值 650000 镑，平均下来每年的价值占年度总收入的 18%。[2]

从 16 世纪下半叶起，贵族的工矿业收入随着采矿业的发展而开始增加起来。那些幸运地在自己的地产之上发现煤矿或铁矿的贵族，都因为开采煤炭和铁矿石以及相关产业而发了财。坎伯兰伯爵、阿伦德尔伯爵和拉特兰伯爵在煤矿和冶金业上获利甚丰。16 世纪 90 年代，施鲁斯伯里伯爵乔治的一座铁厂的年产量为 30 吨到 45 吨，每年收入为 300 镑到 400 镑。18 世纪初，里奇蒙公爵从煤炭贸易中获得的收益是每年 5000 镑，到 90 年代上升到每年 20000 多镑。[3] 1725 年到 1745 年间，博伊斯伯爵位于北方的一个铅矿为他带来 140000 镑的利润。[4] 可以说，最初吸引许多家族开矿和从事相关产业的动机是较高的投入产出比。在米德兰西部地区，1730 年，利文森—高尔家族地产上的工业总收益只占总收入的 8%，但到了 1833 年则稳步上升到 28%。19 世纪初，伦敦德里家族的矿井年收益达到 30000 镑，

---

[1] J. V. Beckett, *The Aristocracy in England 1660-1914*, p. 207.
[2] Ibid, p. 230.
[3] S. K. Tillyard, *Aristocrats: Caroline, Emily, Lousia, and Sarah Lennox, 1740-1832*, Vintage, 1995, p. 8.
[4] J. Black, *Historical Atlas of Britain: The End of the Middle Ages to the Georgian Era*, Sutton Publishing Ltd., 2000, p. 49.

而达勒姆伯爵家族的矿井在 1824 年至 1828 年间的年均收益是 17500 镑。19 世纪 20 年代,诺森伯兰公爵家族的矿业收入是 20000 镑。[1] 有的贵族家族不仅直接经营采矿业,还从地产上出租的矿山收取开采特许权的使用费,这两项收入加在一起,成为这些家族收入中较大的一笔。采矿业在一些贵族家族的总收入中所占比例也有不断提升的迹象。在利文森—高尔家族的地产上,工业收入从 17 世纪末占总收入的 8%,上升到 19 世纪早期的 1/4。

19 世纪上半叶达德利家族地产上的采矿业纯收入

(单位:镑)

年份	亲自开采的收入	开采特许权使用费	采矿总收入
1804	-	-	17684
1834	28123	4765	32888
1836	11382	13623	25005
1847	67045	74955	142000

资料来源:T. J. Raybould, *The Economic Emergence of the Black Country*, Newton Abbot, 1973, p. 223. 转引自 J. V. Beckett, *The Aristocracy in England 1660-1914*, p. 234.

19 世纪上半叶菲茨威廉家族的收入情况

(单位:镑)

年份	地租收入	采矿收入	总收入	采矿收入在总收入中所占比例
1801	26135	4214	30349	13.9
1831	32396	2576	34972	7.4
1841	43489	11082	54571	20.3
1850	44356	8991	53347	16.9

资料来源:J. T. Ward, 'West Riding landowners and mining in the nineteenth century', *Yorkshire Bulletin of Economic and Social Research*, XV(1963), p. 65. 转引自 J. V. Beckett, *The Aristocracy in England 1660-1914*, p. 233.

---

[1] J. V. Beckett, *The Aristocracy in England 1660-1914*, p. 232.

与前述各项收入相比，贵族的商业贸易收入在其总收入中所占份额就显得要小很多，但这并不能说明贵族对商业贸易收入不感兴趣或不屑一顾，只能说明他们的经济活动与其地主身份之间的密切联系。相对而言，贵族对国际贸易更感兴趣。16、17世纪，贵族从参股私掠巡航等海外贸易活动中获益，但更多的方式是通过控制进出口权利而获益。1604年，伦诺克斯公爵获得对纺织品贸易的监管权，1624年该家族从中获得2400镑的年利润。在17世纪的头十年，有7个贵族因为充当国王与商人的中介者而每年获得27500镑的收入。到18、19世纪，以参股的方式投资于商业贸易和金融领域成为一种比较常见的获利途径。股票市场也成为一些贵族获取收入的一个途径。在南海泡沫事件中有些贵族依靠投机大赚特赚，但也有贵族在这场经济泡沫中损失不小。对于一些贵族而言，股票市场的收入具有重要地位。1833年，在第一代桑德兰公爵120000镑的总收入中，就包括了34000镑的股票分红。

官职收入是贵族收入中一个重要的组成部分。虽说这一时期官员的津贴微薄，但出售下级官职、收受酬金、礼物和贿赂等加在一起，使得官职收入的数量大大增加。以财政大臣为例，17世纪这一职务的津贴是366镑，但其实际收入远远大于这一数目。1608年至1612年间，财政大臣的年收入在4000镑左右，而到这个世纪中叶则达到7000镑至8000镑。再如国务秘书一职，1747年到1753年间，该职务的年均收入为5780镑，到1762年，这一职务的价值已经达到8000镑到9000镑。卡帕尔勋爵两次担任掌玺大臣一职，他每年获得的职务收入超过41000镑。利物浦勋爵每年从其担任的多佛城堡总管（Constable of Dover Castle）一职获得4100镑的收入，作为爱尔兰财务署的王室债务官，威尔斯利侯爵每年能获得职务收入5000镑。[1] 在

---

[1] Lawrence James, *Aristocrats Power, Grace and Decadence: Britain's great ruling class from 1066 to the present*, London: ABACUS, 2010, p. 269.

4年时间里，第一代白金汉公爵乔治·威利尔斯通过出售9个爱尔兰贵族、11个从男爵、4个骑士的爵位与封号和爱尔兰总督的职位，将24000多镑收入囊中。[1]

　　国王的赏赐以及来自国王的年金同样是贵族收入中的重要组成部分。在国王的赏赐中，最有价值的就是土地。在这一时期，最大宗的赏赐土地出现在都铎王朝。在宗教改革期间，托马斯·克伦威尔获得亨利八世赏赐的6座修道院，从而使得他的年收入增加了大约2293镑。但是，由于王室的土地资源毕竟有限，这种赏赐土地的好事逐渐在减少。但是，这样的机会也不是没有，国王偶尔会将被没收的土地作为奖赏赏赐给有功的贵族，在身边的显贵晋升爵位时，国王偶尔也会赐予土地。在土地资源不足的情况下，赏金就成为常见的一种王室的恩赐。1611年，詹姆斯一世将43600多镑赏赐给贵族，次年又将20000多镑赐给贵族。查理一世登基时将10000镑赐给凯利伯爵。威灵顿从子爵晋升到公爵的过程中，每次晋升爵位时都能从国王那里获得赏赐，累计获得赏金达到400000镑。虽说贵族常常成为国王赏赐的对象，但并不是所有贵族都能获得这份幸运，只有那些能够进入国王恩宠名单者才有机会得到赏赐。同样，年金的领受者一般也是那些幸运的贵族，那些常常陪伴在国王身边的廷臣和为国家或王室立下功劳者更是首当其冲。施鲁斯伯里伯爵、蒙哥马利伯爵、北安普顿伯爵、康威子爵都拥有每年3000镑的年金，剑桥伯爵的年金是2500镑。1761年，霍尔德内斯勋爵从国务秘书一职离任后获得每年4000镑的年金。1754年到1762年间，纽卡斯尔公爵将

---

[1] Lawrence James, *Aristocrats Power, Grace and Decadence: Britain's great ruling class from 1066 to the present*, p. 118.

50000镑年金发放给16个贵族。

从以上分析可以看出,这一时期贵族的收入主要呈现三大变化。一个是土地收入成为贵族收入的主要成分,取代了中世纪几乎占据贵族全部收入的封建权益收入;二是收入来源的日益多样化,农牧业地租收入、城市房地产地租收入、出售农产品及木材的收入、工矿业收入、商业贸易收入、官职收入、国王的赏赐与年金,构成了贵族收入的总体;三是贵族收入的大幅度增加,无论是土地收入还是其他方面的收入都呈现上升的趋势,而且多数贵族的收入上涨幅度较大。

这一时期贵族的支出渠道也多了起来,这其中既有传统的支出项目,也有新的支出渠道,同时支出的数目也较以前大大增多。大致说来,贵族的支出可以分为几大类:家庭开支、经营性开支、政治性开支、文化开支、金融性开支、社会性开支和个人开支。

在家庭开支中,主要包括家庭的日常开支、支付给妻子儿女的年金、嫁妆和赠产、修建和维护宅邸的开支以及子女的教育开支等。由于贵族家庭往往是大家族,而且有众多仆人,家庭日常开支为数不少,日常的饮食服饰等开支尚且不论,单单是仆人的工资就是一笔不小的数字。第一代德文郡公爵为一顿晚饭和化装舞会就花费了1000镑。海勋爵在1621年为招待法国大使而举行的一场宴会花掉了3300镑。[1]16世纪90年代后期,拉特兰伯爵罗杰每年在服饰上的开支至少是1000镑。1623年,白金汉公爵在服饰上的开销约为1500镑。1771年一年,贝德福德家族的42个仆人花掉了859镑。[2]由于贵族实行长子继承制,家族的爵位和地产要由长子继

---

[1] Lawrence Stone, *The Crisis of the Aristocracy 1558-1641*, p. 256.
[2] Roy Porter, *English Society in the 18th Century*, Penguin Books Ltd., 1991, p. 59.

承，为了保证幼子、女儿以及自己死后妻子的生活，为了给女儿觅得一桩理想的婚姻，贵族需要给他们一定的钱财，这就是给妻子的孀妇遗产、给幼子的赠产以及给女儿的嫁妆。这也是一笔不小的数目。第一代朗斯代尔子爵的长女和小儿子分别得到 10000 镑的嫁妆和赠产，他的三女儿和四女儿分别得到 5000 镑的嫁妆。第二代诺丁汉伯爵为他的 5 个女儿支付了 37000 镑的嫁妆。第三代拉德诺伯爵结过两次婚，为此他需要支付总数为 80000 镑的嫁妆和赠产。[1] 从 15 世纪晚期到 17 世纪初，贵族上层即公爵、侯爵和伯爵提供的嫁妆从平均 750 镑增加到 3550 镑，到 1675—1729 年间，达到平均每个女儿 9350 镑。[2]

修建和养护宅邸也需要大笔的开支。1548—1551 年间，萨默塞特公爵为了建造萨默塞特府邸和塞恩府邸，花费了 15000 镑。1608—1612 年间，索尔兹伯里伯爵在哈特菲尔德一个建筑上就花费了 40000 镑。[3] 到 1841 年，第二代萨瑟兰公爵在斯塔福德宅邸（Stafford House）总共花费了 277000 镑（包括购买费用 92000 镑）。更有贵族为此陷入财政困境。18 世纪 60 年代，斯卡伯勒伯爵开始重建其位于桑德贝克（Sandbeck）和格兰特沃斯（Glentworth）的宅邸，尽管通过出售木材和通过抵押筹集资金以满足所需开支，但仍然陷入严重的财政困境。艾尔斯伯里侯爵也因为修建威尔特郡的托特纳姆花园（Tottenham Park）而几乎破产。宅邸建造完成后，还要进行经常性的维修和养护，这笔费用也不小。有的时候，维修和养护宅邸的费用在贵族的地租收入中会占到不小的比例。

---

[1] J. V. Beckett, *The Aristocracy in England 1660-1914*, pp. 296-298.
[2] Barry Coward, *The Stuart Age: England, 1603-1714*, New York: Longman, 1994, p. 148.
[3] Lawrence Stone, *The Crisis of the Aristocracy 1558-1641*, pp. 253-254.

贵族用于乡间宅邸的开支

（单位：镑）

主人	宅邸	时间	开支
诺丁汉伯爵	伯利	1694 年起	31000
卡莱尔伯爵	霍华德城堡	1699—1737 年	78000
罗金厄姆侯爵	温特沃斯伍德豪斯	1723—1750 年	80000
莱斯特伯爵	霍尔汉姆	1732—1766 年	92000
金斯顿公爵	托尔斯比	1745 年起	30000
诺森伯兰公爵	阿尼克城堡	1768 年	10000
斯潘塞伯爵	奥尔索普	18 世纪 90 年代	20000
艾尔斯伯里侯爵	托特纳姆宅邸	19 世纪 20 年代	250000
曼弗斯伯爵	托尔斯比	19 世纪 20 年代	8533

资料来源：J. V. Beckett, *The Aristocracy in England 1660-1914*, p. 332.

贝德福德公爵家族在贝德福德郡和白金汉郡地产的年均收入和维修支出

（单位：镑）

年份	地租收入	总收入	维修费用	维修占地租比（%）	维修占总收入比（%）
1816—1825	31238	41387	7509	24	18
1826—1835	28822	39301	11378	39	29
1836—1845	31087	42739	8780	28	21
1846—1855	35367	48349	6088	17	13

资料来源：Duke of Bedford, *A Great Agricultural Estate*, 1897, pp. 218-225. 转引自 J. V. Beckett, *The Aristocracy in England 1660-1914*, p. 202.

从上表可以看出，在 1816 年到 1855 年这 40 年间，贝德福德公爵家族在位于贝德福德郡和白金汉郡地产上用于维修的开支占到地租收入的 27%，占到总收入的 20%。这笔开支可谓不小。当然，在这方面也会因时、因地、因人而存在较大差异。在 18 世纪上半叶的坎布里亚，税负和维修费用在收入中所占比例，在萨默塞特公爵家族的地产上不到 1%，在萨尼特伯爵家族的地产上是4%，在朗斯代尔家族的地产上是6%到8%，最多是15%。18世纪80年代，达林顿伯爵的维修开支还不到1%。

随着贵族对子女教育的重视程度的加大，这方面的开支也在上涨。与公学相比，大学阶段的花费更高。钱多斯公爵的长子在牛津大学巴利奥尔学院读书，除导师薪酬之外，钱多斯公爵每年还要为其支付700余镑的花销。到18世纪，大陆游学成为贵族子弟学习经历中不可缺少的环节。贵族们花在这上面的开支要远远超过大学期间的开支。诺丁汉伯爵为其长子支付的大陆游学费用每年为3000镑。金斯顿公爵在欧陆游学10年，总共花掉40000多镑。当然，也不是所有贵族都这么一掷千金。诺丁汉伯爵的次子在欧陆游学两年，其花费只有415镑，与其长子的花费形成鲜明对比，可谓是十分节俭。[1]

经营性开支主要包括四个方面的开支，一是农业开支，包括购买土地、完善农业设施、进行农业改革的开支；二是工矿业开支，包括采矿、修路、开凿运河、修建港口的开支；三是金融市场投资，包括投资股票、债券的开支；四是支付薪酬，包括支付给管家、经纪人的薪酬和支付给工人的工资。

关于贵族购买土地的情况，前文已有述及，此不再赘述。除了购买土地的大量开支，贵族用于圈地、修建栅栏、竖立篱笆、修建排水工程等的开支也不少。第四代贝德福德伯爵投入大约15000镑用于"大沼泽"的排水工程。第二代索尔兹伯里伯爵花费380镑将其位于布里格斯托克的2000余英亩农田分割成小块圈地。1788年到1794年间，利文森—高尔家族每年把432镑投入特伦萨姆地产，把445镑投入利勒希尔地产。另外像首倡"诺福克耕作法"的汤森子爵和"创立新型农业体系的先驱者"的贝德福

---

[1] 阎照祥：《英国近代贵族体制研究》，第215—216页。

德公爵也都在改善农业设施、进行农业改革方面投入了不少的资金。

采矿、修路、开凿运河、修建港口构成了这一时期贵族从事的工矿业主体。由于行业的特性，这方面的开支往往数额较大。采矿业是这一时期贵族较早投资的行业。初期他们开办的矿井规模不大，投资也不多。但到工业革命开始后，由于市场需求的扩大，采矿业发展较快，贵族在这方面的开支也大幅增加。1819—1854年间，伦敦德里侯爵在矿井改造和扩建上的投资超过1000000镑。到19世纪30年代，达勒姆伯爵将400000镑资金投入到6座煤矿中。[1]随着18世纪交通运输革命的开展，贵族们也积极参与进来。在早期的运河修建工程中，贵族往往是主要的资金来源。1759年，布里奇沃特公爵投资30000镑，开凿沃斯利运河。1776年布里奇沃特公爵和高尔伯爵分别投资2000镑，开凿特伦特—默尔西运河。1812年，德文郡公爵投入6000镑，用于在设菲尔德西部建设一条新的收费公路。1844年，布克莱公爵和德文郡公爵合作投入30000镑，用于修建佛尼斯铁路。1845年艾尔斯伯里侯爵夫妇投资59333镑用于铁路建设。与采矿、修路、开凿运河相比，修建港口往往需要大笔资金的投入，这也是贵族工矿业开支中金额最大的一项。19世纪20、30年代，伦敦德里侯爵投资180000镑，在锡厄姆修建港口，布特侯爵斥资350000镑修建加的夫港。

随着股份制公司制度的发展和市场融资体制的建立与发展，股票和债券也成为贵族的重要投资渠道。1694年英格兰银行成立时，有9个贵族持有该银行的股份。1698年，波特兰公爵在新的东印度公司拥有价值10000镑的股份，1689年到1707年间，总共有29个贵族在东印度公司有投资，大多数人的投资额超过1000镑。桑德兰伯爵在1722年拥有价值75000镑

---

[1] J. V. Beckett, *The Aristocracy in England 1660-1914*, p. 217.

的债券和股份。1725年,达德利勋爵继承了南海公司股票、银行股票和其他书面债券,其账面价值达到21110镑。1751年,在英格兰银行拥有投票权的股东当中有29个贵族或其妻子或遗孀。弗利勋爵拥有价值500000镑的债券。收费公路的股票也是贵族们的投资对象。德文郡公爵有6条公路的股份,诺福克公爵有5条公路的股份,波特兰公爵有3条公路的股份,利兹公爵和霍德尼斯伯爵分别有2条公路的股份。

  支付给管家、经纪人的薪酬和支付给工人的工资,也构成了贵族经营性开支的一部分。1779年至1807年间,为巴斯侯爵管理朗利特庄园的托马斯·戴维斯的年薪是160镑,1839年接替这一职位的罗伯特·罗伯森的年薪是800镑。相对于一般的管家,更为专业化的地产经纪人的工资更高。1811年,菲茨威廉伯爵的地产经纪人的年薪为1200镑。随着贵族地产上的采矿业的发展,他们雇用的工人数量不断增多,相应地,这方面的工资开支也在增加。1795年,菲茨威廉家族雇用的煤矿工人数量从45人增加到79人,在接下来的半个世纪里持续增加,到1845年达到587人,而其整个地产上雇用的工人数量达到1100人。为此,菲茨威廉伯爵需要付给工人的工资也在不断增加,1790年约为1800镑,1815年为2300镑,1825年达到3000镑。

  政治性开支主要包括两大类,一类是担任相关职务的开支,一类是议会选举活动中的开支。虽说官职能够为贵族带来收入,但是日常开支也不少。首先,金额达到两年甚至更多年份收入的官职购买费用就是一笔不小的花销。1679年,桑德兰伯爵花费6000镑得到了北方国务大臣(Secretary of State for the Northern Department)的职位。[1]其次,一旦职位到手,经

---

[1] Lawrence James, *Aristocrats Power, Grace and Decadence*: *Britain's great ruling class from 1066 to the present*, p. 152.

常性的大笔宫廷消费开支和维护身份地位的日常开支同样是个不轻的负担。17世纪早期,"职位稍低者可能很容易就在一年里花掉2000镑这样或那样的额外费用,最显赫的政要,如埃塞克斯、索尔兹伯里或白金汉,发现他们每年的开支比一个乡村显贵的正常开支多出5000—10000镑,甚至更多。"[1] 在战场上为国王效力,是每个贵族义不容辞的义务。只不过,他们需要付出的不仅有自己的鲜血甚至生命,还有大笔的军费。1585年,莱斯特伯爵为了筹集远征低地国家的军费,在用自己的土地抵押了25000镑之后,还不得不向女王伊丽莎白一世借了13000镑。担任外交使节同样意味着要从自己的腰包里掏出大笔的金钱。1604年,赫特福德伯爵奉命率团出使布鲁塞尔,据说他在津贴之外自己又掏了10000—12000镑。可以说,在宫中任职绝不仅仅是一件幸事,1661年,阿盖尔侯爵告诫他的儿子说:"在宫廷也许比买彩票还要糟糕"。[2] 即使没有这些官职,每年出席议会会议也要消耗贵族的大笔金钱。这是因为,伦敦的生活费用要比这些贵族的家乡贵得多,而且议会开会期间也是这些贵族进行交际的极好时机,各种开销都不少。18世纪90年代,菲茨威廉伯爵一年就在伦敦花了2000镑。

对贵族而言,控制议会下院议席十分重要,他们在这方面不惜血本。在1832年议会改革之前,英国议会下院选举中选民的资格依照郡和选区而有所差别。因此,贵族为了控制议会下院议席,就要想办法控制选民和选区。在选民人数少的选区,贵族通常采取控制选区的办法,进而形成臭名昭著的"口袋选区"。要将那些小的选区变成自己的囊中之物,就要付出一定的代价包括金钱的支出。1705年,辉格党领袖沃顿伯爵花费1293镑买

---

[1] Lawrence Stone, *The Crisis of the Aristocracy 1558-1641*, p. 208.
[2] Ibid, p. 212.

下了里奇蒙250份地产中的21份，为的就是确保那里的议会选举符合他的利益。1787年，艾格蒙特勋爵为了苏塞克斯的米德赫斯特花费了40000镑，1812年，第六代贝德福德公爵为了卡姆尔福德（Camelford）花费了32000镑。[1]不过，即便在这样的选区，也不能百分之百地保证选举结果不出意外，更不要说那些大的选区了。不见到一定的物质利益，选民们也不会轻易地让贵族如愿，贵族需要在选举中以实实在在的利益诱惑来争取选民的投票。为此，格罗夫纳伯爵付给莎夫茨伯里的300个选民每人20个畿尼，付给斯托克布里奇（Stockbridge）的100多个选民每人60镑。那些投票支持纽卡斯尔公爵的纽瓦克的选民在圣诞节时每人收到了半吨煤炭，另外地租也获得了减免。随着议会下院地位的抬升和下院议员地位的提高，下院议席的价格也不断上涨，贵族们在这方面的支出也不断增多。在1784年的议会下院选举中，法尔默斯勋爵为3个议席花费了9000镑，蒙特勋爵为6个议席花费了13000镑，蒙塔古勋爵为2个议席花费了4000镑。

文化开支主要包括贵族用于购买和收藏图书、绘画、艺术品、古物等方面的开支。在这方面，德文郡公爵可以说是一个典型。在他那个时代，德文郡公爵是个重要的收藏家，从书籍、绘画到雕刻以及其他艺术品，只要入得了他的法眼的，他都会想办法收入囊中。他以200镑的价格购买了亨利八世的《玫瑰经》，花费2000镑将约翰·肯布尔收藏的全部剧本和手稿收归己有，在伊利主教去世后，又以10000镑的价格将其收藏的全部稀有书籍买到手中。他还有自己的私人乐队，光是钢琴师查尔斯·库特的年薪就达200镑。像德文郡公爵这样在文化消费上一掷千金的贵族还有不少。

---

[1] Lawrence James, *Aristocrats Power, Grace and Decadence: Britain's great ruling class from 1066 to the present*, p. 197.

第二代帕默斯顿子爵以 8000 镑的价格将 300 幅已故大师的作品买到手中。1812 年，布兰德福德侯爵在一次拍卖会上以 2260 镑的价格拍得了薄伽丘《十日谈》的 1471 年抄本。[1]

金融性开支主要包括交税和还债两个主要内容。在英国，贵族没有免税的特权，他们要为自己的财产交纳税收。在交税的时候确实有贵族想办法逃避税收。例如，尽管巴斯伯爵的收入大概不到伍斯特伯爵的十分之一，但 1624 年前者的估税财产为 400 镑，而后者的估税财产只有 200 镑。不过，正如 W. E. H. 莱基在 19 世纪 70 年代后期所说的："他们从未给自己要求过免税的权利"。[2] 越富裕的贵族所交的税越多，交税在其总收入中占据了不小的份额。1692 年，班克斯伯爵要交税 789 镑，到 1699 年他则要交 1370 镑的税，到其晚年，交税已占他出租财产收入的 20%。

贝德福德公爵在贝德福德郡和白金汉郡的地产的交税情况

（单位：镑）

年份	总收入	交税、维修等	税收、维修占收入比（%）
1816—1825	41387	12506	30
1826—1835	39301	16467	42
1836—1845	42739	14891	35
1846—1855	48349	13606	28
1856—1865	51106	14211	28

资料来源：Duke of Bedford, *A Great Agricultural Estate*, 1897, pp. 218-225. 转引自 J. V. Beckett, *The Aristocracy in England 1660-1914*, p. 202.

据贝克特统计，从 1816 年到 1895 年，贝德福德公爵家族为其在贝德福德郡和白金汉郡的地产支付了 50 多万镑的税，占其家族在这两个郡的

---

[1] Venetia Murray, *High Society: A Social History of the Regency Period 1788-1830*, London: the Penguin Group, 1998, pp. 164-165.

[2] J. V. Beckett, *The Aristocracy in England 1660-1914*, p. 16.

地租总收入的 18.6%。[1]

如果说交税是一个日积月累的开支项目的话，那么，偿还债务就是一个负担沉重的开支项目。1649 年，第二代布里奇沃特伯爵继承了父亲的地产及大笔债务，到 1662 年，他在偿还债务上的开支达到 16000 镑。到 1815 年，第四代波特兰公爵在偿还债务方面的开支达到 350000 镑，1844 年他将 104000 镑的年收入用来偿还债务。类似的开支情况在其他贵族家族也是人们惯常所见之事。

社会性开支主要包括两大项，第一项是宗教性开支，第二项是慈善开支。贵族花费在宗教上的开支既包括日常的宗教活动的开支，也包括向教会所做的捐赠。在这些捐赠当中，值得一提的是贵族捐赠的教俸。为了解决国教会堂区教士的贫困问题，1704 年议会通过立法，决定向贫困的国教会堂区教士提供安妮女王津贴。贵族是这项制度的积极支持者。第六代萨尼特伯爵提供资金，帮助增加了威斯特摩兰几个教职的圣俸，第三代朗斯代尔子爵也为增加沙普（Shap）的代牧的圣俸捐了款。同捐赠圣俸一样，慈善开支尽管金额不多，无法与贵族的其他大笔开支相比，但仍然是贵族开支中值得注意的一种，因为它反映了贵族对自己应该承担的社会领导者的责任的认识。第六代萨尼特伯爵每年拿出 100 镑，购买衣物或直接将现金分配给穷困的佃农。18 世纪早期，每年圣诞节前夕，朗斯代尔子爵都会向威斯特摩兰的芳瑟（Lowther）宅邸所在地的穷困村民发放 5 镑现金。菲茨威廉家族每年捐助 100 镑到 120 镑用于城市慈善事业。

在贵族的个人开支中，打猎、赛马、赌博和风流债是重要的组成部分。在这一时期，打猎是王公贵族们的一项特权。只是这项特权需要大量

---

[1] J. V. Beckett, *The Aristocracy in England 1660-1914*, p. 201.

的金钱来支撑。无论是贵族在狩猎时骑乘的马匹，还是优良的猎犬，以及用于狩猎的猎场和猎场的看护人，都需要大笔的开支。赛马也是一个昂贵的爱好。1759年，罗金厄姆侯爵在驯养猎犬和骏马上花费了4586镑。1770年，金斯顿公爵在马厩和赛马身上花费了506镑，18世纪晚期，格罗夫纳勋爵每年在赛马上的支出在7000镑左右。19世纪早期，菲茨威廉伯爵在温特沃斯的马厩每年要花费1500镑到3000镑。[1]贵族认为有节制的赌博是适合其身份的消遣方式，从打牌、赛马、斗鸡，到打猎、下棋、射箭，甚至孩子的出生都能够用来打赌。贵族在这方面的开支也不小。17世纪上半叶，坎普登子爵在一场网球赌博中将妻子的2500镑孀妇遗产赌输了，霍华德勋爵因为滚木球戏而输掉1500多镑。18世纪伦敦有一个著名的怀特俱乐部（White's），该俱乐部被认为是当时最贵族化的俱乐部，但这个俱乐部却是"一半贵族财富被挥霍的原因"，因为这些财富在赌博的时候被输掉了。[2]风流债更是不少贵族的一大笔开支。第六代德文郡公爵除了给情妇哈丽雅特·威尔森购置了两座房子，每年还要给她1600镑的津贴，另外还有马车、珠宝、皮衣以及数不清的其他礼物。[3]约克公爵每年给情人玛丽·安妮·卡洛琳的津贴是1000镑。除了这些固定的津贴，零星的开支累积起来也是一笔不小的数目。

债务问题是近代英国贵族经济生活中无法回避的话题。但是，我们对于伊丽莎白时代之前的贵族债务情况所知不多，其部分原因在于"伊丽莎白时代晚期之前记录的普遍缺乏"。[4]但即便如此，根据斯通的研究，我们

---

[1] J. V. Beckett, *The Aristocracy in England 1660-1914*, p. 358.
[2] Venetia Murray, *High Society: A Social History of the Regency Period 1788-1830*, p. 162.
[3] Ibid, p. 136.
[4] Lawrence Stone, *The Crisis of the Aristocracy 1558-1641*, p. 245.

第一章　贵族优势的延续

仍然可以看到，1550年到1650年间约有120个贵族欠有债务。在1642年的121个贵族中，有57个贵族未偿还的债务总数接近150万镑。1649年，第一代布里奇沃特伯爵去世时留下了52000镑的债务。1660年以后，有证据表明贵族的债务数量在上升。到1745年，第二代金斯顿公爵的债务总额达到66000镑。到1786年，斯卡伯勒伯爵的债务总额达到77000镑。到1833年，第三代伦敦德里侯爵所欠的债务至少是286000镑。到1844年，第六代德文郡公爵的债务额将近100万镑。可以说，在这一时期的贵族中，几乎没有不欠债的，差别只在于他们欠债数量的多少。

导致贵族纷纷欠债而且债务额不断上升的原因主要有如下三种：一种是用于家庭大笔开支，如购买地产、宅邸或修建宅邸。第六代德文郡公爵在查兹沃斯（Chatsworth）花了147681镑，在建筑方面总共花费了300000镑还多。19世纪30年代，第二代桑德兰公爵在特伦特姆宅邸（Trentham Hall）上花费了72000镑。18世纪中叶，莱斯特勋爵深陷债务之中的部分原因就是他在霍尔汉姆（Holkham）的建筑工程。第二种是用于经营方面如贸易、工矿业、交通运输设施建设或农业改革的开支。第二代布特侯爵为了建造加的夫港口，以地产抵押的方式从派力肯人寿保险公司（the Pelican Life Assurance Office）贷款100000镑，从公平人寿保险公司（the Equitable Life）贷款185000镑。第三种是家庭或个人的奢侈性消费开支。"绝大多数贵族债务，实际上更惊人的例子……都是由于个人奢侈挥霍引起的。"[1] 而且在这一时期，即使最富有的贵族也习惯于靠借债过日子。第五代德文郡公爵与其夫人和情妇的高消费生活使得家族的债务问题进一步恶化，到1806年，仅公爵夫人乔治安娜欠下的债务就达到109135镑。

---

[1] Lawrence Stone, *The Crisis of the Aristocracy 1558-1641*, p. 233.

贵族要借到如此数额的款项，钱从何来？贵族的借款渠道主要有私人借款、机构借款两大类。最直接、最稳妥的借款渠道是来自家族内部成员的借款。在1729年第二代诺丁汉伯爵为其地产而借的大笔款项当中，只有一笔借自一个与他没有亲属关系的人。家族成员之外，最多的私人借款来自王室、贵族、乡绅、商人、银行家等，这也是18世纪最重要的借款渠道。但从18世纪中叶起，来自银行、保险公司等机构的借款日益多了起来，而且，这种机构借款因其快捷便利，很快占据了主要地位。

贵族在太阳火险公司的借款情况

（单位：镑）

贵　　族	年　份	金　额
庞弗雷特伯爵	1760	20000
诺森伯兰伯爵	1760	30000
林肯伯爵	1761	40000
纽卡斯尔公爵	1764	20000
布里奇沃特公爵	1770	25000
利兹公爵	1780	50000
里弗斯勋爵	1780	20000
德拉瓦尔勋爵	1793	43000
彭林勋爵	1800	40000
德文郡公爵	1810	20000
贝德福德公爵	1820	40000
库珀勋爵	1850	20500

资料来源：P. G. M. Dickson, *The Sun Insurance Office, 1710-1960*, Oxford, 1960, pp. 249-250. 转引自 J. V. Beckett, *The Aristocracy in England 1660-1914*, p. 313.

需要说明的是，贵族所欠债务并不都是借贷的款项。古老的赊购商品的做法在这一时期仍然为贵族们使用，而且不少贵族深谙此道。其中比较典型的例子是阿伦德尔伯爵托马斯，到1646年去世时，他已经累计赊欠商铺16176镑的债务。

这么多的债务对于贵族的经济压力到底有多大？巨额的债务是否是贵族走向衰落的根本原因？必须承认，不少贵族的债务数量确实相当巨大，而且有些贵族的债务需要很长时间才能还清，也确有贵族因为债务缠身而陷入破产境地。直到 1611 年，索尔兹伯里伯爵家族尚未还清数额为 52000 镑的债务，而白金汉公爵家族一笔数额为 58700 镑的债务直到 1628 年也未还清。第一代格罗夫纳伯爵在世时也想尽办法还债，但在 1802 年他去世时还是留下了 150000 多镑的债务，他的儿子、第二代伯爵和第一代威斯敏斯特侯爵罗伯特到 1809 年才大致还清了债务。19 世纪 40 年代，博福特公爵和莫宁顿伯爵都深陷经济困境，在经历了父子二人的挥霍之后，第二代白金汉公爵被宣布破产。

但是，我们也必须看到，因为债务问题而陷入破产境地的贵族毕竟是少数，多数贵族的债务负担并未超出其偿还能力，对他们而言，偿还债务只是一个时间问题。1642 年，57 个欠债的贵族虽然还有 1500000 镑的债务尚未还清，但这些债务的担保是他们总额为 730000 镑的总收入，换言之，这些债务只相当于他们两年的收入，因此债务负担并不重。1651 年，诺森伯兰伯爵支付了 2240 镑的利息，偿还了 2350 镑的本金，但这些支出低于他的收入，他的情况并不严重。1738 年到 1754 年间，纽卡斯尔公爵和他的托管人借了将近 100000 镑，但到 1759 年这笔借款就还清了。第一代威斯敏斯特侯爵之所以能够在 1809 年基本还清债务，一个重要的原因就是：1801 年到 1807 年间 114553 镑的梅菲尔地产收入和 1801 年到 1804 年间 139460 镑的威尔士铅矿收入帮了大忙。因此，"尽管自 17 世纪以来债务数额在增加，但并不是破坏性的。"[1]

---

[1] J. V. Beckett, *The Aristocracy in England 1660-1914*, p. 314.

总体来说，在这一时期，英国贵族掌握的财富在增加，他们在英国社会财富构成中的地位一直处于顶端。这一点可以从托马斯·威尔逊、格里高利·金、约瑟夫·马西、帕特里克·科尔奎豪恩、约翰·贝特曼对这一时期不同阶段英国社会财富构成的分析中可以看出来。虽说格里高利·金的估算被许多学者认为过低，但这并未影响贵族在财富构成中处于顶端地位。

贵族平均年收入情况

统计者	年份	贵族数量（户）	平均年收入（镑）
托马斯·威尔逊	1600	61	3607
格里高利·金	1688	160	2800
约瑟夫·马西	1760	181	7293
帕特里克·科尔奎豪恩	1803	287	8000

资料来源：Barry Coward, *The Stuart Age England, 1603-1714*, p. 44; Roy Porter, *English Society in the 18th Century*, pp. 366-368.

年收入超过 100000 镑的贵族（1883 年）

（单位：镑）

贵　族	年　收　入
布克莱公爵	217163
德文郡公爵	180750
诺森伯兰公爵	176048
德比伯爵	163273
布特侯爵	151135
贝德福德公爵	141793
萨瑟兰公爵	141667
菲茨威廉伯爵	138801
达德利伯爵	123176
安格尔西侯爵	110598
克利夫兰公爵	100485
伦敦德里侯爵	100118

资料来源：J. Bateman, *The Great Landowners of Great Britain and Ireland*, Leicester, 1883, 1971 edn., 转引自 J. V. Beckett, *The Aristocracy in England 1660-1914*, p. 291.

在贝特曼所做的统计中，处于名单顶端的是由 15 个家族组成的小精英集团，他们的年收入在 100000 镑以上，而这其中有 12 个贵族家族。W. D. 鲁宾斯坦也做了一个统计。虽说在他的统计中，位于财富顶端的人员有所变化，但按照他的统计，所有年收入在 75000 镑或以上的家族都是贵族成员。由此来看，即使在已经完成了第一次工业革命的 19 世纪 80 年代的英国，贵族的富裕程度仍然不容置疑。

第二节　贵族与国家的关系

关于贵族与国家的关系，弗朗西斯·培根曾经说过："一个完全没有贵族的君主国总是一个纯粹而极端的专制国，如土耳其是也。因为贵族是调剂君权的，贵族把人民的眼光引开，使其多少离开皇室。"[1] 对于这一时期的英国国家权力机构而言，贵族是不可缺少的，国家结构甚至性质在很大程度上取决于贵族的社会和财产占有结构，取决于贵族应对新的社会和政治挑战的能力。与此同时，国家也是一个塑造、重塑甚至在极端情况下试图摧毁贵族的强大力量，国家政治体制发生的重大变化极大地影响着贵族与国家的关系。

一、贵族与王权关系的演变

在贵族与国家的关系中，贵族与王权的关系占据着十分重要的地位。1485 年，都铎王朝在"红白玫瑰战争"的废墟上建立了。随着新王朝的建立，英国王权进入了新的发展时期，同时也开启了贵族与王权关系的新篇章。

---

[1] 弗·培根：《培根论说文集》，水天同译，北京：商务印书馆 1983 年版，第 46 页。

对于都铎王权的性质，学界有"专制君主制"、"绝对君主制"、"新君主制"等说法。但无论哪一种说法，大家都承认一点，那就是都铎王权不同于以往的英国王权，是近代君主制的开端。从亨利七世到伊丽莎白一世，都铎王权的强大是学界的共识。与这种共识相应，在学界还有一种观点，认为都铎王权的强大是建立在王权对贵族实施打击政策基础之上的，甚至有人由此引申出贵族与王权是相互敌对的两种力量的看法，认为贵族与王权的关系是对抗性的。

纵观都铎一朝，几代国王都在处理王权与贵族的关系问题上比较审慎，这种审慎最明显地表现在封授贵族爵位上的悭吝。从"红白玫瑰战争"中走出来的亨利七世有意减少贵族的数量，以达到削弱贵族势力的目的，进而避免重蹈前代的覆辙。据信，亨利七世授封的新贵族只有9名，其中还包括对于被剥夺爵位的恢复。[1] 虽说亨利八世在开始宗教改革后加大了授封贵族的力度，但却无法抵消贵族的消亡，因此到他去世时贵族数量仅仅多了9名。伊丽莎白一世在授封贵族方面的吝啬是出了名的。而且她的吝啬到了晚年更为突出，从1573年到1603年，她批准1人继承爵位，将1人晋升为伯爵，授封了1名新贵族。正是由于几代国王在封爵问题上的谨慎、吝啬，到都铎王朝末年，贵族数量又回到了1485年的原点，还保持在55人的水平上。

都铎王朝建立之初，变态封建主义的余毒尚未完全肃清。一些拥有较大势力的贵族不甘心完全俯首帖耳地服从王权，还伺机蠢蠢欲动，成为都铎王权的一大威胁。对于那些敢于同王权对抗甚至进行反叛的贵族，亨利

---

[1] M.L.Bush, *The English Aristocracy: A Comparative Synthesis*, Manchester: Manchester University Press, 1984, p. 102.

七世毫不留情地予以镇压。"消除'变质封建主义'的弊害是亨利七世取得的最大成就，此后英国的王权再没有受到贵族内争的重大危害。"[1] 整个都铎时代，贵族的反叛日益减少，其规模与影响也大大降低。这一时期较大的两次贵族反叛分别是1569年的北方伯爵的反叛和1601年的埃塞克斯伯爵的反叛。"前者在某种意义上是被王权剥夺了政治权利的旧贵族的反叛，而后者则是未能承袭其前辈所享有的特权的新贵族的反叛"。[2] 都铎时期贵族反叛的另一个大的变化是反叛者不再将矛头指向国王，而是指向国王身边的廷臣。

然而，如果仅仅凭借国王在授封贵族问题上的吝啬以及贵族的反叛与国王对于反叛者的严厉镇压，就"认为王权和贵族之间的关系只限于对抗和冲突，那就错了"。[3] 冲突与斗争只是贵族与王权关系的一个次要方面，二者关系的主要方面是他们之间的共生关系，他们存在着根本利益上的一致。贵族与王权不是一场你死我活的游戏中的死敌，而是一个利益共同体。在那个时代流行的"没有贵族就没有国王"、"没有主教，没有国王，就没有贵族"的说法，都在强调国王和贵族的不可分割。个别贵族与国王的矛盾与冲突不能等同于贵族阶层与王权的矛盾与冲突。在这一时期，确实有些贵族丢掉了财产、爵位、权力甚至性命，但贵族阶层仍然在新的权力架构中居于重要地位。就整体而言，这一时期贵族阶层的政治倾向越来越趋向政府和宫廷，他们的命运紧密地与王权联系在一起。在新型的近代国家面前，无论是王权还是贵族，都在寻找自己的合适地位。当然，在这

---

[1] 郭方：《英国近代国家的形成》，北京：商务印书馆2007年版，第164页。
[2] 姜德福：《社会变迁中的贵族》，第237页。
[3] J. Cannon, *Aristocratic Century: The Peerage of Eighteenth Century England*, p. 2.

个过程中，双方在根本利益一致的前提下，也会发生冲突与斗争，而这种冲突与斗争则会伴随着政治近代化进程的脚步而逐渐得到控制与规范。因此，无论是亨利七世在位时期对于反叛者的严厉镇压，还是亨利八世在位时期的宗教改革与"政府革命"，抑或是伊丽莎白一世时期的诸多举措，都赢得了贵族阶层的认可与支持，形成君臣一体的总体态势。能够充分说明这种态势的是伊丽莎白一世的宠臣塞西尔说过的一段话："上院贵族是议会的组成部分之一，代表全国平民的郡邑下院议员也是议会的成员。女王陛下亦然。这三者构成可以立法的议会机构。"[1]

除了二者在根本利益上的一致，贵族之所以选择与王权合作，还在于他们从君主制国家的发展中获得了诸多好处。在这个时期，国王是王国最高的庇护者，是王国唯一的公共权威的源泉，是社会荣誉的来源，所有这些都使得贵族成为君主制国家的既得利益者。而国王之所以与贵族合作，还在于国王的统治离不开贵族的协助与支持。国王的宫廷需要贵族来装点，王国的重要官职需要贵族来担当，乡村社会的秩序需要贵族来维持，王国的军队需要贵族来指挥，甚至军队的士兵也需要贵族来出人手。"即使都铎新王朝的第一位国王也绝没有消灭旧贵族，而是雇用他们在国家任职；都铎王朝的最后一位国王仍然明确认为，稳定的贵族是她的政权的基本部分。"[2]

1603年，童贞女王伊丽莎白一世去世，英格兰王位由苏格兰国王詹姆斯六世继承，称詹姆斯一世，斯图亚特王朝取代了都铎王朝。伴随着新王朝出现的还有摆在国王和贵族面前的新问题，这个新问题就是：斯图亚

---

[1] G. R. Elten, *Studies in Tudon and Stuart Politics and Government*, Vol. 2, Cambridge, 1983, p. 32.
[2] R. B. 沃纳姆编：《新编剑桥世界近代史》，第三卷，反宗教改革运动和价格革命：1559—1610年，中国社会科学院世界历史研究所组译，中国社会科学出版社，1999年版，第173—174页。

特王朝的国王会如何处理其与贵族的关系？

这个问题的答案很快由詹姆斯一世给了出来，不过却是一个令贵族们失望的答案。詹姆斯一世和查理一世都热衷于君权神授理论，意图建立君主专权的政治体制。这种做法违背了都铎王朝历代国王在处理与贵族关系时的原则：君臣一体、君臣共治。因此，在斯图亚特王朝前期，国家权力的归属问题成为影响贵族与王权关系的核心问题。该问题也是导致贵族集团分裂与内战爆发的主要原因。与此同时，国王实行的税收政策、封爵政策等也引发了贵族的极大不满。"根据克拉伦登的说法，这个时期的制度得罪了许多'德才兼备'的人。"[1] 贵族与王权的关系堕入低谷。随着内战的爆发，贵族中有相当数量的人站在了议会阵营当中，如埃塞克斯伯爵、贝德福德伯爵等，他们与国王站在了对立面。都铎时代的贵族与王权关系成为了过去。1649年，查理一世被处决，君主制被废除，议会上院也被废除。这样的结局正应了那句话"没有贵族就没有国王"、"没有主教，没有国王，就没有贵族"，也从反面验证了贵族与国王利益的一致性，二者一荣俱荣、一损俱损。

1660年，流亡在外的查理回国继承王位，称查理二世，斯图亚特王朝复辟。但是，查理二世与詹姆斯二世并未吸取内战的教训，仍然一意孤行，在建立君主专权、恢复天主教等问题上，与贵族集团产生了原则性的分歧。这样的国王也再次令贵族失望。贵族与王权的关系再次处于危机状态。不过，这一次贵族们没有重蹈内战的覆辙。他们选择了"光荣革命"的解决问题的道路。"1688年由七名贵族所发起的光荣革命，不仅成了君主立宪制的起点，还为该国贵族寡头体制铺设了一块沉稳的基石。"[2]

---

[1] 阿萨·勃里格斯：《英国社会史》，陈叔平等译，北京：中国人民大学出版社1991年版，第170页。
[2] 阎照祥：《英国近代贵族体制研究》，第60页。

"光荣革命"后英国确立的君主立宪制使王权受到了削弱，同时贵族的政治特权再次获得承认并予以保留。贵族不仅通过"光荣革命"剥夺了意图建立君主专权的詹姆斯二世的王位，还以议会立法的形式，使王权受到了严格的限制，确立了贵族的政治优势。虽说乔治三世即位以后曾经试图实行个人专断，但在贵族的抵制下，有限王权与贵族优势的政治体制并未被改变。而且，这种体制一直延续到19世纪。

二、贵族政治优势的延续

　　贵族是这一时期英国国家权力架构中必不可少的一股力量，"贵族与国家的关系决定着国家的特点"。[1] 约翰·汉普登对此深信不疑，他说："趾高气扬、腰缠万贯、挥霍无度的贵族……实际上控制着英国的一切。他们控制着王权，因为它是他们所有财富和荣誉的最大的魔棒和法宝。通过他们的子孙、他们的钱包和他们的影响，他们控制着下院。他们控制着教会和国家、军队和海军。他们控制着所有海内外的官职。他们控制着本土，控制着天涯海角的殖民地。而且，他们还控制着所有人的财富和收益，因为只有他们才能在下院的选举中只手遮天，只要他们愿意，他们就能够做到。"[2] 在这一时期的政治生活中，贵族占据着绝对的优势。贵族的政治优势体现在以下几个方面：

　　第一，贵族对议会的控制。都铎王朝建立后，议会制度得到进一步发展。在随后的三个世纪里，议会发生了三大变化：议员成分的变化、上下院权力的变化、议会权力中心地位的确立。在这些变化的过程中，都有贵族活跃的身影。贵族对议会的控制主要表现为：完整意义上的贵族院的形

---

[1] W. Reinhard, *Power Elites and State Building*, Oxford: Clarendon Press, 1996, p. 190.
[2] J. V. Beckett, *The Aristocracy in England 1660-1914*, p. 404.

成、贵族对议会下院的控制。

议会上院由教会贵族和世俗贵族组成。16世纪初,议会上院中教会贵族的人数要多于世俗贵族。但在亨利八世的宗教改革之后,随着修道院的解散,议会上院的教会贵族人数大大减少。从宗教改革到18世纪末,议会上院的宗教贵族大致保持在20人左右。而世俗贵族人数不断上升,从亨利七世时期首届议会的29人发展到1800年的267人。从宗教改革时起,所有拥有贵族爵位者都有权出席议会上院会议,而且议会专门通过议案,将没有贵族爵位者排除在议会上院成员行列之外。至此,议会上院成为名副其实的贵族院。

对于地位和权力日益提升的议会下院,贵族同样有着较强的控制能力。早在都铎时代,贵族就通过贿赂收买选民、授予官职、提供肥缺等办法,收买选民和议员,培植自己在议会下院的势力。在伊丽莎白一世在位期间,由贵族控制的议会下院议席大概占到总数的五分之一左右。"光荣革命"以后,贵族对议会下院议席的控制进一步强化。1715年,总共有105个下院议席处于贵族的控制之下,占下院议席总数的五分之一,与伊丽莎白一世在位期间的比例相比没有发生变化。但从1715年到1785年,贵族控制下的选区数量翻了一番。到18世纪末19世纪初,这一比例继续

由贵族控制的英格兰和威尔士议会下院议席

年份	贵族控制的议席数	英格兰与威尔士议席总数	所占比例(%)
1793	164	308	53.25
1794	195	359	54.32
1797	217	370	58.65
1816	218	371	58.76

资料来源:Jeremy Gregory and John Stevenson, *The Routledge Companion to Britain in the Eighteenth Century 1688-1820*, London and New York: Routledge, 2007, p. 92.

上升。正是凭借这种腐败的选举制度,贵族将议会下院变成"一个不依赖于人民的关门的中世纪同业公会"。[1] 从 1713 年到 1796 年,议会下院中的贵族之子和爱尔兰贵族从占总数的 8% 上升到 21%。[2] 在 1784 年议会下院选举中当选的议员中,贵族之子、爱尔兰贵族、与贵族有亲属关系者、在贵族赞助下当选者加在一起,超过下院议员总数的 70%。[3] 正因如此,议会改革家亨利·弗勒德在 1790 年说:"下院是一个二流的贵族机构,而不是大众代议制机构"。[4]

第二,贵族对政府官职的把持。这一时期是英国官僚行政机构逐步形成的时期,随着官僚机构的扩大,官员的数量不断增多,但各级显赫的官职永远是豪门显贵的囊中之物。贵族通过获得官职将自己融入国家政治体制之中,牢牢地掌握着国家政权。贵族常常担任大臣、枢密院议长、国王在地方的代理人、宫廷高官、高级军队将领、驻外使节等。掌玺大臣、宫廷总管、宫廷侍卫大臣等完全或大多出自贵族。贵族深入到官僚机构中,形成了相互竞争的庇护网。在都铎王朝,"达德利家族与西摩家族、莱斯特家族和塞西尔家族之间的恶性竞争……构成这一时代的主旋律。"[5] "光荣革命"以后,贵族在官僚机构中更是占据着绝对优势。

1688—1820 年担任重要官职的贵族及其在任职者中所占比例

官职	总人数	贵族人数	贵族所占比例(%)
首席财政大臣	24	17	70.83

---

[1] 《马克思恩格斯全集》,第一卷,北京:人民出版社 1972 年版,第 687 页。
[2] J. Cannon, *Aristocratic Century: The Peerage of Eighteenth Century England*, p. 113.
[3] 程汉大:《英国政治制度史》,北京:中国社会科学出版社 1995 年版,第 223 页。
[4] R. Pares, *King George III and the Politicians*, Oxford University Press, 1973, p. 43.
[5] 佩里·安德森:《绝对主义国家的系谱》,刘北成、龚晓庄译,上海:上海人民出版社 2001 年版,第 39—40 页。

续表

大法官	17	6	35.29
枢密院议长	33	30	90.9
掌玺大臣	33	30	90.9
北方国务大臣	32	22	68.75
南方国务大臣	30	19	63.33
财政大臣	34	2	5.88
内政大臣	16	6	37.5
外交大臣	13	6	46.15
美洲殖民地事务大臣	4	1	25
战争与殖民事务大臣	44	32	72.72
贸易大臣	29	17	58.62
兰开斯特公爵领事务大臣	22	11	50
爱尔兰总督	35	34	97.14
国防大臣	30	5	16.67
财政部主计长	25	5	20

资料来源：Jeremy Gregory and John Stevenson, *The Routledge Companion to Britain in the Eighteenth Century 1688-1820*, pp. 67-80.

1688—1820年内阁中的贵族及其所占比例

内阁	内阁大臣人数	内阁中贵族人数	贵族所占比例（%）
戈多尔芬—马尔博罗内阁	28	12	43
哈利内阁	30	15	50
斯坦霍普内阁	24	18	75
斯坦霍普—桑德兰内阁	13	10	77
斯坦霍普—桑德兰内阁(重组)	16	12	75
沃波尔内阁	29	17	59
卡特莱特内阁	15	6	40
佩勒姆内阁	14	8	57
佩勒姆内阁（第二届）	15	11	73
纽卡斯尔内阁	16	8	50

续表

皮特—德文郡内阁	12	7	58
皮特—纽卡斯尔内阁	18	8	44
布特—纽卡斯尔内阁	15	9	60
布特内阁	18	8	44
格伦维尔内阁	16	9	56
罗金厄姆内阁	16	10	63
查塔姆内阁	22	11	50
格拉夫顿内阁	16	9	56
诺斯内阁	30	15	50
罗金厄姆内阁（第二届）	15	5	33
谢尔本内阁	16	6	38
福克斯—诺斯内阁	16	8	50
皮特内阁	32	17	53
阿丁顿内阁	26	8	31
皮特内阁（第二届）	18	9	50
人才内阁	24	6	25
波特兰内阁	17	8	47
珀西瓦尔内阁	20	13	65
利物浦内阁	29	13	45

资料来源：Jeremy Gregory and John Stevenson, *The Routledge Companion to Britain in the Eighteenth Century 1688-1820*, pp. 44-66.

在内阁当中贵族也占据较高比例。从 1782 年到 1820 年，一共有 65 人出任内阁职务，其中 43 人是贵族，余下 22 人中 14 人是贵族之子，2 人出身贵族之家，真正的平民只有 6 人，这 6 人中还有 3 人后来成为贵族。正因如此，有学者认为，"直到 18 世纪末和在这之后很久，内阁仍然主要是贵族团体。"[1] 驻外使节也是贵族把持的官职。据统计，在1689年到

---

[1] M. S. Anderson, *Europe in the Eighteenth Century*, 2nd Edition, New York: Longman Group Limited, 1976, p. 47.

1789年间担任驻外使节的77人中，有47人是贵族，占到60%多。而在担任驻凡尔赛、马德里、威尼斯等重要地点的34个使节中，有26人是贵族，所占比例超过75%。与此同时，一些贵族还利用各种关系建立起政治联盟，成为政坛霸主。英国最早的两个政党托利党和辉格党的产生，同样与贵族有着密不可分的关系。

第三，贵族对地方政治事务的控制。贵族往往担任一些重要的地方官职及王室在地方的派出官职。在亨利八世在位期间，位于特伦特北部的王室森林的首席法官几乎完全被贵族把持，在北方政务会和威尔士政务会中也有多名贵族。[1] 作为地方各郡重要实权官职的郡督，基本上由贵族担任。据统计，在18世纪出任英格兰和威尔士郡督的294人中，有255人是贵族或贵族之子，余下39人中也多与贵族有各种密切的亲属关系。[2] 虽然治安法官行使着地方的司法与行政权力，但其提名权操纵在担任郡督的贵族手中，贵族拥有的财富与地产、贵族掌握的各种资源，也都对治安法官有着重要的影响。况且，不少治安法官还与贵族有着各种关系。因此，贵族能够对他们施加各种形式的影响，进而控制地方政治事务。

第四，贵族对军事权力的控制。虽说在英国"贵族阶级非军事化的现象出现得非常早"，[3] 但他们并未忘记驰骋疆场、保卫王国的职责。整个都铎时代，国王在出征作战的时候还要依靠贵族提供的军队。"都铎王朝垄断武力的斗争持续时间更长、更加复杂，取得的成就也没有普遍认为的那么大。"[4] 1523年，亨利八世手下的军队中有三分之一是贵族的军队。在

---

[1] H. Miller, *Henry VIII and the English Nobility*, Oxford: Basil Blackwell Ltd., 1986, pp. 196-197, 200-201.
[2] J. Cannon, *Aristocratic Century: The Peerage of Eighteenth Century England*, pp. 121-122.
[3] 佩里·安德森：《绝对主义国家的系谱》，第124页。
[4] Lawrence Stone, *The Crisis of the Aristocracy 1558-1641*, p. 107.

16世纪40年代的对法战争中，也有许多军队是由贵族召集的。与此同时，在这一时期，出任高级军官职务的几乎全是贵族。在军队的高级将领中，10%的少将、16%的中将、26%的上将是贵族，如果再将贵族之子计算在内，那么将军中的贵族比例就超过了40%。在18世纪的20个陆军元帅中，有14人是贵族，占70%。海军中的贵族军官比例更高。"至少在克里米亚战争以前，军队中的高级军官一直是贵族的独占权利。"[1]

贵族之所以能够长期延续其政治优势，主要有以下原因：首先，贵族都拥有面积不小的地产，是大地主，这是他们的社会地位与声望的基础，也是他们稳居政治金字塔高层的根基。这"就使英国的贵族地主与欧洲其他国家绝大多数的地主们相比，能有强大的生命力"。[2] 其次，在近代农业革命与工业革命的进程中，贵族并未充当看客，更没有被排除在这一进程之外，而是积极参与其中，并从中获得了极大的收益。这不仅"维护了大贵族的政治特权地位，扩大了他们的社会基础，而且使他们在新兴工业资产阶级产生后仍有资格、有条件长期控制国家权力"。[3] 再次，近代英国的社会体制与政治体制为贵族政治优势的延续提供了前提条件和载体。直到18世纪末，英国一直是一个等级社会，贵族高居于各等级之首，是这个社会的"天然"领导者。"没有谁真的挑战贵族对权力的把持。"[4] 就像托利党人博林布鲁克所说，"地主阶级才是我国政治航船的真正主人，而资本家只不过是船上的乘客。"[5]"光荣革命"后确立下来的君主立宪制，构成了以

---

[1] M. L. Bush, *The English Aristocracy: A Comparative Synthesis*, p. 53.
[2] 阎照祥:《英国近代贵族体制研究》，第149页。
[3] 同上书，第158页。
[4] Roy Porter, *English Society in the 18th Century*, p. 61.
[5] H. D. Dikinson, *Bolingbroke*, London: Constable, 1979, p. 290.

议会为主体的政治架构，为贵族控制国家权力提供了极为有利的条件。贵族还会通过庇护制度，"将各自亲信安插到上至国会下院议员，下至地方治安法官及教区神职的位置上去，从而构建起一个私党网络体系"。[1]最后，在近代社会变迁的过程中，贵族不断进行自我调整，从而使得自己紧跟时代发展潮流，不被时代抛弃。他们并不像以往人们认为的那样，因为固步自封、拒绝变革而遭到社会的遗弃，而是将坚持传统与进步变革有机地结合起来，继续保持着他们对社会的控制与把握。

第三节 贵族在文化生活中的地位

长期以来，包括学术界在内相当多的人有这样一种看法：贵族不学无术，即使有贵族的身影出现在文化生活当中，也是附庸风雅之举。但是，近年来的研究表明，上述看法是戴着有色眼镜看人，误导了人们对贵族的客观认识。实际上，在转型时期，随着社会角色的转变和教育水平的提高，贵族在文化生活中的地位与作用有了显著的提高。他们不仅程度不同地参与多种文化艺术活动，而且作为文化艺术活动的指导者和庇护人，他们在很大程度上制约和决定着这一时期的文化走向。

一、贵族对文化活动的涉足

16世纪早期，英国贵族尚处于许多文化生活的边缘。这其中既有军事传统的影响，也有缺乏教育的因素。然而，随着贵族教育的发展和教育水平的提高，他们开始广泛涉足各种文化艺术活动，在贵族当中出现了一批学者文人。

---

[1] 王晋新、姜德福：《现代早期英国社会变迁》，上海：上海三联书店2008年版，第38页。

从亨利八世时期的萨里伯爵到伊丽莎白一世时期的牛津伯爵，贵族在英国幻想文学创作中占有的份额是空前绝后的。在文学领域里，西德尼家族的影响尤其重要。菲利普·西德尼爵士本人是伊丽莎白一世时代早期文学发展中的一个主要人物。他的妹妹、彭布罗克伯爵夫人玛丽写作田园诗，他的女儿、拉特兰伯爵夫人伊丽莎白和他的外甥、彭布罗克伯爵威廉也是诗人。在戏剧领域，繁忙的政治家巴克赫斯特勋爵创作悲剧，无所事事的花花公子牛津伯爵创作喜剧，二者在当时都受到很高的评价。[1]第四代切斯特菲尔德伯爵菲利普·多默·斯坦诺普所作的《给儿子的信》是"以纯正散文写成的智慧宝库，是贵族阶级有关风度和理想的简洁指引，也是作者精密优雅的心思之动人剖白"。[2]财政大臣伯纳斯勋爵在业余时间翻译了几部法文和西班牙文的传奇和英雄史诗，其中最有名的是傅华萨的《见闻录》。[3]许多贵族对神学有着极大的兴趣。第四代贝德福德伯爵是10部对开本的神学沉思著作的作者。第八代芒乔伊勋爵是个热情的神学学者。贵族们对绘画艺术的痴迷也是尽人皆知的，少数贵族甚至亲自拿起了画笔。还有一些贵族涉足"科学"实验。16世纪中叶，第二代坎伯兰伯爵"沉溺于炼丹术、化学、水的蒸馏、制造其他化学提取物用于医药以及其他学术研究。"17世纪早期，第九代诺森伯兰伯爵赢得了"术士伯爵"的绰号，原因在于他研究解剖学、天文学、炼丹术、蒸馏。[4]另外，许多贵族致力于地方考古，他们这么做的一个重要原因，是力图证明家族的高

---

[1] Lawrence Stone, *The Crisis of the Aristocracy 1558-1641*, p. 319.
[2] 威尔·杜兰：《世界文明史》，卷9：伏尔泰时代，上，北京：东方出版社1998年版，第102页。
[3] 王佐良、何其莘：《英国文艺复兴时期文学史》，北京：外语教学与研究出版社1996年版，第73页。
[4] Lawrence Stone, *The Crisis of the Aristocracy 1558-1641*, p. 326.

贵和家世的久远。

然而，贵族亲自充当文化创造者的情况并不多，更多的时候他们主要是充当文化活动的庇护人。在中世纪，艺术和文化的最大庇护人是国王和高级教士。他们筹划和建设大教堂，委托雕刻师装饰教堂，雇用家庭学者写作，雇用家庭画师制作手稿的画饰。直到沃尔西时代，贵族的庇护作用仍然无法同教士相比，只是到16世纪30年代以后，他们的地位才扭转了过来。虽然帕克大主教是个重要的手稿收藏者，劳德大主教是牛津大学圣约翰学院的方形建筑的建设者，但总的来说，在此时的英国文化生活中，主教们的影响大大减弱，国王也不再是艺术和文学的最大庇护人。亨利七世位于威斯敏斯特的教堂和陵墓，亨利八世位于诺萨克（Nonsuch）的豪华宫殿，曾经在国内起过表率作用。但在90年以后飨宴厅（Banqueting）建成之前，国王退出了艺术庇护人的行列。"亨利八世曾经慷慨地赞助知识分子，希望利用他们推进其政治野心。而伊丽莎白完全依赖自己的思想成就，在庇护文学或学者上所做的事很少或根本没有。"[1] 在这种情况下，贵族承担起了庇护文化活动的职责，并成为这一时期英国文化生活的主导者。

贵族对文化活动的庇护表现在各个方面，他们充当诗人、作家、科学家、雕刻家、艺术家、建筑家的庇护人，向文学、哲学、考古学协会提供庇护。他们庇护文学创作活动，在物质上赞助那些献书助兴的作者。以往蔑视文艺的贵族现在开始写诗，并允许诗人附骥于门下。当时的作家或者本人是贵族，或者依赖贵族的赏赐为生。这就是当时出版的诗文集上总要有"献给某某爵爷"等字样的一个原因：贵族接受了书，往往要送给作者一笔钱。塞西尔、莱斯特、西德尼、雷利、埃塞克斯、南安普顿、彭布

---

[1] Lawrence Stone, *The Crisis of the Aristocracy 1558-1641*, p. 318.

罗克伯爵及夫人等都是很好的文学赞助人，"他们在英国贵族与作者之间建立了一种关系，这种关系甚至持续至塞缪尔·约翰生在彻斯特菲尔德讲学以后，仍然存在。"[1] 虽然西德尼的家道并不是很富裕，但他却成为当时最活跃的文学赞助人，他曾经资助过卡姆登、理查·哈克路特、纳什、堂恩、丹尼尔、本·琼森，尤其是斯宾塞。第三代伯林顿伯爵理查·波伊尔是文学、音乐和艺术仁慈而慷慨的保护者，也是贝克莱和汉德尔、波普和盖宜的朋友。[2]

有证据表明，许多贵族对戏剧有着极大的兴趣，他们将大量的时间、精力和金钱投入了戏剧事业。少数权高势重的贵族还庇护职业剧团，受庇护的剧团便称为"海军大臣供奉"剧团、"宫内大臣供奉"剧团等。因此，"伊丽莎白时期的戏剧史也就是属于牛津伯爵、沃里克伯爵、莱斯特伯爵、伍斯特伯爵、德比伯爵、施鲁斯伯里伯爵、诺丁汉伯爵和其他贵族的剧团的历史。"[3] 17世纪30年代早期，有着文学抱负的年轻贵族们蜂拥到年老体弱的本·琼森的身边，在伦敦的各个酒馆里与他共饮，聆听他的格言隽语以及对莎士比亚的回忆。[4] 在绘画领域，更为常见的是贵族成为庇护人和收藏家。像对待建筑一样，收藏绘画和资助艺术家成为上流社会的时尚。这一时期的科学也吸引了贵族，并且依赖于他们的经济支持。贵族们加入各种学会和协会，进行观察实验，接受其他作者题献的新著作。贵族对音乐品味也有影响，1720年，在皇家音乐协会的20

---

[1] 威尔·杜兰：《世界文明史》，卷七：理性开始时代，上，第86页。
[2] 同上书，卷九：伏尔泰时代，上，第285页。
[3] Jonathan Dewald, *The European Nobility 1400-1800*, Cambridge University Press, 1996, p. 321.
[4] Lawrence James, *Aristocrats Power, Grace and Decadence: Britain's great ruling class from 1066 to the present*, p. 104.

个理事中,有一半是贵族,其中一些人如第一代埃格蒙特伯爵是一个热心的业余乐手,他喜爱亨德尔的音乐。[1] 如同其他领域的文化一样,对科学的支持将少数真正的热衷者和大批仅仅追求时尚的贵族集中到一起,后者主要是为了寻求作为新派人物所带来的社会地位。"对科学起到积极作用的贵族是第五代达德利勋爵这样的贵族,他们对工业中的新技术革新提供鼓励和资金。"[2]

二、贵族扮演文化生活新角色的动因

英国贵族在转型时期文化生活中的崭新角色的出现,取决于多种因素。

首先,文艺复兴动摇了教士对文化的控制权,而宗教改革使得教士在文化生活中的地位进一步下降,宗教不再是文化生活的决定性因素。在这种情况下,俗人在文化生活中的地位和作用得以确立。

其次,贵族教育的发展改变了知识分子的集团属性。中世纪的知识分子完全限于教士等级,他们构成了社会的文化精英和管理精英,在国王和贵族的指令下为其工作。而到 16 世纪以后,情况为之一变。知识分子由教士的一个分支转变为有产阶级俗人的一个分支,这支新的知识分子队伍与贵族有着千丝万缕的联系。这对英国文化产生了革命性的影响。

再次,由于他们掌握的财富和政治权力,在决定上层艺术和文学形式方面,贵族必然要发挥至关重要的作用。"就贵族控制的经济和政治资源而言,他们必然决定着文化的方向。作家、艺术家和科学家求助于贵族,是因为贵族有经济能力来扶持文化事业,他们没有别的选择,只能小心地

---

[1] Lawrence James, *Aristocrats Power, Grace and Decadence: Britain's great ruling class from 1066 to the present*, p. 211.

[2] Jonathan Dewald, *The European Nobility 1400-1800*, p. 326.

迁就其赞助人的文化兴趣。"[1] 贵族参与文化生活的目的，在相当大的程度上是服务于他们的政治生活。莱斯特的范围广泛的庇护，受到了促进国内温和的清教主义和对外军事征服的愿望的推动。而古典作品的翻译家、教育改革家、学者、科学家、诗人将作品题献给他，满足了他试图在整个知识界建立庇护网的野心。支配学术和文学的庇护制度，与支配议会下院选举的庇护制度，共同构成了贵族的政治权力架构。

社会对贵族风度的推崇，表现为人们希望贵族展示出高雅的素养和丰富的才识。具有文化品位和多才多艺，有助于提高贵族在上流社会和社交界的地位和威望。演员是个流动的宣传工具，能够扩大庇护人的声誉，因此，在自己的名下拥有一个剧团就成为一种地位和身份。接受作者题献的著作则会使庇护人的名声传之后世。莎士比亚提醒他的读者，向一个大诗人施以援手是比投资于豪华陵墓更为持久的投资。[2] 贵族的日常生活也需要有文化来装扮。对富裕的贵族来说，音乐家、剧作家和艺术家是他们日常生活中一个不可缺少的成分，他们为贵族提供了家庭娱乐。参与文化活动，还是贵族的另一种寄托情感的途径，向有才华但政治上失意或淡漠于政治的贵族提供了另外的选择，可供他们发泄多余的时间、精力、财富。如果失去了一个重要的官职，他们可以献身于考古研究、建筑、"科学"实验，及收集书籍、绘画等。

最后，在当时的社会环境下，文化的发展需要贵族的庇护。作家、艺术家、剧作家、诗人、画家需要在庇护人的羽翼下获得生存和发展所需的经济支持和保护，免于受到教会和政府的书报检查制度的迫害，获得能使

---

[1] Jonathan Dewald, *The European Nobility 1400-1800*, p. 185.
[2] Ibid, p. 321.

其得到教会、大学和政府部门的舒适工作所需的影响。"当时，没有献给一些宫廷人物或贵族的题词，一本书很难印刷出版。"[1] 为了躲避16世纪颁布的惩治流民的法令，各个职业剧团不得不托庇于贵族的保护之下。莎士比亚所在的剧团在不同时期曾处于不同贵族的庇护之下。最初，剧团托庇于兰开斯特伯爵，称作"兰开斯特伯爵供奉"剧团。1585年伯爵去世后，该剧团的主要演员加盟"斯特兰奇勋爵剧团"，1593年，斯特兰奇勋爵晋升为达比伯爵，剧团也随之改名。翌年，达比伯爵去世，剧团又托庇于宫内大臣亨利·凯里勋爵，并改称为"宫内大臣供奉"剧团。1603年詹姆斯一世即位后宣布，只有王室成员才有权庇护剧团，于是，剧团又改名为"国王陛下供奉"剧团，直到1642年剧场关闭。[2]

三、贵族对文化生活的主导

英国贵族无法逃避其在近代早期文化生活中应当承担的重要责任。随着时代的进步，贵族对文化活动的参与程度加深了，有的贵族赞成进行艺术改革，有的贵族对文化中新的甚至具有挑战性的东西持有令人吃惊的支持态度。到17世纪，贵族在当时的文化生活中发挥了决定性的作用。"中世纪晚期贵族曾经是文化生活中的追随者而不是领导者，16世纪的文化控制权仍然掌握在法律学校教授、神学家和政府官员手中。到19世纪，随着资产阶级的小说、报刊文章和专业学问成为文化实践的基本形式，贵族将再次扮演次要角色。但是，在17世纪和18世纪，贵族在文化生活中占有无人匹敌的决定性地位。"[3]

这一时期文学、戏剧、学术的繁荣，从贵族的开明庇护中得到的推

---

[1] Jonathan Dewald, *The European Nobility 1400-1800*, p. 320.
[2] 王佐良、何其莘：《英国文艺复兴时期文学史》，第158页。
[3] Jonathan Dewald, *The European Nobility 1400-1800*, pp. 157-158.

动要多于一般的许可。由于国王将庇护的职责授予廷臣和宗教改革后教士地位的下降，贵族成为这一领域唯一的庇护力量。他们击退了教士书报检查官对教义上的古怪行为的攻击；他们使清教徒对诗歌中的异教倾向和剧院中的不道德问题的抗议落空了；他们使受其庇护者获得了王室、教会、教育界的职务。清教徒贵族在使印刷品通过书报检查上的作用也是不可估量的。要查禁那些在庇护人同意下题献给枢密院成员或权贵的书或小册子很难，正是由于有莱斯特伯爵、贝德福德伯爵、亨廷顿伯爵、沃里克伯爵、李奇勋爵，英国的印刷业才能在许多年里对清教宣传门户大开。由于他们的广泛兴趣，几乎所有学术的分支都得到了来自某个贵族的庇护；由于他们的不同看法，英国的文学和戏剧获得了相对自由的发展，唯一但却是重要的禁令是禁止激烈地批评现存的社会秩序：国王、宫廷、贵族不能被触及。

英国16、17世纪的诗剧起自民间，但后来却为贵族所欣赏并加以利用。可以说，英国诗剧的兴衰与其同贵族的关系相关，它的兴旺固然有贵族的一份助力在内，其衰落也部分是由于它迎合贵族趣味而得罪了日渐强大的工商业者。[1]到17世纪，伦敦各剧场的观众尤其是私人剧场的观众中来自贵族家庭者的比重不断加大，到17世纪20年代，戏剧几乎成了宫廷皇家贵族的"专利"。这些贵族观众更加注重戏剧语言的优美和情节的复杂动人。这也正是悲剧和喜剧成为这一时期的流行剧种，以及社会风俗喜剧兴起的一个主要原因。由此，演员们受到了关注，强有力的庇护足以使他们免于被当作游民而受到鞭打，也防止了清教城市当局关闭他们的剧院。贵族大量购买艺术品，资助作家和画家，他们深深影响着教会和国家

---

[1] 王佐良、何其莘:《英国文艺复兴时期文学史》，第10页。

对艺术的制度性支持。在贵族的周围聚集了一大批文人骚客为他们服务，范布勒和亚当兄弟为他们建造宅第，奇彭代尔和谢拉顿为他们设计家具，雷诺兹和盖恩斯伯勒为他们画像。[1]

在贵族的庇护下，18世纪在建筑、花园、绘画、音乐、瓷器、家具、服饰等方面确立了欣赏的标准，很少有与之匹敌的标准。这一时期的文化已经有了"高级"与"低级"之分。音乐家、作家与画家，都希望投托于豪门大宅之中，成为朝臣与贵族的门客。自霍尔拜因开始，绘画艺术就被国王、朝臣与贵族们所享用；伊丽莎白的御用画师尼古拉斯·希利亚德曾表示，希望除了"贵族绅士之外"，"任何人不再干预"画师绘画。[2]

当然，并不是贵族的所有文化活动都对英国文化的发展起到了积极的推动作用。例如，贵族业余爱好者对稀有的、机械的、自然的、古代的物品的探索，是与培根的观念相对立的，并在17世纪中叶以前使上层社会的兴趣远离了科学。尽管这些收藏品被仔细地排列在清晰的学科名称以下，但不是所有藏品都纯粹出于科学的目的。同样，斯图亚特早期的贵族业余爱好者的追求，在英国技术和科学进步上几乎没有发挥什么作用。

总之，从16世纪起，英国文化创造的动力逐渐脱离从属于大学和中产阶级的高等教育圈子，开始在廷臣和贵族当中找到了归宿。16世纪的文化在很大程度上还是由说着流利的拉丁语、深受罗马文化影响的人们所控制。而到17世纪，控制文化的则是举止优雅的贵族业余爱好者，他们能够熟练地运用民族语言进行写作和交流，他们知识渊博但又不为枯燥的

---

[1] A. Goodwin, ed., *The European Nobility in the Eighteenth Century: Studies of the Nobilities of the Major European States in the Pre-Reform Era*, London, 1953, pp. 20-21.

[2] 阿萨·勃里格斯：《英国社会史》，第136页。

大学书本知识所累。"贵族的财富、不同贵族个体对知识和创造力的偏好、开放的观念与学术的紧密结合，再加上贵族的公共声誉，共同创造了一个持续了 300 余年的贵族恩惠的文化传统。"[1] 贵族"对英国文化的影响一直保持到 19 世纪"。[2]

---

[1] Lawrence James, *Aristocrats Power, Grace and Decadence: Britain's great ruling class from 1066 to the present*, p. 108.
[2] 威尔·杜兰:《世界文明史》，卷七：理性开始时代，上，第 328—329 页。

第二章 宗教改革后的国教会教士

宗教改革之后,国教会成为英国的官方教会,国教会教士成为英国教士队伍的主流。在近代社会变迁中,国教会教士承受着社会变迁给他们带来的压力,但也积极做出应对,并承担着教化信徒、引领道德信仰、管理基层社会的责任,成为社会阶层中的重要成员。

第一节 国教会教士的经济状况

宗教改革后,国教会许多教士收入不足,影响了教士的生活及其履行职责。为此,英国政府出台相关措施,社会各界也伸出援手,对贫困教士进行救助。到 18 世纪,国教会教士的贫困问题基本得到解决,教士的收入有了较大提高。

一、安妮女王津贴与贫困教职救助

宗教改革后很长一段时间,国教会绝大多数的教职收入不足。教职收入不足的问题集中表现在堂区。堂区是国教会最基层的管理单位，堂区的教士是与平信徒有着最直接、最紧密接触的神职人员。17世纪末18世纪初，在国教会全体神职人员中有2个大主教、26个主教、24个大教堂牧师会教长、60个执事长，余者皆为堂区教士。堂区教士依照职务可以划分为堂区长、代牧、牧师助理、附属小教堂忏悔神甫，依照教职收入来源可分为享有圣俸的教士和不享有圣俸的教士。堂区长是享有圣俸的教士，牧师助理是不享有圣俸的教士，代牧、忏悔神甫则两者皆有。不享有圣俸的教士一般从享有圣俸教士的手中领取薪水。各级堂区教士的薪俸均直接或间接来源于堂区持有的圣俸，地产收入和什一税收入是圣俸的大宗，除了圣俸之外，教徒捐献、节日祭品、宗教费用是堂区教职收入的次要来源。1700年，英格兰和威尔士超过一半的教职年收入不足50镑，几乎三分之一教职年收入不足35镑。多数贫困教职集中分布于英格兰北部、西部和威尔士。班戈、巴斯和韦尔斯、卡莱尔、奇切斯特、赫里福德、兰达夫、诺里奇、圣大卫和约克主教区集中分布着很多贫困堂区。[1]教职收入不足的直接后果是使中下级教士的生活贫困。18世纪之前，大部分堂区的教士很穷，他们在教会的地位相当于医疗界的药剂师和法律界的公证员。在18世纪初的10000个堂区中，5000多个堂区的教士年收入在80镑以下，3000多个堂区教士的年收入在40镑以下。[2]18世纪中期伦敦制鞋工人每年可得收入40镑，堂区教士的贫寒，由此可见。另一方面教职收入不足也助长了教士疏忽宗教服务、不驻堂区、兼领俗职等弊端的发生，教士在

---

[1] S. Doran, C. Durston, *Princes Pastors and People: The Church and Religion in England 1500-1700*, London: Routledge, 2003, p. 181.
[2] 舒小昀：《分化与整合：1688—1783年英国社会结构分析》，南京：南京大学出版社2003年版，第146页。

收入不足的压力下，便放弃传教而从事其他工作来勉强维持生活，他们既是教士，同时又是农夫、渔人、织工、裁缝，等等。教职收入不足，教士生活贫困使教士不得不兼职从事世俗工作，造成了教士职业的多元化，影响了教士职业的专业化程度。

教职收入不足和中下级教士贫困的问题引起了社会各界有识之士的关注。休谟指出："政府要与心灵指导者结成最适宜、最有利的关系，就是给他们固定薪俸，用贿赂引诱其怠惰，使他们感到除了防止羊群误寻新的牧场而外，其他进一步的任何活动都是多事。这样，宗教上的定俸制度，通常在最初虽是生于宗教的见地，但结果却说明是有利于社会的政治上的利益。"[1] 鉴于堂区牧师助理收入不足，安妮女王曾颁布法令给予他们固定数额的薪俸。法令宣称"兹特授权各地主教，以签字盖章，发放足够维持（牧师助理）生活的俸金或津贴，每年不得超过五十镑，也不得少于二十镑。"[2] 除了定俸制度之外，宗教改革之后一些虔诚的施主也曾自发组织起来捐资补助贫困教职。1625年，一批牧师、商人和律师组成教会地产承受人组织，该组织不仅购买流入俗界的教会地产，还从社会各界筹集现金，他们将所得收入的大约10%用于增加教职收入和设立布道席。[3]1675年到1713年间，伦敦主教亨利·康普顿出资购买流入俗界的教产，使之回归教会，并劝说圣职推荐人以捐赠的形式补充作为教士俸禄来源的教产。[4]

---

[1] 亚当·斯密:《国民财富的性质和原因的研究》（下卷），郭大力、王亚南译，北京：商务印书馆1974年版，第349页。
[2] 同上书，第124页。
[3] R. O'Day, *The English Clergy: The Emergence and Consolidation of a Profession 1558-1642*, Leicester: Leicester University Press, 1979, p. 93.
[4] W. M. Jacob, *The Clerical Profession in the Long Eighteenth Century 1680-1840*, Oxford: Oxford University Press, 2007, p. 113.

共和政体和护国政体时期（1649—1659年）有过一个堂区财政改革计划，这一计划动用地方政府财政收入，对最贫穷的教职（收入低于10镑者）和面积较大、人口众多的堂区教职进行了补助。[1] 上述补助堂区贫困教职的行为均由个人或地方政府实施，缺乏一个高效率的中央集权官僚体制的推动，不能从全国范围内解决堂区教职收入不足的问题。面对众多的贫困教职，这些点滴式的救助行动只能起到杯水车薪的作用。

1704年的安妮女王津贴计划将捐助堂区贫困教职的活动推向了高潮。这项津贴计划集合了王国政府、教会、俗界人士等社会各方面力量，在计划实施的一个世纪里，共筹集资金2450000镑，对英格兰和威尔士的贫困教职进行了6400项津贴补助。[2] 安妮女王津贴计划的实施是英国国教会和英国政府在解决堂区教职收入不足问题上迈出的决定性一步。

1688年的"光荣革命"为安妮女王津贴计划在全国范围内实施提供了新的历史契机。"光荣革命"后，国教会与政府之间的关系更为紧密，另一方面，"光荣革命"后英国出现了宽容的宗教氛围。1689年，议会通过《宗教宽容法》，实行对清教徒的宗教宽容。新教范围内的宗教宽容使英国结束了长期的宗教纷争和政治动荡，为国教会和政府集中力量补助堂区贫困教职创造了前提。"光荣革命"后，辉格党和托利党两大政治力量虽然在诸多问题上存有分歧，但都赞成和支持实施一个系统、长期的补助堂区贫困教职的计划。这又为教职贫困问题的解决提供了良好的政治前提。

津贴实施之初，资金主要来源于教职界向女王（或国王）交纳的"首

---

[1] R. O'Day, *The Professions in Early Modern England 1450-1800: Servants of the Commonweal*, Harlow Essex: Pearson Education, 2000, p. 102.

[2] I. Green, The First Five Years of Queen Anne's Bounty, See（in）: R. O'Day, F. Heal, *Princes and Paupers in the English Church 1500-1800*, Leicester: Leicester University Press, 1981, p. 231.

年金"和"十分之一税"收入。在安妮女王即位之初,这两项教职税年收入总计17000镑。[1]1704年,安妮女王发布令状,将这笔资金转交给津贴主管人员,用于补助贫困教职。宗教改革后,英国教职人士原先向罗马教廷交纳的"圣职评议费"和"岁贡"被归并为"首年金",连同"十分之一税"一并上缴国王。[2]贫穷堂区牧师和代牧(牧师收入低于6镑13先令4便士,代牧收入低于10镑)及不持有教产、领取固定薪俸的神父可以免纳这两项教职税。所以安妮女王津贴实际上是用富裕教职的部分收入补助贫困教职。

津贴在实施过程中确立了两个基本原则:一是每项津贴均采用土地补助的形式,津贴主管人员用200镑购买一块土地,作为贫穷教职的永久地产,担任该教职的教士将获取这块土地的地租收入。二是为了避免徇私舞弊,确保公平,以抽签方式选择优先补助的教职。年收入为10镑或低于10镑的堂区教职作为第一梯队,抽签决定他们中间哪些教职将优先得到津贴补助,第一梯队所有教职受到补助后,年收入为20镑或低于20镑的堂区教职作为第二梯队通过抽签接受补助,接着是年收入为30镑、40镑、50镑的教职。1768年,大主教塞克和德拉蒙德又放宽了补助标准,年收入200镑或200镑以下的教职均有权参与抽签,接受津贴补助。由于每项津贴所购地产的年地租收入大约为10镑,所以最贫穷的教职有可能最终接受2至5次津贴补助。截止1806年,诺福克郡有资格参与签选的126个教职中,35个教职接受了

---

[1] I. Green, The First Five Years of Queen Anne's Bounty, See (in): R. O'Day, F. Heal, *Princes and Paupers in the English Church 1500-1800*, p. 232.
[2] F. Heal, Clerical Tax Collection under the Tudors: the Influence of the Reformation, See (in) R. O'Day, F. Heal, *Continuity and Change*: *Personnel and Administration of the Church in England 1500-1642*, Leicester: Leicester University Press, 1976, pp. 231-256.

2次补助，17个教职接受了3次补助，14个教职接受了4次补助，10个教职接受了5次补助。切斯特主教辖区的4个监理辖区共有125个堂区教职和堂区附属小教堂教职，到1779年，有93个教职共接受了182次津贴补助，其中1个教职接受了4次补助，16个教职接受了3次补助，57个教职接受了2次补助，18个教职接受了1次补助。通过抽签方式对贫困教职进行补助，虽然确保了公平，防止了徇私舞弊的发生，但贫困教职究竟能得到多少次补助完全听天由命，受偶然性的支配。这就使一些最贫穷的教职没能得到最多的津贴补助，而一些并不贫穷的教职却得到了丰厚的补助。例如，1806年在诺福克郡的培根有83个年圣俸价值超过100镑的教职居然也得到了津贴补助，而27个贫穷的副牧师职位却只接受过1次补助。在诺福克郡，截止1806年有10个教职得到过5次津贴补助，这10个教职每个都得到了共计价值1000镑的地产，而一些更贫穷的教职却没有得到相应补助。[1]

安妮女王津贴除了以"首年金"和"十分之一税"作为资金来源外，同样接受来自私人方面的捐助。津贴主管人员鼓励私人捐助人提供资金，购买地产（每块地产价值可以为200镑或更多），连同使用教职税购买的地产（每块地产价值为200镑）一并作为津贴补助给捐助人希望捐助的教职。为了鼓励私人捐助，安妮女王在去世前夕颁布了第二个关于津贴的令状：规定私人捐助人捐助的教职有权先于其他教职得到补助。[2] 中世纪晚期，国王政府曾制定法令限制俗界地产流入教会，1279年的《永久管业法规》(the Statue of Mortmain) 规定向教会转让地产需经国王批准。[3] 津贴

---

[1] W. M. Jacob, *The Clerical Profession in the Long Eighteenth Century 1680-1840*, p. 121.
[2] I. Green, The First Five Years of Queen Anne's Bounty, See（in）R. O'Day, F. Heal, *Princes and Paupers in the English Church 1500-1800*, p. 233.
[3] 刘城：《英国中世纪教会研究》，北京：首都师范大学出版社1996年版，第190页。

欢迎私人捐助，使意图向教会捐助地产的世俗捐助人可以不受上述法令限制，得偿所愿地向教会捐献地产。这对贵族和乡绅颇具诱惑力，因为如果他们持有某个贫困教职，是这个教职的圣职推荐人，他们可以通过捐助该教职的形式，使自己荫庇的教士的薪水合理增加。另外，为了鼓励私人捐助，1715年津贴法案第八条规定，捐助人可以获得某些小的教职的圣职推荐权。这些小的教职包括：某些由于圣职推荐人不明确而长期缺乏神甫主持且贫穷孤立的附属小礼拜堂神甫职位；或由于圣职推荐人处境艰难而放弃教职推荐权的教职，这类教职通常是主教保有教堂的牧师职位或附属于母教堂的小礼拜堂的神甫职位。津贴捐助人若捐助上述小的教职，捐助人与津贴主管人员达成有关圣职推荐权归属的协议后，将获得圣职推荐权，协议具备法律效力。[1]1715年津贴法案的规定对谋求教职的人而言，很有吸引力，获得圣职推荐权的规定刺激了教俗各界人士踊跃为津贴捐款。在津贴实施前30年里，私人捐款节节攀升，累计达195000镑。[2]在世俗捐助人中，既有贵族和贵妇、乡绅，也有普通的堂区教民。在辉格党和托利党政治家中，辉格党的伯林顿伯爵、德文郡公爵、洛克福德伯爵，托利党的萨尼特伯爵等都慷慨解囊。很多骑士和从男爵也投入捐助者的行列，如托马斯·罗思爵士、托马斯·汉默爵士、雅各布·阿斯特利爵士、贾斯蒂尼安·艾沙姆爵士、爱德华·特纳爵士。参与捐助的队伍中还包括很多教会人士，他们的捐款占据了私人捐款总数的三分之一，他们中既有大主教、主教、主教座堂教士团成员等上层教士，也有担任小教职的教

---

[1] I. Green, The First Five Years of Queen Anne's Bounty, See（in）R. O'Day, F. Heal, *Princes and Paupers in the English Church 1500-1800*, p. 235.
[2] Ibid, p. 231.

士。能得到教士捐助的教职通常与教士有一定渊源，这些教职要么位于教士出生地，要么是教士享有推荐权的教职，或是教士曾任过的教职。在这些教俗捐助人中，有些捐助人极为慷慨，一人捐助了多个教职，如巴伦夫人共捐助了24个教职，这些教职主要位于柴郡和萨福克郡，圣保罗的教长亨利·戈多尔芬单独捐助及和他人共同捐助的教职共计37个，布里斯托尔的爱德华·科尔斯顿共捐助了42个教职。[1]

安妮女王津贴的实行，使教职贫困现象得到了明显改观。从教职种类来看，原先不享有圣俸、只领取固定薪俸的附属小礼拜堂神甫职位通过津贴补助获得了地产，这些地产从此成为其自由持有的产业，他们从此有了稳定的收入来源。原来没有圣俸的兰卡郡沃利堂区附属的霍姆—克里维格尔（Holme-in-Cliviger）小礼拜堂通过津贴获得了地产，1778年该礼拜堂神甫职位年收入达30镑。1789年兰卡郡有104个小礼拜堂神甫得到了津贴补助。[2]从地域来看，原先贫困教职较集中的英格兰北部、中北部、塞文河谷地区得到了数量最多的补助，这些地区教职贫困的现象大为改观。1772年，德比郡40%的教职年收入被估定为50镑或低于50镑，但到1832年，仅有6%的教职年收入为50镑或低于50镑。18世纪最后20年，津贴对德比郡贫困教职的补助达到了历史最高峰。1781—1790年，有27个教职通过抽签得到了津贴补助，1791—1800年，有26个教职得到了津贴补助，其中8个教职接受的补助来自私人捐助合并官方津贴。[3]截止到1804年，通过抽签方式共进行了5236项官方津贴补助，另外还有2132项补助由私人捐助合并官方津贴进行。在安妮女王津贴实施的一个世纪

---

[1] W. M. Jacob, *The Clerical Profession in the Long Eighteenth Century 1680-1840*, p. 121.
[2] Ibid, p. 122.
[3] Ibid.

里，总计3055个堂区得到了津贴补助，堂区得到的捐助基金至少增加了1899600镑。[1]

二、国教会堂区教士的富裕程度

堂区教士收入不足问题在漫长的18世纪（1688—1834年）得到部分解决。由于来自圣职躬耕田、什一税、宗教费用、节日祭品、捐献的收入大幅度增长，堂区教职总收入大幅度增长。堂区教职收入增长使贫困教职数量急剧下降，1700年年收入低于50镑的教职有5600个，到1800年这一数字降到1000个。[2]圣职躬耕田是堂区最主要的财富，为堂区教职提供了大部分收入。随着社会各界对贫困堂区教职救助力度加大，尤其是1704年安妮女王津贴的实行，堂区拥有更多的圣职躬耕田。到19世纪初，安妮女王津贴共进行了6400项补助。[3]这项补助是用200镑津贴基金购买一块地产，照此计算，仅这一项就使堂区新增总价值达1280000镑的地产。1776年法案又允许堂区教士从安妮女王津贴基金中借钱购买土地，这也扩充了堂区圣职躬耕田的面积。[4]"光荣革命"后英国以议会立法形式进行大规模圈地，考虑到什一税征收者的利益，圈地法案往往允许将被圈占土地的一部分划为圣职躬耕田，以弥补堂区教士的损失。1772—1832年，德比郡60项圈地法案中有18项规定应将部分圈占土地划归堂区教士。牛津郡圈地法案几乎都有上述规定。圈地运动使堂区教士得到大量土地，在某

---

[1] I. Green, The First Five Years of Queen Anne's Bounty, See（in）R. O'Day, F. Heal, *Princes and Paupers in the English Church 1500-1800*, p. 249.
[2] Susan Doran and Christopher Durston, *Princes, Pastors and People: The Church and Religion in England, 1500-1700*, London: Routledge, 2003, p. 181.
[3] Ian Green, 'The First Five Years of Queen Anne's Bounty', in Rosemary O'Day and Felicity Heal（ed.）, *Princes and Paupers in the English Church, 1500-1800*, p. 231.
[4] W. M. Jacob, *The Clerical Profession in the Long Eighteenth Century 1680-1840*, p. 124.

些地区堂区教士甚至成为大土地所有者。圣职躬耕田的扩充带动了堂区教职收入增长。

什一税收入增长也带动堂区教职收入增长。18世纪后期农牧业飞速发展，堂区教士可以从教徒手中征收更多什一税。诺福克郡考斯顿堂区1784年的什一税收入是299镑2先令7便士，1817年是775镑12先令。1783年肯特郡绍恩堂区的什一税收入是153镑16先令，1814年上升到403镑。[1]工业革命兴起后，英国采矿业迅速发展，使那些辖区富含矿产资源的堂区教士的什一税收入大幅增长。达勒姆郡斯坦霍普的教士原先每年可征收315镑矿产什一税，1799年这一数字上升到1500镑，1820年又飙升到5000镑。[2]

与圣职躬耕田和什一税相比，宗教费用、祭品、捐献在堂区教职收入中仅占较小份额，1688—1834年间，即使这部分教职收入也有大幅增长。17—18世纪英国人口由400多万增至800多万。人口增长带动了宗教费用和祭品数量增长。19世纪初，大城市堂区教士通常可以收取到数量惊人的宗教费用，1833年伦敦圣潘克拉斯堂区宗教费用收入是1145镑，马里来本堂区宗教费用收入是1068镑。[3]"光荣革命"后，英国出现基督教复兴局面，教徒宗教热情高涨，使教堂得到比17世纪更多的教徒捐献。

18世纪有很多教职人士参与本地社会事务管理，在慈善、济贫等事务中发挥重要作用。18世纪很多教职人士出任地方治安官员，1761年，英格兰和威尔士共有932名教士担任本郡治安委员，约占总数的11%。[4]在

---

[1] W. M. Jacob, *The Clerical Profession in the Long Eighteenth Century 1680-1840*, p. 138.

[2] Ibid, p. 129.

[3] Ibid, p. 123.

[4] Norma Landau, *The Justices of the Peace1679-1760*, Berkeley: California University Press, 1984, p. 143.

一些地区，堂区教士在地方社会事务中异常活跃，有的担任负责公路和污水管道事务的专员，有的担任土地税税务专员。1775年，在25000名土地税税务专员中，教职人士占15%。18世纪80年代，甚至在过去没有教职人士出任治安官员的苏塞克斯郡，这一比例上升为25%。[1] 这一时期英国地方官员并不从财务署领取薪俸，只有家财丰厚的当地富户方可胜任。大批教职人士参政说明，在时人心目中，部分教士算得上富甲一方的富翁了。

18世纪堂区教职人士生活方式的转变，从另一方面说明其富裕程度的提高。18世纪，堂区教士日益舍弃乡间小农粗鄙的生活方式，竞相追求体面的乡绅生活方式。一些堂区教士纷纷翻修、扩建住所。1703—1704年，卡莱尔主教尼科尔森巡查堂区时发现，10%的堂区教士宅邸正在进行整修或已被整修过。[2] 一些时髦的奢侈品也进入堂区教士家庭，成为他们的家居用品。一些教士时常参与堂区上流社会娱乐性质的活动。维持乡绅生活方式需要耗费大量金钱，部分富裕堂区教士成功进入乡绅社交圈，说明其富裕程度可与本地乡绅媲美。

堂区教士队伍补充来源变化，也说明这一时期堂区教士富裕程度的提高。巴里·柯里恩研究了18世纪伦敦主教区祝圣神甫的家庭出身，发现绅士之子从31%增加到近57%，平民之子从28.5%跌落到约12%，堂区教士之子从26%降到19.5%。[3] 他还发现，绅士家庭出身的教士的主流并非来自传统的郡乡绅家庭，而是更多来自城镇医生、律师、商人等专业人士和其他社会中间阶层家庭。医生、律师和商人被当时的英国人视为赚钱热

---

[1] Paul Langford, *Public Life and the Propertied Englishman*, Oxford: Oxford University Press, 1991, p. 421.
[2] W. M. Jacob, *The Clerical Profession in the Long Eighteenth Century 1680-1840*, p. 97.
[3] Ibid, p. 41.

门职业，这些人能够将子弟送入宗教界，说明在他们眼中，教职人士的收入前景并不暗淡。

格里高利·金和约瑟夫·马西曾依照财产收入多寡编排了1688年、1759—1760年英国社会结构表。[1] 参照这两份社会结构表的有关统计数据，将教士阶层与同期其他社会中间阶层的收入及富裕程度进行横向比较，有助于分析这一时期教士富裕程度及教士内部富裕程度的差异。根据其统计数据，可以得出如下结论：1688—1760年，国教会教士的家庭年收入呈增长态势，与低级教士相比，高级教士家庭年收入增长更快，低级教士与高级教士的收入差距变得更大。1688年高级教士家庭年收入明显低于法律界上层人士、国家行政官员、海军军官、海上商贩、陆上商贩，更低于士绅、绅士，与法律界下层人士、陆军军官的家庭年收入等同。在全体社会中间阶层中，低级教士家庭年收入偏低，仅略高于农场主，与店主和小贩等同。但到1760年，高级教士家庭年收入已超过法律界下层人士、国家行政官员、海军军官、大部分农场主，与法律界上层人士、陆军军官等同，但仍然低于士绅、绅士、各类商贩。这说明，与其他社会中间阶层相比，高级教士经济地位上升。但低级教士经济地位没有变化，1760年低级教士家庭年收入仅略高于小农场主，低于其他社会中间阶层。

18世纪教职收入增长虽然提高了堂区教士富裕程度，但增长的收入并未在堂区教士中平均分配，低级教士与高级教士的贫富差距变得更大。乔治三世时代，一些主教的收入甚至可与世俗贵族相媲美，达勒姆主教年收入6000镑，温切斯特主教年收入5000镑。[2] 堂区教士所处地位不同，其经

---

[1] 舒小昀：《分化与整合：1688—1783年英国社会结构分析》，第39—40页。
[2] J. A. Sharp, *Early Modern England, a Society History 1550-1760*, London: Edward Arnold, 1987, p. 185.

济收入和富裕程度也存在很大差异。最富有的是堂区长，其次是堂区中的代牧，其收入基本可维持一家老小温饱，最贫寒的当数牧师助理。尽管安妮女王曾颁布法令规定牧师助理年薪不得少于20镑，但18世纪中期有的伦敦制鞋工每年可得收入40镑。牧师助理的贫寒，由此可见。对他们而言，早日晋升教职才是改变贫穷命运的有效途径。正因为教士经济收入和富裕程度有随着教阶等级逐级递增的特点，所以，尽管教会低级教士收入微薄，但受过教育的知识分子和土地贵族子弟仍将进入教会作为一种职业选择。

第二节　国教会教士的职业化

现代早期英国教士阶层经历了宗教改革、清教运动、内战等一系列重大变故的冲击，是转型时期英国社会中变动颇为剧烈的一个社会阶层。从社会存在形式的角度出发来看，这一时期，英国教士阶层由中世纪的神权等级嬗变为现代社会的一个职业集团。英国教士阶层的这一变化发轫于宗教改革，在宗教改革冲击之下，英国教士阶层原有的社会存在形式——神权等级轰然坍塌。与此同时，随着英国国教会的不断革新，教士阶层逐渐具备了现代职业集团的若干特征，实现了向现代教职集团的转型。

一．神权等级的瓦解

"在中世纪，人们普遍认为社会由三个功能不同而相互依赖的等级组成，一些人祈祷，一些人作战，一些人劳动。14世纪末英国宗教改革的先驱威克里夫便持有这种看法。每个等级各有上帝指派的责任，社会的和谐和上帝的恩宠皆有赖于各等级成员正确地履行他们各自的责任。"[1] 按照这

---

[1]　郭方：16世纪英国社会的等级状况,《首都师范大学学报》2002年第3期。

一观念，中世纪英国的教士阶层以神权等级的形式存在，一方面，他们凌驾于平信徒之上，在平信徒面前，他们是"耶稣基督在尘世的代表"，并由此享有各种宗教和司法特权。另一方面，神权等级的外在形式体现为对教士独身生活的特殊要求，他们要恪守特殊的教规和道德准则，这样就在教士和平信徒之间筑起了一道樊篱。16世纪的宗教改革摧毁了教士等级的外在形式，拆毁了教士和平信徒之间的樊篱，从权力、身份、组织三个方面解构了中世纪英国的教士等级。

首先，从权力层面来看，教士阶层宗教特权的丧失，是教士等级解构的基础。宗教特权是中世纪教士阶层居于英国社会结构顶层的前提。在16世纪的宗教改革实践中，英国教士丧失了某些原有的宗教特权，进而丧失了凌驾于俗界之上的基础。英国教士阶层在宗教改革中丧失的宗教特权包括：教士作为神人交流中介的特殊作用、听取平信徒忏悔的告知权、赦免平信徒罪恶的解罪权、圣餐仪式上变体圣餐的神异功能、圣餐仪式上领取圣杯的特权。

在新教各派中，虽然英国国教会最为倾向天主教传统，但是有关国教会教义的纲领性文件《三十九条信纲》却收录了"唯信称义"和"圣经是信仰的唯一依据"等新教教义的基本原则。《三十九条信纲》第十一条规定："我们在上帝面前称义，唯有凭借我们所信的救世主耶稣基督的努力，而决非凭借我们自身的善行：由此，我们唯信称义是一则最为有益的教条，它饱含圣灵，理应更多地表达在解罪的布道文告中。"[1]《三十九条信纲》第六条规定："《圣经》中包含了救赎所必需的全部：所以凡是未在《圣经》中读到的，也未被《圣经》所证明的，就不是人所必为的，应视《圣经》

---

[1] http://www.anglicansonline.org/basics/thirty-nine_articles.html.

为信仰之依据，救赎之必需。"[1] 这就否定了盛行于中世纪天主教会的礼拜仪式、斋戒、施舍、朝圣、购买赎罪券、参加十字军等外在的、视觉化的、物化的善功和圣事在救赎方面的功能，因此也就否定了教士作为神人中介的特殊作用。

中世纪天主教会规定，平信徒须定期向所属教区的教士忏悔，只有在其所犯罪恶得到教士赦免之后，才有资格参加圣餐仪式。爱德华六世时期，英国国教会有关平信徒定期向教士忏悔的规定出现了变动，由此前的硬性规定改为可由平教徒自行选择。[2] 这就贬低了教士听取平信徒忏悔的告知权。《三十九条信纲》第二十二条规定："有关炼狱、赦罪、跪拜和崇敬圣像、圣迹，祈求圣徒等天主教教义是无效的信仰，被徒劳地编造出来，在《圣经》中缺乏根据，而且与上帝之言矛盾。"[3] 这条规定明确否定了教士赦免平信徒罪恶的解罪权。

关于圣餐仪式，《三十九条信纲》第二十八条规定："圣餐的变体论不仅在《圣经》中缺乏依据，而且与《圣经》中平易的字句相矛盾，违背了弥撒的本意，给予迷信机会。"[4] 这就明确否定了天主教的"变体论"，否定了教士祝圣圣餐使之变体的神异功能。《三十九条信纲》第三十条写道："平信徒不应被拒授圣杯，根据主的教仪和戒命，圣餐的所有部分应平等地分予全体基督徒。"[5] 由此，平信徒可以与教士一样领取圣杯，教士不再单独享有领取圣杯的特权。

---

[1] http://www.anglicansonline.org/basics/thirty-nine_articles.html.
[2] Diarmaid MacCulloch, *The Later Reformation in England 1547-1603*, New York: Palgrave Macmillan published, 2001, p. 12.
[3] http://www.anglicansonline.org/basics/thirty-nine_articles.html.
[4] Ibid.
[5] Ibid.

教士阶层宗教特权的丧失，剥下了教士的神圣外衣，实现了平信徒与教士平等的新教理念。由于宗教改革赋予平信徒与教士平等的神圣地位和身份，每个基督徒均可独自面对上帝，从而改变了教士的职业角色，他们由神人交流的中介转变为平信徒灵魂的导师。在新的宗教权力架构中，他们仅仅担当宗教资源供应者的角色，将《圣经》、神学知识传授给平信徒，供应他们的需要，起到宗教引导的作用。

其次，从身份层面来看，教士身份的转变使英国教士阶层丧失了作为一个神权等级的外在形式。中世纪英国教士既是隶属于罗马教廷的国际宗教人员，又是独身的出家人。教士有别于普通英国人的特殊身份，是其作为神权等级成员的外在表现特征。宗教改革使英国教士的身份发生了变化，由国际宗教人员向国家宗教人员转变，由出家人向普通人转变。宗教改革催生了英国民族教会——国教会的出现，导致英国教士由过去从属于罗马教皇转为从属于国王，教士成为国家宗教人员，与普通英国人一样效忠英王和英国。宗教改革还消除了教士出家人的身份，使之可以与俗人一样娶妻生子，组建自己的家庭。《三十九条信纲》第三十二条规定："主教、司祭、执事发誓独身，或禁绝婚姻是不受上帝之法的督率；因此教士与其他基督徒一样自行婚配是合法的，也会判定为同样更好地为信仰服务。"[1] "宗教改革后新教教士也和其他人一样娶妻生子，一样要为养家糊口而操劳，这对于改变教士作为神人交流中介的传统地位，改变人们对教士的传统看法起到了非常重要的作用。所以教士结婚有利于摧毁天主教教会的权威，有利于打破教俗分割的二元社会结构。"[2]

---

[1] http://www.anglicansonline.org/basics/thirty-nine_articles.html.
[2] 宋佳红：英国宗教改革时期教士结婚状况述评，《武汉大学学报》2005年第1期。

再次，从组织层面来看，宗教改革使英国教士阶层的组成成分得到了简化和整合，推进了教士阶层向职业集团的转变。中世纪英国的教士阶层是一个组成成分极其复杂的神权等级，包含了从事不同种类工作的神职人员。它究竟在英国社会扩展到多大程度，没有可靠和确切的资料证实。但以下数据可以说明一些问题：

> 10000个享有圣俸的教职（其中15%—25%由兼职者担任），至少10000个受雇且不享有圣俸的助理教职——初级神品，12048个在教教士团成员（包括修士、修女、大教堂牧师会牧师和托钵僧），人数波动、没有职务的初级神品和正级神品，数量不详的有神品的书记员、行政管理员、教师、学者和律师。[1]

由此可见，中世纪英国教士阶层的组成成分极其复杂，大体上可以分为两大类：一类是以管理俗界宗教事务为主要任务的教区教士，另一类是脱离世俗社会、过着宗教戒律所规定的修行生活的修士。中世纪英国的修士虽然隶属不同的宗教团体，奉行的教规各异，但均以自身灵魂的救赎为修道的终极目的，有别于主要依靠宗教服务来获得收入的教区教士。此外，在天主教教区的教阶之中，存在初级神品的设置，担任初级神品的教士有权接受世俗性质的工作。由此可见，中世纪英国教士阶层中包含了从事不同种类工作的神职人员，所以不能依照工作性质的标准，将其界定为一个职业集团。宗教改革期间，英国各类修道团体均遭

---

[1] Rosamary O'Day, "The Anatomy of a Profession: the Clergy of the Church of England", in Wilfrid Prest, ed., *The Professions in Early Modern England*, London: Croom Helm published, 1987, p. 30.

解散，教区教士成为唯一一支教士力量。改革后的国教会还取消了教区中的初级神品，使一大批初级神品的教士退出了教士队伍，教士队伍中只剩下了从事宗教服务的教区教士。英国教士阶层组成成分的简化和整合，有助于突出教士宗教服务的工作性质，促使其向一个单纯的职业集团转型。

另外，宗教改革不仅解构了中世纪英国的教士等级，也使教士的职责重点发生了变化。"英国中世纪教会借助于强制性地要求教徒出席礼拜仪式的办法，实现对社会日常生活的规范。然而宗教信仰的仪式化导致世俗身份的教徒在宗教信仰上对教会的依赖，天主教最终演变成了以教职界精英为中心的宗教信仰。这种发展趋势是引发 16 世纪欧洲宗教改革的原因之一，马丁·路德首倡的'唯信称义'主张在很大程度上是为了纠正中世纪天主教重礼仪、轻信仰的倾向，将基督教还原成普通民众的宗教信仰。"[1] 与"唯信称义"的新教教义相呼应，布道成为了教士职责的重点，仪式化的礼拜仪式退居次要地位。[2] 在中世纪"教会救赎"的原则之下，教士只需掌握礼拜仪式的程式和简单的拉丁文祈祷词即可胜任职责。宗教改革之后，由于布道职责突出，一个称职的教士不仅需要有充足的神学知识特别是《圣经》学方面的知识，而且还要有一定的文化水平，口才好，能将精深玄妙的神学教义转化为有声有色的故事，这样才能传达上帝的福音。新的职责重点对教士的专业知识和专业能力提出了更高的要求。在这种情况下，英国教士阶层只有向专业化程度更高的现代教职集团转型，方能在新的历史条件下胜任职责。

---

[1] 刘城：中世纪天主教信仰的仪式化，《首都师范大学学报》2002 年第 4 期。
[2] 关于宗教改革前后英国教士职业功能的变化，见刘城：职业功能的转变：从演绎宗教礼拜仪式到宣讲上帝之言，《世界历史》2007 年第 3 期。

二、现代职业特征的显现

从词源学的角度来看,职业(profession)一词最初起源于宗教背景下的公开声明或宣誓。16世纪早期,profession具有了信仰的含义,可以与faith一词替换使用。16世纪中期以后,profession开始指代特定的职业,到17世纪中期,profession已完全具有了职业的含义。但要指出的是,profession所指的职业,不是商人、工匠之类的职业,而是指有专业、学问、垄断性质的现代职业。这类现代职业包括律师、医生、教士等。现代职业与其他职业的区别在于,现代职业人员从业不仅是为了维持生计,更是为了造福于公众,以实践上帝为其预定的"天职"(calling)。现代职业的概念不同于一般职业,社会学家虽然没有给现代职业一个统一的定义,但大多通过列举职业特征的方法来加以界定。社会学家公认的现代职业的特征包括以下几点:(1)专门的、先进的职业教育,(2)关于职业活动的法规或职业道德规范,(3)通过职业资格考试的方式颁发从事职业活动的执照,(4)与其他体力劳动者相比享有更高的社会地位,(5)垄断职业服务的市场,(6)管理职业服务的相当大的自治权。[1] 在宗教改革之后的岁月里,英国教士阶层逐渐具备了上述这些特征。

第一,逐步专业化、规范化的职业教育不仅是教士阶层演变为现代职业集团的基础条件,也成为教士阶层作为现代职业集团的基本特征之一。专门的、先进的职业教育是现代职业集团培养后备人才的重要途径,是现代职业集团发展、壮大的前提。英国神学教育历史悠久,12世纪末13世

---

[1] Thomas Broman, Rethinking Professionalization: Theory, Practice, and Professional Ideology in Eighteenth-Century German Medicine, *The Journal of Modern History*, 1995, 67(4): 835-872, p. 835.

纪初，英国大学的神学教育肇始于牛津大学和剑桥大学，此后，英国许多大学均设有神学院，大学神学院主要向学生传授《圣经》和教父著作等理论知识。但是，当时绝大多数教士没有机会进入大学这一象牙塔深造，对他们的培养只能采取传统的拜师学艺的学徒方式，由初级神品的教士跟随上级教士学习礼拜仪式的程式和基本的拉丁文祈祷词。国教会废除初级神品之后，这一传统的学徒方式即遭废弃，教会之外的语法学校、大学等各级教育机构肩负起培养教士的重任。但是，大学的神学教育强调理论研究，忽视实践知识的传授，培养的是神学家，而不是胜任主持礼拜仪式、胜任布道职责的专业教士。为了弥补教士职业教育的不足，一些大学的神学院开始强调教育的专业化、规范化，注重教育过程中理论与实践的结合。其中，剑桥大学的伊曼纽尔神学院在培养专业教士方面的贡献较为突出。该学院的宗旨是使学员胜任布道和圣礼职责，以便日后成为被国教会启用的教化信徒的教士。[1] 与此同时，国教会也继承并发展了中世纪在职训练教士的传统，对已经进入教会的教士进行在职训练，与中世纪对初级神品教士的教育方式不同，国教会重视《圣经》知识的讲授和布道技能的训练。[2] 这是国教会内部神职教育走上专业化、规范化道路的体现。16世纪下半叶至17世纪上半叶，一大批受过专业神职教育的人员走上教职岗位。1603年，根据国王所作的调查，在英格兰和威尔士9244个教区中，共有4830个有布道许可证的传道师，3804个具有大学学位的教士。[3] 专

---

[1] Rosamary O'Day, *Education and Society, 1500-1800*: *The Social Foundations of Education in Early Modern Britain*, London: Longman published, 1982, p. 140.
[2] 关于国教会对在职教士的专业培训，见朱君杙：宗教改革之后英国教士队伍建设初探，《文化学刊》2010年第2期。
[3] M. H. Curtis, The alienated intellectuals of early Stuart England. *Past and Present*, 1962,（23）:25-41, p. 30.

业神职教育的发展极大地改善了教士队伍的人员构成，提高了国教会宗教服务的质量。

第二，一系列宗教活动法规的制定和施行，既从制度上保证了教士职业活动的专业化和规范化，也使教士的职业行为具有了现代职业集团从业行为的特征。职业活动法规的颁布和施行，确保了现代职业成员在从业之时有章可循、有法可依，保证了职业活动的专业化、规范化，是现代职业的重要特征。中世纪英国各个教区均采用罗马拉丁语的礼拜仪式，但由于没有统一的英文公祷书，各地的礼拜仪式千差万别，教士往往依据本地的礼拜惯例主持礼拜仪式，如英格兰南部地区就盛行"萨勒姆惯例"（Use of Sarum）。[1] 宗教改革之后，国教会开始强调教士礼拜活动的统一和规范，先后颁布了一系列英文版的公祷书：1549年《公祷书》、1559年《公祷书》、1662年《公祷书》，对教士从事的早祷、晚祷、连祷、圣餐、洗礼、坚振礼、婚配礼、葬礼等活动作了统一的规定。这些公祷书和相关宗教活动规章制度的颁布和施行，既对教士的从业活动进行了规范，也是教士阶层向现代职业集团演变的表现特征之一。

第三，教士任职资格考试的施行，严格了教士职业的准入资格，与此同时，也成为教士这个现代职业集团的特征之一。职业资格考试是选拔高素质职业人员的重要途径，从制度上保证了职业人员的素质。宗教改革之后，英国国教会通常在授予圣职的前夕举行教士任职资格的考试，例如，伊利主教区1580年4月14日和15日举行教士任职资格考试，4月17日举行授圣职礼。考试的内容通常由国教会的教规决定。例如，1571年的教规规定圣职候选人须以1562年《三十九条信纲》的内容为依据，用拉丁

---

[1] http://en.wikipedia.org/wiki/Book_of_Common_Prayer.

文撰写一篇信仰陈述。[1] 教士任职资格考试的施行，确保了高素质教士的选拔和任用，也为教士阶层向现代职业集团的演变提供了人员素质保障。

第四，教士社会地位的提升，进一步强化了教士阶层的现代职业集团意识，成为其作为现代职业集团的外在特征。现代职业从业人员不仅是一批有文化、有知识的知识分子，也是一批有责任心和职业荣誉感的社会精英。与其他体力劳动者相比享有更高的社会地位，是区分现代职业与传统职业的一个重要特征。财富、威信和社会贡献是衡量一个阶层社会地位的重要尺度，其中财富是最主要的标准。转型时期英国国教会各级教士的富裕程度都有了显著提高，克里斯托弗·希尔在对大量教区教士考察的基础上得出结论：16世纪30年代至17世纪50年代期间，英国教区长的薪水平均增长了5至6倍，教区代牧的薪水平均增长了4倍。[2] 即使一些贫穷的教区和教士，在社会各界的不断捐助之下，也逐渐改变了过去贫困不堪的面貌。高于教区普通居民的收入，决定了教士高于普通居民的社会地位。教士在教区居民中享有威信，是教区实际上的领导者，不仅肩负着宗教职责，还承担着教区的行政和民事事务。在转型时期的英国，很多教士在社会基层管理中发挥着重要作用，譬如出任治安法官，监管教区的道德风纪，积极从事公益慈善活动。由于教士从事的职业与文化、历史有密切联系，17、18世纪英国有很多教士为英国文化、考古、历史等学科的发展做出了杰出贡献，如教士托马斯·霍兰、里吉斯、亚伯拉罕姆·德·拉·普林、罗伯特·霍兰、约翰·多恩等，一些教士还钻研新兴

---

[1] Rosemary O'Day, *The English Clergy: The Emergence and Consolidation of a Profession 1558-1642*, p. 50.
[2] Ian Green, Career Prospects and Clerical Conformity in the Early Stuart church, *Past and Present*, 1981,（90）:71-115, p.79.

学科，如植物学家威廉·特纳、约翰··沃德。[1]总体看来，随着富裕程度的提高，转型时期英国教士的社会地位出现了上升的态势，他们也承担了更多的社会责任。在社会阶层的划分上，教士高于体力劳动者，属于社会中间阶层，在此基础之上，教职界逐渐形成了愈益强烈的职业集团意识，他们实现了向现代职业的转变。

第五，对职业市场的高度垄断，是英国教士阶层作为职业集团的显著特征。与律师、医生等现代职业不同，国教教士对于职业市场的垄断程度更高。国教会宣称国教教士是唯一有能力解释《圣经》奥秘、正确引导信徒的神职人员。在1689年《信仰宽容法令》颁布之前，非国教的其他教派无权建立合法的独立教堂，非国教教士只能在秘密状态下开展宗教活动。在国家政权和法律支持下，国教教士提供的宗教服务带有强制色彩，教区信徒不信奉国教以及向本教区之外的国教教士寻求宗教服务的行为均属违法，这样国教教士便基本垄断了宗教服务的市场。虽然在1689年《宗教宽容法》颁布之后，英国出现了有限的宗教自由，但仅有十分之一的民众不信奉国教，因此，国教教士垄断宗教服务市场的局面基本未发生改变。

第六，国教会在宗教活动和教会自身事务管理上的高度自治权，也彰显了教士阶层作为现代职业集团的特征。中世纪英国的坎特伯雷和约克两大教省是罗马教廷管辖下的分支机构，本尼迪克、克吕尼等大批修道院是外国修道院的分院，这些教会机构受到外国势力的高度控制，无法独立自主地开展宗教活动。宗教改革之后，国教会完全摆脱了外国势力的干涉，在开展宗教活动的问题上享有充分的自主权。此外，国教会在招收、聘任

---

[1] Rosemary O'Day, *The Professions in Early Modern England 1450-1800*: *Servants of the Commonweal*, Harlow Essex: Pearson Education Published, 2000, p. 10.

教士的问题上也力图摆脱俗界势力的控制。最初，虽说宗教改革使英国教会发生了许多变化，但在招收教士问题上发挥重要作用的圣俸推荐制度并没有变化。教职界赖以生存和发展的物质基础依然是圣职推荐人提供给教会的圣俸。为了使合格的人选进入国教会，国教会在不触动圣职推荐人提名权的前提下，通过驳回不称职的人选、对圣职推荐人行使的提名权设置限定条件、购买圣职推荐权等多种方式，增强自己在招收、聘任教士问题上的自主权。[1] 国教会的上述举措，使一大批接受过专业教育的教士走上了教职岗位，提高了国教会宗教服务的质量，与此同时，也强化了作为一个现代职业集团的自我管理意识和能力。

综上所述，宗教改革从权力、身份、组织三个方面解构了中世纪英国的教士等级，与此同时，宗教改革也使教士的职业角色和职责重点发生了根本性变化，教职业开始强调专业知识、专业能力在职业活动中的重要性。在宗教改革之后的岁月里，英国教士阶层逐渐具备了现代职业的一系列特征，这些变化预示着英国教士阶层在社会结构中的存在形式发生了根本性变化。一方面，他们原有的特殊地位大大弱化，不再是一个凌驾于社会其他阶层之上的等级。另一方面，为了使教士适应新的职业角色，国教会采取措施努力提高教士的专业能力，加强宗教服务的统一和规范，使教士阶层逐渐具备了现代职业的一系列特征。

国教会教士的职业化进程可划分为三个阶段：宗教改革时期是第一阶段，由于教士职业的历史悠久，职业化的起步不同于其他新兴的职业，现代教士职业直接脱胎于中世纪的教士等级。宗教改革解构了教士队伍原有

---

[1] 关于国教会在招收、聘任教士问题上增强自身自主权的各项举措，见朱君杙：宗教改革之后英国教士队伍建设初探，《文化学刊》2010年第2期。

的等级结构，使教士队伍在外部结构上初具现代职业的雏形，但此时的教士队伍空有职业群体的外形，除了等级式的组织形式和垄断职业服务市场之外，现代职业的诸多特征尚不具备。

1560年到1688年是教士队伍职业化的第二阶段，这一时期，教士队伍的专业化程度大幅度提高，表现为教士队伍的构成发生了积极变化，大批大学生教士和持有布道许可证的教士走上了教职岗位，17世纪教士队伍的整体素质包括文化水平、专业学识、业务水平大幅度超越16世纪的前辈。在此基础之上，教士队伍具备了现代职业的大部分特征，像职业活动法规的颁布、职业自主权的增强、职业意识的形成、专业化职业教育的出现等。

1689年到1800年是教士队伍职业化的第三阶段，这一时期，教士队伍的专业化程度继续提高，表现为疏忽宗教服务、不驻堂区、兼领俗职等弊端大为减少，教士职业多元化的现象基本消失。更为重要的是这一时期以堂区教士为主体的中下级教士的收入大幅度增长，从而提高了教士阶层的社会地位和职业地位。教士队伍开始享有高于普通劳动者的社会地位。这样，在社会结构变革与重组的历史条件下，英国教士阶层并没有消亡解散，他们以现代教职集团的形式继续存在下去，在英国社会结构中仍旧占有重要的一席之地，并发挥着不可缺少的作用。

现代早期英国教士队伍的职业化变迁是英国社会转型的一个缩影，教士队伍抓住了英国社会经济繁荣、教育大发展的难得机遇，适时转型，逐步向现代职业迈进。与普通劳动者相比，教士队伍属于高收入、高地位的人群，上升的中间阶层，社会的精英。18世纪末的教士在整体上比他们16世纪的前辈拥有更多的知识、更多的财富、更高的社会地位。在此基础之上，教士队伍实现了自身的职业化，成为了19世纪英国社会的一个重要职业群体。

第三节 国教会教士的社会角色

在基督教中，教区的教民通常被形象地称作迷途的"羔羊"，而牧养、引导他们的教区教士则被相应地称作"牧羊人"。"牧羊人"为了履行牧灵的神圣职责，需要承担教仪、布道等多项职责。不过，在社会转型时期，英国教区教士没有为这些本职工作所束缚，他们中间的许多人大胆地走出了教堂，积极投身到基层社会管理、社会公益活动中。在世人的心目中，他们不仅是教牧"羊群"的"牧羊人"，同时还是教区管理者、医生、行善者、道德捍卫者。教区教士首要的社会角色是他们作为"牧羊人"的角色，这也是他们的本职工作。

一、教区教士的多重社会角色

1. 教区管理者

作为一项古老而有特色的制度，治安法官在英国地方管理上具有重要的作用和价值。都铎时期，治安法官不断被委以地方社会管理的权力。从"光荣革命"到整个18世纪，治安法官成为名副其实的地方统治者。在近代社会转型时期，有相当多的教区教士兼任治安法官这一职务，成为这一时期英国治安法官制度发展的一个显著特征。"早在16世纪早期大多数的治安委员会已包含郡里的主教，到17世纪一些资历较浅的教士也进入了委员会，尤其是1689年后《宗教宽容法》的颁布结束了对那些不服国教仪式的人的控诉，1750年再没有先前那种激烈的宗派争论，教士担任治安法官的数字很快地增加，到18世纪中期每个郡都会有两个以上教士担任治安法官，因为教士总的说来有较多的法律知识，能比较好地处理眼前的事务。而且实践证明教士治安法官有很强的奉献精神和工作热情，随时准备处理出现的任何问题。"[1] 正是因为人们认为比世俗乡绅"更为审慎的教士应该履行其应尽的职责，在 18 世纪，对教士出任治安法官的需求日益增加"。[2] 在某些地区，教士治安法官在全体治安法官中所占的比例相当高。例如，诺福克郡在 1761 年仅有两位教士兼任治安法官，其比例远低于全国，但在 1787 年的 20 位新任治安法官中，有 7 位是教士，1788 年的 12 位新任治安法官中有 9 位是教士，1789 年的 15 位治安法官中有 11 位是教士，1790 年的 18 位治安法官中有 9 位是教士。1807 年，在林肯郡的三个地区中，有两个地区半数治安法官是教士。[3]

由于越来越多的教士肩负起治安法官的职责，以至于调解纠纷、遏制犯罪等活动在某种程度上成为教士约定俗成的义务。例如，18 世纪 80 年代，在埃塞克斯郡，七分之五的治安法官是教士，超过 60% 的罪犯是由他们审理的。[4] 兼任治安法官的教士不仅处理司法事务，还承担了治安法官的其他职责，譬如限定工资、限定物价（通常限于几种面包）、批准教区委员会（parish vestries）规定的济贫税（poor rates）数额、负责教区公路的保养、监督教区官员对济贫法的贯彻实施、对穷人居住地和私生子父亲等问题做出裁决、负责从经济上救助失业者和他们的供养人以及那些没有能力供养自己的老人和病人、遏制流民、管理感化院和监狱、为啤酒馆颁发执照，有时他们还会为了穷人的利益向冷酷无情的教区济贫员发难。沃斯（Wath）的本杰明·牛顿在两年中审理如下的案件：两件亲父鉴定

---

[1] 刘显娅：《英国治安法官研究——以 17—19 世纪治安法官的嬗变为基础》，华东师范大学博士学位论文，2008 年。
[2] Roy Porter, *English Society in the 18th Century*, Penguin Books Ltd., 1991, p. 68.
[3] W. M. Jacob, *The Clerical Profession in the Century 1680-1840*, p. 228.
[4] Ibid, p. 230.

案、三起偷盗案、四起劳资纠纷、四起人身侵犯的案件、两起买卖交易中短斤缺两的案件、三起投诉教区济贫员的案件、一起叛乱案。[1]在涉及财产赔偿等民事纠纷中，"当地的绅士、教士和有声望的乡邻共同参与到这种调解工作中"。[2]由此可见，担任治安法官的教区教士不仅是教区这一基层社会的治安捍卫者，同时也是教区和谐与稳定的维护者。

没有担任治安法官的教区教士同样参与了教区事务的管理，教区委员会（parish vestry）是他们管理教区事务的又一个平台。教区委员会通常由教区的纳税人组成，或是由教区的纳税人代表组成，这一机构负责处理教区的民事和宗教福利事务。教区委员会通常在教区教堂中的法衣室开会，在教区中任职的教士是教区委员会当然（ex officio）的主席。教区教士在会上通常会处理下列事宜：公路和桥梁的维护，按照济贫法的规定救济穷人，维护教堂和教堂墓地，批准各种地方税以便为上述工作提供款项。在1551—1552年通过的法令中规定，在济贫资金征集的过程中，"如果有人拒绝，先由牧师劝告，如果劝告失败，再送他去见主教。主教除劝导居民捐赠外，同时负责监督资金的使用"。[3]综上所述，教区教士不仅承担了教区的宗教事务，还在事实上承担了教区的行政、司法、民事事务，因而是名副其实的教区管理者。

2. 医生

在社会转型时期，不少教区教士济世行医，为教区的患者提供医疗服务。这是因为制度和法律方面的原因使医生和教士的职责相互重叠。基督

---

[1] W. M. Jacob, *The Clerical Profession in the Century 1680-1840*, p. 231.
[2] Keith Wrightson, *English Society 1580-1680*, Routledge, Taylor & Francis Group, 2003, p. 165.
[3] 尹虹：《十六、十七世纪前期英国流民问题研究》，北京：中国社会科学出版社2003年版，第147页。亦见 C. H. Williams ed., *English Historical Documents 1485-1558*, Routledge, London and New York, 1967, pp. 1032-1033.

教在其传播过程中,除注重"灵魂拯救"外,还注重"社会拯救",施医给药就是其中的一种方式。《圣经·新约》中多处记载耶稣治病救人的神迹。《使徒行传》里也多次提到彼得、保罗等使徒将给人治病作为传道活动的一部分。可以说,悬壶济世是基督教教士的分内之事。自1511年起,英国主教获得了为从业医师颁发执照的权力。宗教改革后,国教教士无须申请医师执照,即可自动执业行医。因而在16世纪至18世纪,英国形成了教士为患者尤其是精神病患者提供医疗服务的传统。迈克尔·麦克唐纳(Michael MacDonald)认为"教士有义务解除'羊群'的各种苦难,而心理治疗是教士这一义务的自然延伸,众多的乡村教区长(rector)和代牧(vicar)应为他们的教民提供各种形式的心理治疗。"[1] 弗朗西斯·威利斯是教士医生中的佼佼者。他于1740年获得牛津大学神学硕士学位,1759年获得牛津大学医学硕士学位,自此之后,威利斯在林肯郡经营了一家精神病院,在治疗精神病方面声名鹊起。1788年他被遴选为国王乔治三世的御医。[2]

3. 行善者

在社会转型时期,教区教士还在慈善、济贫等事务上发挥了重要的作用。除前述担任治安法官和教区委员会主席的教士在地方慈善和济贫事务上承担的职责外,所有教士都肩负扶危济困的天职,"行善是献身宗教事业的最明白的表现",[3] 他们很好地履行了这一神圣的使命。下面这首诗歌便是最好的写照:"他(教士)不会将饥饿者从门前赶走,亦不会勒索穷困者们的薪酬。饥饿者能够在他的家中吃饱,贫困旅人亦能得到食宿照

---

[1] R. A. Houston, Clergy and the Care of the Insane in Eighteenth-Century Britain, *Church History*, Vol. 73, No. 1 Mar., 2004, p. 117.
[2] Ibid, p. 134.
[3] 肯尼思·O. 摩根主编:《牛津英国通史》,王觉非等译,北京:商务印书馆1993年版,第405页。

料。"[1] 在教区里，教士扶危济困，经常以金钱和实物救济穷人。例如，钮纳姆·考特尼（Nuneham Courteney）的教士詹姆斯·牛顿在 1759 年 11 月"为巴布·怀亚特的债务支付了 14 先令 9 又 1/2 便士，这使巴布顿感如释重负"。1760 年 2 月，詹姆斯·牛顿宰杀了自家的公牛并将牛肉分给一些穷人食用。在 1761 年的平安夜，他又将一头裹有乳脂松糕的烤全羊分给教区的穷人食用。[2]

4. 道德捍卫者

在社会转型时期，英国教区教士还是教区道德的捍卫者，他们兼管教区的道德风纪，时常将一些私德败坏的无耻之徒告上法庭。例如，1730 年林肯郡埃普沃斯（Epworth）的教区长塞缪尔·卫斯理，将两对夫妇送上了林肯的主教常设法庭（consistory court），卫斯理指控他们犯有婚前通奸罪，并且还将教堂监护人（churchwardens）也送上了法庭，因为他们没有告发其中的一对夫妇，犯了失察之罪。威廉·格里姆肖在 1765 年以前一直在霍沃思（Haworth）教区担任教职，任职期间，他密切留意教区的道德风纪，曾将奸夫、通奸者、不守安息日的教民送上了主教常设法庭。[3]

二、教区教士担负多重社会角色的原因

在社会转型时期出现的教区教士担负多重社会角色的现象，有着深刻的历史和社会原因。其中，最主要的原因有三个：

第一，这一现象的出现，与英国政府治理基层社会的需要密不可分。自古以来，英国就不是一个中央集权的国家，在 16 世纪至 18 世纪的社会

---

[1] 伯纳德·曼德维尔：《蜜蜂的寓言》，肖津译，北京：中国社会科学出版社 2002 年版，第 23 页。
[2] W. M. Jacob, *The Clerical Profession in the Century 1680-1840*, p. 213.
[3] Ibid, p. 220.

转型时期依然如此。由于不存在庞大的官僚机构，英国中央政府主要依靠地方势力实现对地方的控制和治理。在近代社会转型时期，国教会依然是英国社会中占据主导地位的教会，因而教区教士在地方社会中仍旧是一支重要的力量，在英国基层社会管理上占有举足轻重的地位。而英国中央政府也并没有忽视这支力量，在对郡和教区等地方社会的治理中，主动将教区教士纳入到自己的治理体系中，使其成为中央政府治理地方社会的依靠对象。例如，18世纪上半叶，由于新立法的影响，治安法官的工作量无论是司法事务还是行政事务都大为增加。因此，18世纪40年代和50年代，大法官哈德威克扩充了治安委员会的人数，治安法官的职位因此大为增加，从1702年的3500个职位增加到1761年的8400个职位。然而，主动申请该职位的人数却大为减少。无奈之下，哈德威克被迫从更大的范围内寻找胜任治安法官职位的人选，他从小乡绅家庭和试图获得乡绅地位的多个集团中选拔治安法官，这些集团包括实业家、医生、律师和教士。[1]而在这些集团中，教区教士因其知识背景、社会地位、社会威望、奉献精神等有利因素，成为一个重要的人选来源。

第二，教区教士牧灵的职责也需要其走出教堂，承担多种社会职责。在社会转型时期，英国社会逐渐实现了宗教信仰的多元化，1689年《宽容法案》（Toleration）的颁布，使各个新教派别都获得了宗教信仰自由，隶属于国教会教区系统的教士面临不奉国教教士的激烈竞争。在新的宗教形势下，教区教士唯有深入教区，为广大教民服务，方能赢得教民的信任和尊重，从而使广大教民心悦诚服地接受国教会的领导和福音，实现繁荣国家和国教会的目的。正因为如此，在社会转型时期，英国教区教士积极走

---

[1] W. M. Jacob, *The Clerical Profession in the Century 1680-1840*, pp. 227-228.

出教堂大门，他们活跃在医疗卫生、慈善救济等社会福利事业中，并发挥了积极的作用。

第三，在社会转型时期，英国教区教士逐渐拥有了承担多重社会角色的经济实力和社会威信。正如有学者指出的那样："宗教地位和社会地位合而为一的典型，往往表现在有钱的教士既是精神的指路人，又是地方上的治安官，兼有双重的职能。"[1]在近代社会转型时期，由于农业的丰收，教区教士的什一税收入大为增加，在圈地运动中什一税被折算成土地，使教士持有的土地大为增加，1704年安妮女王津贴（Queen Anne's Bounty）的实施，又使原先贫穷的教职得到了社会各界的大力捐助。这一切使教区教士的经济状况大为改观，同时也提高了教区教士的社会地位。教士社会地位的提高也反映在教士的社会来源上。"16世纪60年代初，在林肯主教区两个副主教管区的教士中，有5人是退伍军人，有3人原来是农夫，而到17世纪初，有相当数量的绅士之子和教士之子进入教士队伍。"[2]在广大教民的心目中，教区教士不仅是牧养他们的教长，更是教区中受人尊敬的乡绅地主。对广大教民来说，他们更为看重的是教士乡绅地主的身份。例如，牛津教区的教区长T. W. 奥利斯就曾对他的邻人们发出这样的感叹："你们并不因为我是教士才尊重我，你们尊重我是因为我是一位绅士、地主及大片圣职躬耕田的所有者。"[3]在社会转型时期，教区教士兼具乡绅地主的身份，这一事实为其全方位参与社会管理、社会公共服务铺平了道

---

[1] J. O. 林赛编：《新编剑桥世界近代史》，第7卷：旧制度1713—1763年，第313页。

[2] D. M. Palliser, *The Age of Elizabeth*: *England under the later Tudors 1547-1603*, Longman Group Limited, 1983, p. 75.

[3] E. J. Evans, Some Reasons for the Growth of English Rural Anti-clericalism c. 1750-c. 1830, *Past and Present*, No, 66（Feb., 1975）, p. 102.

路。因为在英国的传统文化氛围中,绅士参与社会管理与社会公共服务是名正言顺、理所当然的事情。"在英格兰,中古时代的骑士分封制度和封建主义使绅士阶层自古以来就有踊跃担任公职和为王国服务的传统。通过传统文化的教育和熏陶,绅士们一般都认为,对自己的生活负责,就是要努力成为有权进行行政管理和参与司法裁决的人。"[1] 在社会转型时期,由于社会结构纵向流动的作用,英国的绅士阶层逐渐发展成为一个涵盖不同亚阶层、不同职业团体的大型社会集团。在这个大型社会集团中,既有骑士、乡绅地主等原有成员,又有律师、医生、教士等新近加入这个集团的成员。尽管这些成员的职业千差万别,不过他们都秉持了为社会服务的信念,教区教士作为其中的一个亚阶层,自然也没有例外。他们一方面将自己与政府治理体系绑在了一起,积极参与教区事务的管理;另一方面他们乐善好施、治病救人,积极为教区教民服务,从而使自身具有了教士、医生、行善者、道德捍卫者、乡绅地主等多重社会角色。"国教教士和乡绅一起参与政治、纵狗猎狐、耕作农田、把盏宴饮。"[2] 可以说,乡绅地主的角色是教士其他各种社会角色的基础。

三、多重社会角色对教士与教民关系的影响

在社会转型时期,英国教区教士担负多重社会角色的现象,对教士与教民之间的关系产生了利弊参半的影响。

一方面,教士们得以深入教区,为广大教民服务,从而赢得了广大教民的信任和尊重。例如,哈宁厄姆(Honingham)的代牧和诺福克郡东塔德纳姆(East Tuddenham)的教区长托马斯·杜·凯纳1793年过世时,教

---

[1] 许洁明:《十七世纪的英国社会》,北京:中国社会科学出版社2003年版,第76页。
[2] Roy Porter, *English Society in the 18th Century*, p. 68.

民是这样评论他的:"在他生前的大部分时间里,他承担了教区里的各种职责,直到辞世才摆脱这些职责;在其担任圣职的四十年间,他不仅始终如一地打理教堂,而且还抚慰受难者、访问病人,接济穷困的教民,对于这样一位教士,他的教民又怎会不尊重和爱戴他呢?"[1]广大教民的信任和尊重,不仅极大地改善了教士和教民之间的关系,而且也是教区教士更好地履行神职并在社会事务管理中发挥更大作用的良好基础。

另一方面,教仪、布道毕竟是教士的本职工作,如果教士过多参与非本职的工作,必然会造成荒疏本职工作的后果,从而引起广大教民的不满。威廉·斯特劳德爵士认为,"任命属灵之人(spiritual men)担任治安法官违背了他们本人的意愿","使他们无法安心钻研神学,因而应使他们远离这一义务。"约翰·萨姆斯爵士抱怨说,一位供职于繁忙港口中的教区代牧(vicar)由于兼任了治安法官,以致在主日(Sabbath days)那天缺席了礼拜仪式。他认为:"主教或大教堂监理(dean)管辖下肩负牧灵使命的教士不应兼任治安法官。"[2]一些教士也开始意识到治安法官的职责与圣职不相协调,并且耗费了他们大量的时间。布罗克斯本(Broxbourne)的教士威廉·琼斯在1816年提道:"许多教士担任了治安法官,但是这一职务不适合传播福音的牧师,因为它耗费了他们大量的时间,并且制造了许多敌人。"诺福克郡芬彻姆(Fincham)的教区长罗伯特·福比在1825年去世,他在临终之际感慨道:"担任治安法官是其一生中最为追悔莫及的一件事情,这一职务与教士的真正兴趣和职责不相协调。"弗朗西斯·威

---

[1] W. M. Jacob, *The Clerical Profession in the Century 1680-1840*, p. 206.
[2] Christopher Haigh and Alison Wall, Clergy JPs in England and Wales, *The Historical Journal*, vol. 47, No. 2 (Jun., 2004), p. 234.

茨在 1827 年评论道："人们最为期望的事情是年轻的乡绅能够担负起郡里的职责，这些职责不应该都推给教士。"[1] 到 19 世纪初期，甚至连大法官都开始认识到教士担任治安法官的负面影响，从而反对教士出任治安法官。1838 年，大法官科特纳姆晓谕林肯郡郡督布朗洛勋爵，"此后除非万不得已，享有圣俸的教士不应被任命为治安法官。"因此，自 19 世纪 30 年代起，教士担任治安法官的现象大为减少，教区教士基层社会管理者的角色开始淡化。1831 年 1 月至 1834 年 8 月，17% 的治安法官是教士，而 1836 年至 1842 年则降为 13%。[2]

综上所述，在社会转型时期，英国教区教士在郡和教区等地方社会中的角色是复合式的，他们既是牧养教民的牧师，同时还是教区管理者、医生、行善者、道德捍卫者和乡绅地主。即使"到 19 世纪 20 年代早期，国教也没有丧失其对自身在维护社会秩序中的必要地位的意识"。[3] 不过，这种复合式的角色对教士和教民的关系来说，却是一把利弊参半的双刃剑，这是因为教士走出教堂、服务社会是以占用本职工作的时间为代价的。所以，广大教民对教士的评价褒贬不一，他们既肯定了教士服务社会的正面意义，又对教士荒疏本职工作的行为表达了不满。这种看似矛盾的评价恰好反映了社会转型时期英国社会关系调整过程中凸显的复杂性和矛盾性。

---

[1] W. M. Jacob, *The Clerical Profession in the Century 1680-1840*, p. 233.
[2] Ibid, p. 234.
[3] J. C. D. Clark, *English Society 1660-1832: Religion, Ideology and Politics during the Ancien Regime*, Cambridge University Press, 2000, p. 427.

第三章 "光荣革命"后的议会下院议员

对于这一时期欧洲各国参与地方以及中央政治事务的人，国外学者通常称之为"权力精英"。在内战之前的英国，"权力精英"通常是指那些长期掌握地方或中央政府官职或议会席位的贵族家族、政治世家的成员。"光荣革命"后，英国"权力精英"的构成也随之有了变化，但毫无疑问，下院议员是权力精英的组成部分。在"光荣革命"后的相当长时间里，下院议员群体是英国社会权力精英中的重要力量。

第一节 下院议员的个人资历

这一时期，议会下院议员在年龄、从政经历、受教育经历等方面表现出与以往不同的一些变化。这些变化既反映出议会制度的日益完善，议会地位日益受到重视，也反映出下院议员的个人素质的提升。

一、下院议员的年龄

对于 17 世纪晚期至 18 世纪早期的英国议会下院议员们来说，在非常年轻的时候进入议会并不是一件稀奇的事。在 1690 年至 1715 年间，有大约三分之一的英格兰和威尔士议员在不到 40 岁的时候便进入议会下院，并且有相当一部分议员在不到 21 岁的时候就进入了议会下院。如果把这一时期所有下院议员入选议会时的年龄以 10 年为区间进行划分，那么在 21 岁至 30 岁区间段的数量是最多的，占总计数量的 36.8%。除此之外，在 31 岁至 40 岁区间的议员也占据了相当大的比重，占 30.7%。尽管当时的人平均寿命要比现在短很多，但我们仍可以认为，大多数下院议员在进入议会时是比较年轻的。

1690—1715 年间议员（英格兰和威尔士）初次当选时的年龄

初次当选议员的年龄（岁）	人数（总数 1799 人）	所占比例（%）
21 以下	55	3.1
21—30	674	37.8
31—40	553	30.8
41—50	316	17.6
51—60	155	8.6
60 以上	46	2.6

资料来源：D. W Hayton, *The History of Parliament: The House of Commons, 1690-1715*, vol. I, Cambridge University Press, 2002, p. 271.

在 1832 年议会改革前的一个世纪里，下院议员的年龄分布情况仍然未有大的变化。在 1715 年到 1754 年间共有 2041 名下院议员当选，除去 218 名无法确定年龄的议员，有 557 人的年龄低于 30 岁，有 828 人的年龄在 30 岁到 39 岁之间。与此前相同年龄段的议员相比，虽说其人数有所减少，但仍占全部下院议员数量的近三分之二。[1] 在 1754 年至 1790 年间，30 岁以下的下院议员有 546 人，30 岁至 39 岁之间的下院议员有 854 人。直到 18 世纪末 19 世纪初，下院议员进入议会的年龄仍未有显著上升。在 1790 年至 1820 年间，下院议员进入议会的平均年龄为 33.3 岁，相比 1754 年至 1790 年间的 32.6 岁，只有非常小的提升。[2]

1754—1790 年当选议员的年龄情况

大选年份	当选时的年龄							未知年龄	多次当选者
	30 岁以下	30—39 岁	40—49 岁	50—59 岁	60—69 岁	70—79 岁	80 岁以上		
1754	87	141	144	105	43	13	1	19	5
1761	81	154	127	109	51	14	2	13	7
1768	90	143	159	96	32	7	2	9	11
1774	86	128	157	110	39	8	1	11	18
1780	95	133	125	114	43	12	6	17	13
1784	98	155	122	108	39	11	-	19	6

资料来源：Lewis Namier and John Brooke, *The History of Parliament: The House of Commons, 1754-1790*, vol. I, London: Secker Warburg Press, 1964, p. 97.

1790—1818 年下院议员的年龄状况

大选年份	1790	1796	1802	1806	1807	1812	1818
30 岁以下	86	97	87	102	119	102	107
30—39 岁	151	140	168	156	146	160	160
40—49 岁	138	136	185	177	187	173	149
50—59 岁	95	100	130	129	126	131	147

---

[1] Romney Sedgwick, *The History of Parliament: The House of Commons, 1715-1754*, vol. I, London: Her Majesty's Stationery Office, 1970, p. 142.

[2] R. G. Thorne, *The History of Parliament: The House of Commons, 1790-1820*, vol. I, London: Secker Warburg Press, 1986, p. 279.

续表

60—69 岁	58	57	61	58	47	56	66
70—79 岁	12	15	17	15	14	14	17
80 岁以上	1	1	0	1	2	4	3
未知年龄	6	1	3	4	3	7	3
多次当选	11	11	7	16	14	11	6
平均年龄	43.18	43.23	44.26	43.76	42.93	44.09	44.39

资料来源：R. G. Thorne, *The History of Parliament: The House of Commons, 1790-1820*, vol. I, p. 278.

单从上面的统计数据来看，这一时期的议会下院似乎是一个乐于向年轻人敞开其大门的机构，但事实上并非如此。当我们考察所有在这一时期的议会下院选举中当选的年轻议员时，就会发现这样一个共同特点，即这些年轻的下院议员多出身于贵族世家。可以肯定地说，这一时期的议会下院将年轻人纳入其中，与其说是为了让其参与政治生活，掌控国家大事，倒不如说是对传统贵族世家政治统治地位的支持。

正因如此，这一时期下院议员进入议会时的年龄分布通常与他们的家庭背景相吻合。一般来说，出身于土地所有者阶层的下院议员往往在更年轻的时候进入议会，尤其是那些来自贵族操控之下的所谓"口袋选区"的议员。贵族的后代或议员世家的成员进入议会的年龄要小于商人议员的年龄，后者进入上流社会并对议会产生兴趣的年龄较晚。那些低于法定参选年龄的下院议员，一般也都出现在这种"口袋选区"。1780年，艾尔斯伯里勋爵为了家族的政治延续，将其小儿子送入议会，这时他的小儿子还不到18岁。这样的情形几乎在每届议会中都会出现。[1] 在1754年至1790年

---

[1] R. G. thorne, *The History of Parliament: The House of Commons, 1790-1820*, vol. I, p. 288.

间，1761年大选中有1人，1768年大选中有4人，1774年大选中有6人，1780年大选中有2人，在他们当选下院议员的时候年龄不到21岁。[1]在1790年至1818年间，1790年大选中有3人，1796年大选中有3人，1802年大选中有3人，1806年大选中有3人，1807年大选中有5人，1812年大选中有3人，1818年大选中有1人，在他们当选下院议员的时候年龄不到21岁。[2]值得注意的是，这些未到年龄的议员多数来自权贵们控制的口袋选区，只有少数人来自各郡的议会选举，如1759年代表威斯特摩兰的罗伯特·劳瑟、1761年代表萨福克的托马斯·查尔斯·班布里，当然，也有代表较大的选区的议员，如1766年代表考文垂的亨利·西摩尔·康威。[3]值得注意的是，这些未成年的议员往往已经继承了家族的地产并因此成为家族的代表。在那些被强有力控制的选区，庇护人能够轻易地将未成年的候选人送上议席。即便在竞争性选举当中未成年人成为候选人，他的年龄也很少被提出来，作为反对他的理由。只是在1690年当选之后，托马斯·特伦查德的年龄才成为争议的话题。

相比较而言，其他出身的下院议员往往要在更年长时才能进入议会。据统计，在1690年至1715年间进入议会的商人中，有半数以上是在40岁以上才入选议会。随着商业的发展，愈来愈多的商人在更年轻的时候获得了下院议员资格。直到18世纪末，商人入选议会下院的平均年龄仍远远高于全体下院议员进入议会的平均年龄。同一时期来自律师、医生、军

---

[1] Lewis Namier and John Brooke, *The History of Parliament: The House of Commons, 1754-1790*, vol. I, p. 97.

[2] R. G. Thorne, *The History of Parliament: The House of Commons, 1790-1820*, vol. I, p. 279.

[3] Lewis Namier and John Brooke, *The History of Parliament: The House of Commons, 1754-1790*, vol. I, p. 97.

官等职业集团的议员入选议会下院的平均年龄与商人相比略低一些，但仍远远高于土地所有者阶层。在来自土地阶层的新议员中，年轻是一个更为明显的特征。在律师、军官和商人中，初次当选议员的年龄要高一些。在军官中，那些依靠军衔当选议员的军官年龄要高一些，而出身于贵族或大乡绅家族的军官，则可以用金钱买得军官职务和议席，因此往往年龄会稍低一些。

1690—1715 年当选下院议员的律师的年龄情况

初次当选议员的年龄	人数（总数272人）	所占比例（%）
21 岁以下	2	0.7
21—30 岁	69	25.3
31—40 岁	108	39.7
41—50 岁	62	22.8
51—60 岁	25	9.2
60 岁以上	6	2.2

资料来源：D. W. Hayton, *The History of Parliament: The House of Commons, 1690-1715*, vol. I, p. 272.

1690—1715 年当选下院议员的军官的年龄情况

初次当选议员的年龄	人数（总数165人）	所占比例（%）
21 岁以下	12	7.3
21—30 岁	57	34.6
31—40 岁	47	28.5
41—50 岁	40	24.2
51—60 岁	8	4.8
60 岁以上	1	0.6

资料来源：D. W. Hayton, *The History of Parliament: The House of Commons, 1690-1715*, vol. I, p. 272.

1690—1715 年当选下院议员的商人的年龄情况

初次当选议员的年龄	人数（总数 183 人）	所占比例（%）
21 岁以下	1	0.5
21—30 岁	24	13.1
31—40 岁	51	27.9
41—50 岁	50	27.3
51—60 岁	38	20.8
60 岁以上	19	10.4

资料来源：D. W. Hayton, *The History of Parliament: The House of Commons, 1690-1715*, vol. I, p. 273.

总体来说，在这一时期的议会选举中都有非常年轻的议员当选。而且，初次当选下院议员者的平均年龄不高，1754 年至 1790 年间初次当选下院议员者的平均年龄是 32.6 岁，1790 年至 1820 年间初次当选下院议员者的平均年龄是 36.5 岁。可以说，在这一时期的议会下院中，中青年议员占据初次当选议员的主流地位。

二、下院议员的参政经历

初次进入议会时年龄不大，为议员们长期活跃在议会舞台上创造了年龄优势。在他们的议会政治生涯中，下院议员们往往会再次甚至多次获得下院议席。也就是说，那些已经有过议会经历的人更容易再次乃至多次当选下院议员，这使得下院议员的政治持续性非常强。据统计，在 1690 年到 1715 年间，在所有当选的英格兰与威尔士下院议员中，有 70% 多的人拥有至少两次的当选议员经历，有接近半数的人至少当选过 4 次以上议员，还有近 30% 的人当选过 5 次以上议员。[1]

---

[1] David Hayton, *The History of Parliament: The House of Commons, 1690-1715*, vol. I, p. 328.

1690—1715年下院议员任职届数情况

出席议会届数类别	人数（总数1874人）	所占比例（%）
只当选一届议员者	396	21.1
当选两届议员者	293	15.6
当选三届议员者	256	13.7
当选四届议员者	209	11.2
当选五届议员者	167	8.9
当选五届以上议员者	553	29.5

资料来源：D. W. Hayton, *The History of Parliament: The House of Commons, 1690-1715*, vol. I, p. 328.

1690—1715年当选下院议员的新人情况

议会届别	新人人数	议员总数	新人所占比例（%）
1690年	167	622	26.8
1695年	176	560	31.4
1698年	156	545	28.6
1701年	118	531	22.2
1701—1702年	82	515	15.9
1702年	90	556	16.2
1705年与1707年	151	577	26.2
1708年	129	549	23.5
1710年	168	593	28.3
1713年	118	535	22.1

资料来源：D. W. Hayton, *The History of Parliament: The House of Commons, 1690-1715*, vol. I, pp. 330-333.

1690—1715年下院议员的议会经历

议会届别	有两届以下议会经历的议员比例（%）	有四届以上议会经历的议员比例（%）
1690年	51.2	14.5
1695年	49.6	15.9

续表

1698 年	50.7	16.9
1701 年	42.7	19.2
1701—1702 年	33.6	21.4
1702 年	30.4	26.0
1705 年与 1707 年	37.3	30.8
1708 年	43.9	32.6
1710 年	42.5	29.7
1713 年	45.8	27.7

资料来源：D. W. Hayton, *The History of Parliament: The House of Commons, 1690-1715*, vol. I, p. 334.

1690—1715 年下院议员的再次当选情况

议会届别	再次当选议员的人数	议员总数	所占比例（%）
1690 年	382	622	61.4
1695 年	335	560	59.8
1698 年	331	545	60.7
1701 年	363	531	68.4
1701—1702 年	376	515	73.0
1702 年	387	556	69.6
1705 年与 1707 年	344	577	59.6
1708 年	372	549	67.8
1710 年	351	593	59.2
1713 年	366	535	68.4

资料来源：D. W. Hayton, *The History of Parliament: The House of Commons, 1690-1715*, vol. I, p. 335.

当然，多次当选下院议员的情况在不同职业的议员中也略有差异。只当选一届到两届下院议员的商人议员的比例略高于平均数，而当选五届或以上届数商人议员的比例则低于平均数。就律师出身的下院议员而言,当选过五届以上议员的比例高于平均数。这大概是因为律师的专业素养与口才会使他在议会选举中占有优势。

1690—1715年律师出身的下院议员任职届数情况

出席议会届数类别	人数(总数290人)	所占比例(%)
只当选一届议员者	65	22.4
当选两届议员者	44	15.2
当选三届议员者	42	14.5
当选四届议员者	25	8.6
当选五届议员者	21	7.2
当选五届以上议员者	93	32.1

资料来源:D. W. Hayton, *The History of Parliament: The House of Commons, 1690-1715*, vol. I, p. 329.

1690—1715年军官出身的下院议员任职届数情况

出席议会届数类别	人数(总数200人)	所占比例(%)
只当选一届议员者	41	20.5
当选两届议员者	29	14.5
当选三届议员者	31	15.5
当选四届议员者	27	13.5
当选五届议员者	18	9.0
当选五届以上议员者	54	27.0

资料来源:D. W. Hayton, *The History of Parliament: The House of Commons, 1690-1715*, vol. I, p. 329.

1690—1715年商人出身的下院议员任职届数情况

出席议会届数类别	人数(总数206人)	所占比例(%)
只当选一届议员者	50	24.3

续表

当选两届议员者	32	15.5
当选三届议员者	28	13.6
当选四届议员者	25	12.1
当选五届议员者	16	7.8
当选五届以上议员者	55	26.7

资料来源：D. W. Hayton, *The History of Parliament: The House of Commons, 1690-1715*, vol. I, p. 329.

1715年以后，议会下院的选举不如以前那么频繁，因此在统计数据上无法与此前的情况直接进行比较。但从另一种统计方式上看，1715年以后的下院议员仍旧保持着相当的稳定性。在1754年的议会——这届在整个18世纪十分具有代表性，其他各届议会的情况与这届议会大同小异——中，平均每个议席的持续时间达到了22年7个月，这要超出3届（当时每届议会以7年为限）议会的周期长度。[1]在1754年至1790年间，除1768年大选外，议员的稳定性也较高，每次大选中有400人左右是再次当选，只有130人左右是没有议会经历的新人。[2]1820年的议会解散后，在该届议会议员中只有88人没有再参加议员选举。在1790年至1820年间的下院议员中，大约有679人在1820年之后又参加了议员选举，其中的608人参加了1820年的议员选举，414人参加了1826年的议员选举，303人参加了1830年的议员选举，258人参加了1831年的议员选举。在这些再次参选下院议员的人中，只有极少数人遭遇了竞选失败。在1790年至1820年间，再次参选失败的人数分别是：1790年27人、1796年14人、

---

[1] Romney Sedgwick, *The History of Parliament: The House of Commons, 1715-1754*, vol. I, p. 146.
[2] Lewis Namier and John Brooke, *The History of Parliament: The House of Commons, 1754-1790*, vol. I, p. 98.

1802年29人、1806年28人、1807年35人、1812年24人、1818年35人，总共有192人再次参选失败。[1]由于大多数下院议员会再次甚至多次当选，这一时期下院补充新议员的比例就比较低。在1790年至1820年间，议会下院补充新议员最多的是1790年，当时新议员的比例是30.4%，1796年是29.5%，1802年和1818年是28.7%，1806年是27.8%，1812年是25.5%。[2]考虑到这一时期下院议员的平均寿命在60岁左右，因此对于很多人来说，议员生涯往往占据了其生命中最富活力的阶段，议员已不啻为一种终生职业。

1754—1790年下院议员中的新人情况

议会经历	大 选 年 份					
	1754年	1761年	1768年	1774年	1780年	1784年
无议会经历的新人人数	123	127	149	122	130	132

资料来源: Lewis Namier and John Brooke, *The History of Parliament: The House of Commons, 1754-1790*, vol. I, p. 98.

1790—1818年下院议员中的新人情况

议会经历	大 选 年 份					
	1790年	1796年	1802年	1806年	1807年	1812年	1818年
无议会经历的新人人数	124	127	150	137	84	119	151

资料来源: R. G. Thorne, *The History of Parliament: The House of Commons, 1790-1820*, vol. I, p. 281.

出身土地所有者阶层的下院议员通常要比出身其他阶层的下院议员拥

---

[1] R. G. Thorne, *The History of Parliament: The House of Commons, 1790-1820*, vol. I, pp. 281, 282.
[2] Ibid, p. 281.

有更长的议员生涯，这或许部分是由于他们进入议会也更早；商人议员的下院议员生涯相对较短，这一方面是由于商人进入议会的时间往往较晚，另一方面是商人进入议会往往是为博取名誉与社会地位，而非真心实意地参与政治生活，因而竞选连任的积极性普遍不高。其他职业集团如医生、律师、军官等与商人的情况类似。

从"光荣革命"到1832年议会改革的这百余年间，议会总是倾向于由那些人至中年、富有经验的人们所掌控。年轻的下院议员虽然可以进入议会，但由于他们多来自于贵族世家，所以他们在议会中的行为往往受制于家族。他们只有在逐步成熟并继承家业后，才能够真正掌握话语权，而这往往要等到他们人到中年的时候。

三、下院议员的教育状况

这一时期，大部分下院议员在进入议会前接受了中等教育，相当一部分下院议员还接受了大学教育。这多半要归功于这一时期英国上流社会重视教育的风气。据统计，在每一阶段的议会选举中，都有相当数量的下院议员曾进入公立或者私立学校学习，在这些下院议员就读的学校中，著名的威斯敏斯特公学、伊顿公学、温彻斯特公学等赫然榜上有名。此外，还有一些下院议员采取了请家庭教师的方式完成教育。在这一时期的议会中，受过中等教育的下院议员数量逐年上升，1790年至1820年间，在总计2143名下院议员中，有1240名接受过中等教育。[1] 而此时整个英国社会男性平均受教育率还不足7%，可以说，下院议员们普遍拥有超出常人的受教育程度。这还仅仅是指中等教育，如果延伸到大学教育的话，平民与下院议员之间的差距更大。

---

[1] R. G. Thorne, *The History of Parliament: The House of Commons, 1790-1820*, vol. I, p. 292.

公学与文法学校是下院议员们接受中等教育的主要阵地。在1690年至1715年间，有352个下院议员的教育经历有据可查。从这些人的情况来看，在当时英国有名的公学当中，最受欢迎的是伊顿公学。在这352人中，有49人到57人在伊顿公学接受过教育，有46人到48人在威斯敏斯特公学接受过教育，有17人在圣保罗公学接受过教育，有14人到18人在温切斯特公学接受过教育，在麦钦泰勒公学接受过教育的有13人，在拉格比公学和什鲁斯伯里公学接受过教育的分别有9人和8人，不过，后两者在招生上具有特定的地区性。更具有地区性的是各种文法学校，在1690年至1715年间的下院议员教育中，文法学校数量较多。巴里·圣·埃德蒙的文法学校比较突出，有15个下院议员曾在该校接受过教育，除了伊顿公学、威斯敏斯特公学和圣保罗公学外，其数量多于其他公学。但在这一时期的其他文法学校中，出过下院议员的不多，只有埃克塞特（Exeter）学校有4人，布伦特伍德（Brentwood）学校、奇姆（Cheam）学校和里辛（Ruthin）学校各有3人。[1]

到1754年至1790年间，在下院议员接受教育的公学当中，伊顿公学与威斯敏斯特公学仍然占有重要地位。这一时期，至少有五分之一的下院议员在伊顿公学或威斯敏斯特公学接受过教育。不过，随着时间的推移，在两所公学接受过教育的下院议员人数出现了较大变化。在这个时期初，在威斯敏斯特公学接受过教育的下院议员较多，而到了这个时期末，在伊顿公学接受过教育的下院议员人数超过了威斯敏斯特公学。除了公学，这一时期大约有一半到五分之三的下院议员或者完全接受家庭教育，或者到文法学校或其他学校接受教育。在学校的选择上，有的家族对某些学校情

---

[1] D. W. Hayton, *The History of Parliament: The House of Commons, 1690-1715*, vol. I, p. 283.

有独钟。利文森·高尔家族出身的下院议员多数在威斯敏斯特公学接受教育。在曼纳斯家族出身的10个下院议员中，5人在伊顿公学接受教育。但是，德文郡家族和格拉夫顿家族出身的下院议员则在学校选择上没有太大的倾向性。另外，这一时期还有12个下院议员是在不奉国教派的教育机构接受的教育，在这些机构中最著名的是位于牛津郡的由塞缪尔·伯奇主办的教育机构。

从1790年至1820年，在公学当中，伊顿公学最受欢迎，有约400个下院议员在此接受过教育，威斯敏斯特公学次之，有239个下院议员在此接受过教育，从哈罗公学出来的下院议员有177人。到1826年，出自哈罗公学的下院议员人数甚至超过了出自威斯敏斯特公学的下院议员人数。在温彻斯特公学的学生中至少出了60个下院议员，在查特豪斯公学的学生中出了35个下院议员，在拉格比公学的学生中出了27个下院议员。[1]上述公学往往是贵族与上层社会家庭出身的下院议员选择学校时的首选，而中等阶层出身的下院议员多数在文法学校接受教育。

这一时期，接受大学教育的议会下院议员数量逐渐增加。在1690年到1715年间，共有973名下院议员接受过大学教育，占全部下院议员数量的49.1%；在1715年到1754年间，接受了大学教育的下院议员数量上升到996人，占全部下院议员数量的比例是48.8%，变化不大；在1754年至1790年间，这一比例大约是40%；[2]到1790年至1820年间，这一数字上升到将近60%。[3]

---

[1] R. G. Thorne, *The History of Parliament: The House of Commons, 1790-1820*, vol. I, p. 293.
[2] Lewis Namier and John Brooke, *The History of Parliament: The House of Commons, 1754-1790*, vol. I, p. 111.
[3] R. G. Thorne, *The History of Parliament: The House of Commons, 1790-1820*, vol. I, p. 293.

1690—1715年接受过大学教育的下院议员情况

议会届别	接受大学教育人数	议员总数	所占比例（%）
1690年	326	622	52.4
1695年	290	560	51.8
1698年	282	545	51.7
1701年	268	531	50.5
1701—1702年	265	515	51.5
1702年	293	556	52.7
1705年	300	553	54.2
1707年	309	577	53.6
1708年	322	600	53.7
1710年	325	644	50.5
1713年	306	579	52.8

资料来源：D. W. Hayton, *The History of Parliament: The House of Commons, 1690-1715*, vol. I, p. 284.

在各个大学中，牛津大学与剑桥大学当仁不让，占接受过大学教育的下院议员的90%以上。在1690年至1715年间，有600个英格兰和威尔士的下院议员在牛津大学接受过教育，有312个英格兰和威尔士的下院议员在剑桥大学接受过教育。[1] 在1790年到1820年间，在牛津大学接受过教育的下院议员有531人，在剑桥大学接受过教育的下院议员有414人。[2] 说牛津大学和剑桥大学是这一时期下院议员的摇篮似乎并不过分。但总的来说，从牛津大学走出的下院议员稍多于从剑桥大学走出的下院议员，而且，托利党的下院议员多出自牛津大学，而辉格党的下院议员多出自剑桥大学。

---

[1] D. W. Hayton, *The History of Parliament: The House of Commons, 1690-1715*, vol. I, p. 284.
[2] R. G. Thorne, *The History of Parliament: The House of Commons, 1790-1820*, vol. I, p. 293.

1690—1715 年在牛津和剑桥接受过教育的英格兰和威尔士议员情况

议会届别	剑桥大学	牛津大学
1690 年	106	219
1695 年	96	199
1698 年	97	190
1701 年	87	182
1701—1702 年	84	182
1702 年	91	203
1705 年	101	201
1708 年	107	198
1710 年	94	199
1713 年	92	208

资料来源：D. W. Hayton, *The History of Parliament: The House of Commons, 1690-1715*, vol. I, p. 285.

与牛津大学、剑桥大学相比，不列颠的少数其他大学多带有地域性。都柏林的三一学院在 1690 年至 1715 年间的学生中只出了 7 个下院议员，[1] 在 1754—1790 年间，爱尔兰议员几乎都会选择这所学院，[2] 而在 1790 年至 1820 年该学院至少出了 110 个下院议员。相比之下，来自苏格兰的下院议员往往会选择苏格兰大学进行学习。1690 年至 1715 年间，在格拉斯哥大学接受过教育的苏格兰下院议员在 12 人到 16 人之间，在阿伯丁大学接受过教育的有 9 人，在爱丁堡大学接受过教育的在 4 人到 6 人之间，在圣安德鲁斯大学接受过教育的有 2 人。[3] 在 1790 年到 1820 年间，苏格兰的

---

[1] D. W. Hayton, *The History of Parliament: The House of Commons, 1690-1715*, vol. I, p. 285.

[2] Lewis Namier and John Brooke, *The History of Parliament: The House of Commons, 1754-1790*, vol. I, p. 111.

[3] D. W. Hayton, *The History of Parliament: The House of Commons, 1690-1715*, vol. I, pp. 285-286.

大学出了至少70个下院议员，这其中格拉斯哥大学与爱丁堡大学占据了多数。[1] 这一时期英国大学的数量还比较少，每年毕业的学生数量也不多，因此可以说，从大学毕业的人成为下院议员的机会是很大的。

  国外大学主要是欧洲大陆各国的大学也是少数下院议员接受教育的选择之一。1690年至1715年间，有6名下院议员是在乌特勒支和莱登接受的大学教育，有2人是在鹿特丹接受的大学教育，有21人是在帕多瓦大学接受的教育，有12个苏格兰的下院议员是在荷兰接受的大学教育。但值得注意的是，在帕多瓦大学接受教育的这些人中，有14人也在牛津大学和剑桥大学接受过教育，[2] 他们在意大利的大部分大学时光只不过是作为其欧陆游历者的经历的延伸。1754年至1790年间，大约有70个下院议员——其中将近一半是苏格兰的议员——是在国外大学或教育机构接受的教育，在这些外国大学中最受欢迎的是莱登大学，有33个下院议员在此接受过教育，位于其后的是日内瓦大学与乌特勒支大学。[3] 在1790年至1820年间，有10余个下院议员是在欧洲大陆的大学接受的教育，在这些大学中，德意志的大学最受欢迎，另外约有20个下院议员是在欧洲大陆的军事学校接受的教育。[4]

  这一时期，大游学是少数下院议员大学教育的一个补充。1690年至1715年间，约有157名下院议员到欧洲大陆进行过大游学，这些人几乎都是英格兰和威尔士议员。[5] 而在1754年至1790年间，只有10%左右的

---

[1] R. G. Thorne, *The History of Parliament: The House of Commons, 1790-1820*, vol. I, p. 293.
[2] D. W. Hayton, *The History of Parliament: The House of Commons, 1690-1715*, vol. I, p. 285.
[3] Lewis Namier and John Brooke, *The History of Parliament: The House of Commons, 1754-1790*, vol. I, pp. 111-112.
[4] R. G. Thorne, *The History of Parliament: The House of Commons, 1790-1820*, vol. I, p. 293.
[5] D. W. Hayton, *The History of Parliament: The House of Commons, 1690-1715*, vol. I, p. 288.

下院议员到欧洲大陆进行过游学，其中多数人是贵族或土地家族的长子。[1]之所以如此，一个原因是大游学的费用昂贵，幼子们往往得不到这样的机会，第二个原因是那些注定要从事商业或专业领域工作的幼子们很少去游学，最后一个原因是大游学的高峰是在18世纪30年代和40年代，此后这一做法逐渐失去了吸引力。

无论是否最终从事法律职业，这一时期还有相当数量的下院议员在律师协会接受过法律训练。在1690年至1715年间的英格兰和威尔士议员中，有696人在律师协会接受过训练。在四大律师协会中，中殿协会出了239名下院议员，内殿协会出了215名下院议员，格雷协会出了141名下院议员，林肯协会出了136名下院议员。[2]在1790年至1820年间，有500余个下院议员在律师协会受过法律训练，其中林肯协会最受欢迎，有超过300个下院议员在这里接受过法律训练，从中殿协会出来了100余个下院议员，从内殿协会出来的下院议员约有65人，相比之下，从格雷协会走出的下院议员人数最少。[3]

1690—1715年英格兰和威尔士议员接受律师协会训练的情况

议会届别	接受法律训练的议员人数	所占比例（%）
1690年	254	40.8
1695年	231	41.3
1698年	230	42.2
1701年	211	39.7

---

[1] Lewis Namier and John Brooke, *The History of Parliament: The House of Commons, 1754-1790*, vol. I, p. 113.

[2] D. W. Hayton, *The History of Parliament: The House of Commons, 1690-1715*, vol. I, pp. 286-287.

[3] R. G. Thorne, *The History of Parliament: The House of Commons, 1790-1820*, vol. I, p. 293.

续表

1701—1702 年	203	39.4
1702 年	220	39.5
1705/1707 年	223	40.3
1708 年	198	37.2
1710 年	214	36.5
1713 年	180	34.5

资料来源：D. W. Hayton, *The History of Parliament: The House of Commons, 1690-1715*, vol. I, p. 286.

在这一时期，还有极少数下院议员接受的是私人教育或家庭教育。这些人主要是那些出身于少数贵族家族如卡文迪什家族、塞西尔家族、康普顿家族和罗素家族等的下院议员，还有一些出身于不奉国教者或"尊奉国教的长老派"家庭的下院议员。[1]

同年龄问题上表现出来的基于家庭出身所产生的差别一样，在教育问题上，不同出身的下院议员的情况亦有所差别。在所有下院议员当中，贵族出身的下院议员普遍受到了更好的教育，接受中等教育和大学教育的比例远高于其他下院议员。对于贵族家庭子孙而言，进入著名公学，进入牛津大学或剑桥大学，进入议会，似乎是一条早已安排好的道路。与之相对的是，下院商人议员中出身较低的那部分议员，由于他们的童年往往是从学徒、杂工开始的，几乎没有接受学校教育及私人教育的机会，自然也很少能够进入大学。即便是商人议员中出身比较好的那部分人，接受教育的比例也不高，他们更多的时间要花在熟悉商业上。其他职业集团如律师、官员出身的下院议员接受教育的比例要高出商人议员一些，但仍远低于贵族出身的议会下院议员。

---

[1] D. W. Hayton, *The History of Parliament: The House of Commons, 1690-1715*, vol. I, p. 282.

第二节　下院议员的社会构成

使用"社会构成"这个概念来认识这一时期的英国议会下院议员群体，常常会造成一种误解，即可以将此时的英国议会下院议员群体按照一种严格的、切披萨饼式的方法来进行分类。但在实际上，下院议员这一群体内部的差异并非一成不变，不同类别的下院议员之间的界限并不绝对。当我们将部分下院议员认定为土地所有者时，他们中有些人事实上却是商人的代表；当我们划定部分下院议员为官员时，他们中有些人却同时经营商业。而且，这种情况经常会出现，而绝不是极少数特殊的个案。

一、下院中的土地所有者

"光荣革命"是由土地贵族发动的，因而革命成果自然落到他们手中，这在"光荣革命"后议会下院议员的组成上体现得非常明显。据统计，在1701年议会下院的513名议员中，全部或部分代表土地贵族利益者达400多人。[1] 即便如此，土地贵族们仍然担心其他社会集团对于其政治优势的侵蚀，因而在1711年促成议会下院通过了对议员财产资格进行限制的土地资产法律，以进一步提高进入议会下院的门槛，巩固了土地所有者阶层在议会下院的政治优势。可以说，在"光荣革命"到1832年议会改革间的一百多年中，以贵族和乡绅为代表的土地所有者阶层在下院议员中一直占据着支配地位。

在现存的关于议会下院议员社会构成的文献中，"土地所有者"一词被广泛提及，而且在大多数文献中，"土地所有者"被视为组成下院议员

---

[1] 阎照祥：《英国政治制度史》，北京：人民出版社1999年版，第209页。

的最主要成分。通常来说,"土地所有者"是指那些拥有土地所有权并且获取地租的人。在这一时期,拥有地产也是进入议会下院、成为下院议员必备的前提条件。尽管在下院议员中不乏拥有良田千顷、富可敌国的大土地所有者,但事实上,在这一时期尤其是在18世纪中后期,仅仅依靠地租过活的下院议员是非常少的。众所周知,在17世纪末18世纪初,新的商业革命在英国完成了,从此之后直到工业革命,来自海外的巨大财富成为英国社会经济生活的重要内容。在这样的背景之下,传统的土地所有者阶层是不可能置身事外的。因此,我们必须对新形势下"土地所有者"这一阶层做出重新审视。

在商业革命到来之前,传统的土地所有者通过收取地租、家族联姻和放贷抵押等方式获得收入,同时承担着进入议会或者地方管理部门参与公共生活的义务。他们通常居住在乡村,热衷于狩猎、赛马等彰显身份与地位的休闲活动和奢侈挥霍的生活。可以说,此时"土地所有者"这个词所代表的不仅仅是土地占有者的身份,同时也代表着这一阶层奉行的这种英国田园式的、闲暇的生活方式。

但是,随着商业革命的到来,土地所有者阶层的组成发生了显著的变化。这样的变化主要来自于两个方面,一方面是原有的土地所有者的变化,一方面是新的土地所有者的出现。众所周知,在近代绝大多数时间里,英国的社会上层尤其是贵族阶层常常能够适应资本主义发展趋势,不断增强自身的资本主义化程度,甚至长期居于经济变革的前列。在新的商业革命的浪潮下,英国传统的土地所有者并没有固步自封,他们中有相当数量的人自觉并积极地迎合了时代发展的潮流。在这一时期的下院议员当中,已有相当部分的土地所有者不但继承了家族地产,同时又从事着商业、制造业、工业或矿业等实业。这些下院议员不但在自己经营的业务领域上，而且在生活方式上也与传统的土地所有者产生了区别，譬如他们更多地生活在城市，在生活中更加注重节俭等等。

另一方面，随着新的来自商业领域的巨大财富的出现，传统的土地所有者在经济地位上一家独大的局面不复存在。在商业革命之前，土地本身往往仅是产生地租的工具，只能被分封、继承、剥夺，而绝少被转卖。而随着封建土地制度的瓦解和商业革命的到来，土地已逐步转变成为一种商品，既然它成了商品，那么就会进入市场，就有被出售和购买的可能。因此，在新的形势下，这意味着任何人，只要他拥有一定数量的财富，就有可能成为土地所有者。而一旦成为了土地所有者，便有进入议会下院的可能。1711年《土地资格法》（Landed Qualification Act）获得通过后，因此而被排斥的非地主议员非常少。那些成功的专业人士和商人被纳入乡绅的行列之中，正是因为他们在从事专业职业的同时，自己也成为土地所有者。

所以，在这两方面原因的共同作用下，"光荣革命"后的土地所有者阶层的组成大大拓宽了。尽管大部分下院议员都拥有土地资产，但是土地对于他们来说具有不同的意义。"土地所有者"这一名词，已不再代表着一种身份，而是回归了其字面意义，即仅是代表对于土地这种资产的拥有。

在这一时期，我们能够确定的"土地所有者"阶层，主要指的是两部分人，一部分人是贵族家族出身的人，另一部分人是乡绅（country gentlemen）。在1708年的下院议员中，有贵族之子和爱尔兰贵族70人，1715年有53人，1722年有82人，1727年有93人，1734年有77人，1741年有100人，1747年有122人，1754年有113人，1790年有119人，1796年有120人。在1784年的议会下院选举中，贵族之子和爱尔兰贵族把持的议席为107个，但在当选的下院议员中，还有贵族的孙子、外孙、曾孙、外甥、侄子、兄弟、姻亲兄弟、堂兄弟、表兄弟、女婿等，总数达到

175人。[1]如果再加上与贵族有亲戚关系的人、受贵族庇护而当选的人，则出自贵族家族、与贵族有关系的下院议员超过议会下院议员的70%。在这些人当中，有许多人的身份、财产与地位也都符合乡绅的标准。况且，广义的乡绅一词是包括贵族在内的。这些人也是土地利益的坚定保护者，对于这一点，我们从这一时期的许多议会立法如《谷物法》中就可以看出来。因此，我们说这一时期的议会下院代表着土地利益，应该是毋庸置疑的。

二、下院中的职业集团

在这个时期，通常来说，律师、教士以及军官是被公认的几种职业。至于医生，这一职业虽然已经得到了一些关注，但其地位还暂时无法上升到以上几种职业的高度。这一时期贵族和乡绅们的子弟常常会成为海军和陆军的军官、执业律师、教区教士，但不会成为一名医生；在这一时期的下院议员选举中，也从未有过确切的执业医生进入议会下院的记录。此外，很少有教士进入议会下院，这大概是由于教士队伍中较强的两极分化所致。碍于高额的费用，普通教士一般无力入选议会下院，而居于教会上层的主教和大主教又享有天然的上院席位，无意进入议会下院。还有重要的一点，自13世纪中后期起，一些修道院院长和中下级教士就退出议会，自行组成了"教士会议"。因此，进入议会下院的职业集团便集中于律师和军官两者之中。

据统计，在18世纪上半叶的历届议会中，律师和军官的数量一直都在60人到70人左右，到18世纪末，议会下院中的律师和军官的人数有所上升，但变化不大。基于这一点，有学者认为，18世纪的英国议会下院对很多职业集团是开放的，进而把18世纪以议会为核心的英国称为"开

---

[1] J. Cannon, *Aristocratic Century: The Peerage of Eighteenth Century England*, p. 114.

放的"国家。[1]但事实上,这种"开放"有着非常高的金钱门槛。1711年,为防止所谓"金钱利益"对传统土地贵族政治地位的侵袭,议会通过了对下院议员财产资格进行限制的土地资产法律。但这一法律颁布后,只有很少的下院议员不符合要求。这意味着,即便是军官、律师这些来自职业集团的下院议员,在财产上也是非常富有的。

通常来说,不是因为这些人是律师和军官,所以他们富裕;而是因为他们富裕,所以他们成为律师和军官。据统计,这一时期大部分的律师和军官仍来自于贵族或者绅士家庭。他们当中有一部分人是由于不能够继承家产而选择进入职业集团,以求发家致富。由于他们大多受过良好的教育,再加上有家庭背景的支持,自然容易获得成功。

然而,对于其他出身于平民家庭的人来说,这往往是一条艰难的道路。在这一时期,若想通过学习法律跻身社会上层,不但需要良好的天赋,更需要持之以恒的学习和钻研。尽管历届议会都有相当数量的法律从业人员当选,但其中出身卑微、凭自身能力走到这一步的人屈指可数。在这一时期的下院议员中,确实有这样一群人,他们出身于卑微的社会下层,离世时却带着议员的头衔和荣耀,譬如托马斯·克拉克、约翰·邓宁、詹姆斯·赫维特等。拉克索尔在谈到约翰·斯科特议员的成功时写道:"他的成功来自于天才、勤奋与人格魅力,没有任何贵族的出身和荣耀的家族、环境能给予他这一切。"[2]同样的评价几乎可以加于任何通过法律学习而成为下院议员的人身上。正是通过不懈努力在法律界积攒下的良好

---

[1] Lee Davison, *Stilling the Grumbling Hive: The Response to Social and Economic Problems in England, 1689-1750*, London: Stroud, 1972.
[2] Lewis Namier and John Brooke, *The History of Parliament: The House of Commons, 1754-1790*, vol. I, p. 105.

声誉，帮助这些律师们获取了足够的财富，继而获得进入议会的资格。

在18世纪，"七年战争"、美国独立战争及大大小小的殖民地战争为军人提供了机会，历届议会都有相当数量的军官进入议会下院，其中既包括海军军官，也包括陆军军官。大英帝国不断的海外扩张使得军队在社会生活中的重要性大涨。1754年到1790年间，议会下院共有208个陆军军官出身的议员，[1]有79个海军军官出身的议员。[2]到18世纪末期，军官已经占议会下院议员数量的五分之一以上。值得注意的是，这些进入议会下院的军官往往是由于其财产，而非战功进入议会的。指挥军队占领哈瓦那的指挥官阿尔伯马尔勋爵最终进入议会的原因，按官方的说法是由于"对于帝国的贡献"，但事实上是由于他在战争中所发的横财。据说这位勋爵仅在攻占哈瓦那后就领取了12万镑的奖金，在这之后，他为自己买到了下院的议席。还有一名叫塞缪尔·科内什的议员，他出身卑微，最初只是一个军舰上的水手，但在入侵菲律宾的战争中发了财，最终为自己买到了下院议席并受封为从男爵。进入议会的军官的状况大多如此。

由此不难看出，在这一时期，作为社会新贵的职业集团成员，他们进入议会下院的途径几乎是唯一的，即获取大量财富，然后购买地产和议席。新的职业集团是在成为新的土地所有者之后，才进一步成为下院议员，这也说明财产尤其是地产对于下院议员资格的重要性。

三、下院中的商人

与其他职业集团相比较，商人这一群体的内涵要更加复杂。"光荣革

---

[1] Lewis Namier and John Brooke, *The History of Parliament: The House of Commons, 1754-1790*, vol. I, p. 138.

[2] Ibid, p. 144.

命"之后，能够称得上商人的人社会成分多种多样，小到杂货店老板，大到银行家、金融家，都可以被称为商人。但是，能够进入议会下院的多是后者。然而，即便这些大商人之间在家庭出身上的差别也十分明显，有的是贵族后裔，有的却只是皮匠的后代，但总体说来，出身于中等家庭的占大多数。

商人进入议会下院的原因是出于他们的本性——追逐利益。这或许与其他下院议员有很大不同。对贵族和乡绅而言，从事政治是一种义务，并且成为一种习惯。对于职业集团中的人们而言，进入议会是一种荣誉，参与国家大事是一种光荣。但对于大部分商人而言，荣誉和义务并不是能够吸引他们的字眼，更吸引他们的，是凭借其下院议员身份而得到的政府合同和贸易特许权。

在这一时期，有许多商人议员成功的典范，他们其中有些人本就出身于贵族，但由于无继承权而投身商业，最终通过经商致富，重回贵族行列。譬如罗伯特·克里夫，他出身于贵族家庭，但无缘继承家产，只好去印度碰运气。在印度的若干年中，他通过经营纺织品贸易，积累了很多钱财。再回到英国时，他已经是一个百万富翁了，很容易便进入了议会下院。在这个过程中，他的贵族出身毫无疑问帮了他很大的忙，当然他在经营商业上的勤劳与智慧也是十分重要的。

相比较而言，较低阶层出身的商人若想进入议会下院，就要付出更多的努力，并且要有非常好的运气才行。本杰明·哈莫特是1782年至1800年间的下院议员。作为一个唐顿镇的面包师和铁匠的儿子，他在教会学校读了几年书之后，便在书店做了学徒。后来，他成为书店的老板，并在一位朋友的帮助下，开始从事银行业。在积累了一定的财富之后，他开始在自己的家乡唐顿镇投资公共设施建设。最后，他获得了唐顿镇的选民支持，进入议会下院。和他相似的还有托马斯·海尔法克斯，他本是波恩斯理一个钟表匠的儿子，最初在一家杂货店当伙计。后来，他成为一家银行的书记员，参与银行管理并获得股份。1776年，他进入了议会下院，这时候的他已经是一个小有名气的银行家了。

据不完全统计，在1690年至1715年间的下院议员中，类似于本杰明·哈莫特和托马斯·海尔法克斯这样出身卑微的议员共有33人，其中有23名是商人。[1] 从这里我们可以看出，经商已经成为出身卑微的人进入议会下院的主要途径。

在研究这一时期商人在议会下院的地位时，我们发现一个十分矛盾的现象。众所周知，在18世纪这样一个财富至上、贸易至上的时代里，商业在社会生活中的重要性无与伦比。但据统计，自1715年以来，商人在下院议员中所占比重反倒日益降低，这与商业在社会生活中的步步高进是背道而驰的。更令人生疑的是，无论在议会下院还是在社会上，都很少有人对这种情况提出异议，议会下院商人数量偏少的事实似乎并不为当时的人们所关注。

要解决这个问题，我们必须回到商业革命前英国人对议会的传统看法上去。在整个近代时期，英国人一直持有一种保守、固执的思想，即只有那些居住在乡村的绅士们，才真正能够捍卫议会的民主、自立精神。哪怕是在商业革命席卷世界的时候，英国人仍旧认为，纯粹追求经济利益的商人并不适合作为整个国家利益的代表，甚至商人自己也认同这种看法。因此，这一时期的英国商人热衷于在商业领域取得成功后退出商业，再用赚到的钱购买地产，成为贵族或者乡绅，他们认为这样才算是真正的"成功

---

[1]　D. W. Hayton, *The History of Parliament: The House of Commons, 1690-1715*, vol. I, p. 265.

人士"。这或许说明了为何商人在议会下院里的数量一直不高。

所以,尽管这是个商业的时代,但不是个商人的时代。然而,尽管纯粹的经营商业仍不足以让人被社会所承认,但家族名望、地产继承已不再是人们涉足政治的唯一条件。商人通向议会下院的道路再次证明:只要你通过某种道路获得大量财富,并具有一定声望,那么成为下院议员便不是遥不可及的事情。

第三节 下院议员的社会地位

1688年"光荣革命"后,议会取代国王成为英国政治权力中心,议会召开日趋稳定,议会功能逐步完善,"议会终于从一种事件转变成一种机构"。[1]与此同时,诸多社会阶层和利益集团认识到议会尤其是议会下院在国家政治生活中的重要地位,他们进入议会下院的期望日益热切。因此,议会下院逐步成为英国社会精英的主要活动场所,议会下院的声望和地位得到空前提高,下院议员也享有极高的地位和荣誉,成为当之无愧的社会精英代表。

一、下院议员的等级地位

18世纪的英国社会仍然存在着一系列的等级头衔,如贵族、从男爵、骑士、平民等,虽说此时这些头衔的含义及意义已有所变化,但在相当程度上仍是衡量一个人社会地位的重要标准。因此,要了解英国议会下院议员的社会地位,有必要先了解他们的等级地位。

---

[1] W. A. Speck, *Reluctant Revolutionaries: Englishmen and the Revolution of 1688*, Oxford: Oxford University Press, 1988, p. 246.

据一份议会下院成员家庭背景的统计资料,在 1690 年至 1715 年间,大约一半的下院议员出自名门望族:277 人是贵族的儿子或者孙子,383 人是从男爵的儿子或者孙子,330 人是骑士的儿子或者孙子,三者总计达到 990 人,占全部议员的 49.9%,这是来自英格兰和威尔士的议员的情况;在来自苏格兰的议会成员中这种情况更为明显,"荣耀家族"出身的议员占总数的 68.7%。[1] 从这份统计来看,在"光荣革命"后的英国议会中,大部分议员出身于所谓的"荣耀家族"。

在这些"荣耀家族"中,最突出的莫非贵族家族。众所周知,"光荣革命"后议会在英国政治生活中居于中心地位,议会下院更以其对国家财政决定权的掌握而日显隆盛。纵使高踞于英国社会顶层的贵族,也十分看重议会下院的地位和作用,这突出体现在进入议会下院的贵族及其代理人的数量上。在 18 世纪的议会下院,贵族及其子嗣一直保持着大约五分之一的议员比例。此外,通过联姻、扶植代理人等手段,贵族一直保持着对议会下院超过一半议员的影响。例如,在 1701 年议会下院 513 名议员中,全部或部分代表土地贵族利益者达 400 多人。[2] 如此多的贵族进入议会下院得益于他们在 1688 年革命中的表现——这次革命主要是由土地贵族发动的,在新政权建立后,贵族因此而把持着英国政治生活的航舵。因此,说 18 世纪议会下院由贵族掌控并不为过。

鉴于此时贵族在英国社会中的强势地位,有相当多的下院议员渴望成为贵族,但对于这些徘徊在贵族门槛外的议员们来说,成为贵族后的幸福与通向贵族之路的痛苦似乎不相上下。

---

[1] D. W. Hayton, *The History of Parliament: The House of Commons, 1690-1715*, vol. I, p. 262.
[2] 阎照祥:《英国政治制度史》,第 209 页。

若想成为贵族，一份富足的地产是基本条件，家族中有一名贵族也是首要条件之一。在议会下院或政府供职并不意味着就有资格受封贵族。曾在1742年至1774年间担任下院议员的乔治·皮特（那位著名老皮特的一个远房表兄弟）自乔治三世继位起便不断申请封授贵族爵位，尽管他功勋卓著，却一直未能如愿。到1770年，他终于忍无可忍，因未被授予贵族爵位而拒绝出任驻马德里大使。在给诺斯勋爵的信中，他抱怨在追求爵位过程中遭到了"无情的忽视"。最终，在经历了15年的追逐之后，国王结束了他的苦难，正式册封他为贵族。1776年共有7名议员被授予贵族爵位，而在这一年总共只有10名新贵族诞生，但这并不意味着在议会供职与成为贵族这两件事之间有什么必然联系。这7名议员出身的新贵族中，有一人名叫托马斯·弗莱，他在议会的政治生涯可谓传奇——作为一名议员，他竟然28年从未投过一次票！他成为贵族的原因是他继承了一个外甥的地产。由此可见，是他的财产和家族使得他成为贵族，而非他在政治生活中的表现。[1]

总之，一名贵族（只要他想）总可以在议会下院占有一席之地并发挥作用，随着议会下院在英国政治生活中的核心作用不断凸显，愈来愈多的贵族选择进入议会下院来满足自己的政治需求。相反，由于法律规定两院议员不得兼任，那些晋升为贵族的下院议员在进入上院后，也就结束了自己在议会下院的政治生涯。在整个18世纪，议会下院只能由下院的人领导，所以那些成功的执政者毫无例外都是优秀的下院活动家，如皮特、纽卡斯尔公爵、巴特爵士、诺丁汉公爵等。

---

[1] Lewis Namier and John Brooke, *The History of Parliament: The House of Commons, 1754-1790*, vol. I, pp. 99, 100.

除贵族头衔外，英国还有"从男爵"这类的准贵族头衔。通常来说，"从男爵"在18世纪并不享有特殊的尊荣，只要不曾触犯法规和政府，任何拥有一定地产的议员都可加入这个行列。在这些爵位之外，还有"嘉德勋位"和"巴斯勋位"等功绩勋位。但是，"嘉德勋位"往往只有贵族才能享用，据统计，在18世纪后半叶，整个议会下院只有诺斯勋爵一人获得了"嘉德勋位"，这也延续成为一种传统——哪怕是在第二次世界大战后，在议会下院也只有温斯顿·丘吉尔一人拥有这个勋位。[1] 相比之下，"巴斯勋位"数量较多，通常授予那些为政府、法院、军队工作的议员，但这种勋位的获得也绝非易事。相比较而言，骑士称号则不足以匹配议会下院议员的尊崇地位——几乎任何人都可以成为骑士。这一不能世袭、几无任何特权的阶层并不处于18世纪英国政治权力的中心。

由此看来，绝大部分议会下院议员都有着从男爵以上的爵位，并且在他们之中有相当数量的贵族。由于此时英国社会中贵族数量一直十分稀少，从男爵的数量也并不多，我们可以说：议会下院议员这一群体在英国社会中的等级地位是非常高的。

二、下院议员的经济地位

在18世纪，要成为一名受人尊敬、地位优越的议会下院议员，其先决条件即是拥有足够数量的财产。但是，与竞选议员及行使议员职责的费用相比，成为议员的最低财产资格只不过是一个象征性指标，在竞选过程中所需的财力远大于此，这一时期的政治完全是有钱人的游戏。格罗夫纳斯勋爵曾在切斯特的议员选举中，花费8500镑请客吃饭，这笔巨额支出

---

[1] Lewis Namier and John Brooke, *The History of Parliament: The House of Commons, 1754-1790*, vol. I, p. 103.

绝非600镑的年金所能支持。与此相比，直接购买议会席位或许更为便利有效，例如，1768年牛津市长宣称，只要掏出7500镑，该市议员就可连任下届议员，这可以说是相当便宜了。在18世纪后期，有些郡的议员席位居然被炒到数万镑，不但普通人望洋兴叹，连富有的贵族都为之咋舌。[1]

议员席位被抬高到如此高的价格，只有富可敌国的巨富才能负担得起。事实上，在18世纪下半叶的确有些下院议员跻身"英国最富有的人"的行列之中，其财富与世袭上院贵族相比亦毫不逊色。议员达夫内尔的财富主要依靠地租获取，他在1794年的地租收入大概有1.8万镑。而当时一户普通工人家庭平均每人每年的支出仅为3到4镑。罗伯特·柴尔德是不多的在这一时期靠经商而成为巨富的下院议员之一，他的财富主要来自银行业。据保守估计，他的年收入在1.8万镑左右，其中相当一部分来自贷款利息。相比之下，萨穆尔·弗洛德尔要逊色一些，虽然他号称是全英国最大的服装制造商。在他死时，留下了价值90万镑的财产。[2]

在这些堪称富可敌国的下院议员当中，有一些是天然的财富拥有者——土地贵族。通常来说，他们的收入主要来自地租，此外由于某些贵族领地幸运地发现了矿产，采矿也成为贵族的主业之一，同时许多贵族还投资交通、贸易、股票等。在近代绝大多数时间里，英国贵族能够适应资本主义发展趋势，不断增加自身资本主义化程度，其中一批佼佼者甚至长期居于经济变革的前列。[3] 这使得贵族阶层一直在社会财富金字塔中处于

---

[1] Clyve Jones, *A Short History of Parliament: England, Great Britain, the United Kingdom, Ireland and Scotland*, The Boydell Press, 2009, p. 175.

[2] Lewis Namier and John Brooke, *The History of Parliament: The House of Commons, 1754-1790*, vol. I, p. 103.

[3] 阎照祥：《英国政治制度史》，第279、280页。

顶端位置。因此，除政治因素外，经济因素也是贵族在议会下院占统治地位的重要因素。

此外，每届议会成员中都有相当数量的商人、军官、法律人士。

1715—1754年议会下院商人、军官和法律界人士的数量

年份	1715	1722	1727	1734	1741	1747
议员总数	739	673	684	690	685	671
商人	73	58	59	57	51	54
军官	69	67	64	69	84	89
律师	76	73	74	68	70	74

资料来源：Romney Sedgwick, *The History of Parliament: The House of Commons, 1715-1754*, vol. I, p. 142.

由此表可以看出，从1715年到1754年，议会下院中商人、军官和法律人士的数量变化很小。事实上，在整个18世纪，这种数据都十分稳定。基于这一点，很多学者认为18世纪英国议会下院对很多社会集团是开放的，进而把18世纪以议会为核心的英国称为"互动的"国家。但事实上，这种"开放"和"互动"有着非常高的金钱门槛。1711年，为防止所谓"金钱利益"对传统土地贵族政治地位的侵袭，议会通过了对议员财产资格进行限制的土地资产法律。但这一法律颁布后，只有很少的议员暴露出财产问题，这意味着即便是军官、法官这类来自社会职业集团的议员，也是非常富裕的。

这一时期，一些暴富的商人、制造业主及其他社会新贵也有机会进入议会下院。在18世纪，有很多出身卑微者通过自身努力及上天眷顾，成为受人尊敬的社会精英的传奇故事。罗伯特·马克莱斯原是一个白人俱乐部的服务生，后来幸运地娶了俱乐部老板的女儿并成为俱乐部的继承人，逐步积累财富，并靠购买地产、发放高利贷而成为具有社会影响的人物，在1774年到1802年近30年间一直担任下院议员。

据不完全统计，在1690年至1715年的下院议员中，像罗伯特·马克莱斯这样出身卑微的议员共有33人，其中有23名商人。[1]这表明经商是成为议员的重要途径之一。但在18世纪这样一个财富至上、贸易至上的时代里，商业在社会生活中的重要性似乎并未在议会组成中得到体现。自1715年以来，商人在议员中所占比重日益减少，这与商业在社会生活中的步步高进背道而驰。并且，无论在下院还是在社会上，都很少有人对议员中商人数量过少的情况提出异议。

事实上，这种情况的出现是有原因的。18世纪的英国商人热衷于在商业领域取得成功后退出商业，再用赚到的钱购买地产，成为乡绅。这样的行为源自英国人一种保守、固执的思想，即只有那些居住在乡村的绅士们，才真正能够捍卫议会的民主、自立精神。因此，城市富裕的商业精英从未停止向贵族和乡绅靠拢的脚步，这也是这一时期政治生活显得保守的原因之一。

除去天然的土地所有者和商人外，这一时期还有许多人通过其他方式进入议会。这些方式包括联姻、学习法律、参战和为政府效力等。这几种途径虽然形式上有差别，但其最终目的都一样，即获得一定数量财富以为进入议会铺路。这也意味着进入议会的绝不会是穷人。

和勤俭节约、勤奋经商相比，联姻似乎是一条捷径。尽管这条捷径并非每个人都走得通，却一直都有人乐此不疲。布莱斯·克罗斯比在1768年至1774年间出任议员，他的首任妻子是个富孀，第二任妻子是个富有的制造商的遗孀，第三任妻子是个酒商的遗孀。这几任妻子为他带来了可

---

[1] D. W. Hayton, *The History of Parliament: The House of Commons, 1690-1715*, vol. I, p. 263.

观的年金、地产、股票等，使他逐步成为一个有地位的人并进入了议会。乔治·哈雷是一名普通的伦敦商人，在娶了著名的约翰·威尔克斯议员的妹妹后飞黄腾达，与威尔克斯的良好关系不但使他顺利进入议会，也使他名声大噪，财产日增。[1]

相比较而言，学习法律是一条艰难却充满荣光的通往议会之路。若想通过学习法律跻身社会上层，不但需要良好的天赋，更需要持之以恒的学习和钻研。尽管每届议会都有相当数量的法律从业人员当选，但其中出身卑微、凭自身能力走到这一步的人屈指可数。他们出身于卑微的社会下层，离世时却带着议员的头衔和荣耀，譬如托马斯·克拉克、约翰·邓宁、詹姆斯·赫维特等。拉克索尔在回忆约翰·斯科特议员时写道："他的成功来自于天才、勤奋与人格魅力，没有任何贵族的出身和荣耀的家族、环境能给予他这一切。"同样的评价几乎可以加于任何通过法律学习而成为议员的人身上。正是通过不懈努力在法律界积攒下的良好声誉，帮助这些法官、律师们获取了足够的财富，继而获得进入议会的资格。

在18世纪，有一些雄心勃勃、战功赫赫的军官进入议会。七年战争、美国独立战争及大大小小的殖民地作战为军人提供了机会，每届议会都有相当数量的军官进入议会，但他们当中大部分也都是有钱人。譬如，阿尔伯马尔勋爵是指挥军队占领哈瓦那的指挥官，他最终进入议会一方面是由于其对于大英帝国的贡献，另一个方面也是由于他在战争中所发的横财，据说这位勋爵仅在攻占哈瓦那后就领取了12万镑的奖金。

然而和那些车队承包商、军火商人相比，靠战功进入议会的军官只

---

[1] Lewis Namier and John Brooke, *The History of Parliament: The House of Commons, 1754-1790*, vol. I, p. 105.

不过是战争这场利益大餐中微不足道的一部分。劳伦斯·邓拉斯是一个没落的苏格兰世家大族的后代，最早靠在商店里倒卖股票发迹，最后成为一名还算富裕的商人。在七年战争爆发前他或许算得上有钱，但绝对称不上巨富。不过幸运的是战争爆发后他拿到了政府合同，成为军队的粮食供应商，在整个战争过程中他的财产迅速而稳定地增加，并逐渐收买了若干个选区的选票。最终他凭借"富可敌国的财富"和"对国家做出的重大贡献"进入议会并获得了贵族身份。[1]

总之，如果说这个时代与此前有不同的话，那就是家族名望、出身世系不再是人们涉足政治的唯一条件。上面列举的例子虽然并不普遍，但至少说明一个道理：只要你通过某种道路获得大量财富，并具有一定声望，那么成为议员便不再是遥不可及的事情。

巨额财富是人们进入议会下院的钥匙，但这也意味着一旦失去财富，议员也便失去其倚赖的基础，变得一文不名。这一时期，议员们丧失财产的原因无外乎三种：投资失败、奢侈生活及女人问题。乔治·科勒布克爵士曾是1754—1774年间的下院议员，他是著名的伦敦商人和银行家，曾多次担任东印度公司的领导职务。然而，就是这样一个巨头级的富贵人物，却因财产问题而在1777年宣布完全破产，原因是连续的贪心不足蛇吞象式的投资导致了财政崩溃。最终，他不得不靠东印度公司和政府给予的每年200镑的退休金度日。[2] 收集古玩、大兴土木是许多议员败坏家产的最迅速的方式之一，无论你是背景雄厚的贵族子嗣，还是富可敌国的一方巨贾，迷上这两样东西都能让你很快耗尽家财。还有一些议员在追逐女

---

[1] Lewis Namier and John Brooke, *The History of Parliament: The House of Commons, 1754-1790*, vol. I, p. 104.

[2] Ibid.

人上花费太多而倾家荡产，与追逐一位贵族女士的花费相比，进入议会那点儿开销根本不值一提。曾有一名叫作莫泰摩尔的议员为保住议员席位而在竞选中借债贿赂而破产，最终在狱中了却余生——他是少数的因缺乏自知之明而陷入窘境的下院议员的例子。

总之，18世纪英国议会下院议员的社会地位，一方面体现为建立在等级制度基础上的社会地位，一方面体现为建立在经济基础上的社会地位，而且经济因素对议员社会地位的意义日益重要。这种情况说明，到18世纪，英国政治权力在继续掌握在拥有世袭财富的贵族手中的同时，也逐步让渡到少数获得巨大财富的社会新贵手中。这预示着，英国政治权力格局的变化为时不远了。

第四章 维多利亚时代贵族女性的社会活动

在维多利亚时代，英国贵族在政治、经济上的特权随着政治民主化进程的推进和工业革命的快速发展而逐渐受到削弱。但是，作为贵族阶层的成员，贵族女性能利用自己的优势地位，参加一些其他阶层女性无法企及的社会活动，这些社会活动以家长式统治为核心，遍及英国政治、经济、社会和文化等领域，无论对贵族女性走向社会，获得自我提升，还是对其家族利益抑或整个贵族阶层特权的维系，甚至是英国社会发展进程，都具有不可忽视的贡献。

第一节 维多利亚时代的英国社会

1837年，维多利亚女王登基，开启了英国发展史上具有重大意义的维多利亚时代。这是英国社会的大变革时代，是英国发展的黄金时代。

一、维多利亚时代

在1837年到1901年维多利亚女王执政的这段时间内，英国完成了工业化、城市化、民主化进程，实现了政治、经济、文化和社会生活等多方面的变革，逐步走向现代化。1832年议会改革之后，英国又经历了宪章运动、议会改革，民主政治、政党政治渐臻成熟，君权不断虚化，议会力量不断增强，形成了责任内阁制。到维多利亚时代末期，成年男子基本上享有了人们为之斗争已久的选举权。经过两次工业革命的蓬勃发展，英国积聚了巨大的财富，《谷物法》、《航海条例》的废除，更是把英国资本主义带入了自由资本主义的发展阶段，而1851年万国博览会的开展，则是对经济发展成果的最成功展示。同时，工业革命也带来了社会结构的深刻变革：中产阶级、工人阶级不断崛起，工人运动和女权主义运动也相继展开，各个阶层都为自己的权利而奋力争取。伴随着财富的迅速积累，各种社会问题纷纷显露，英国政府在进行政治改革的同时也进行了社会改革，通过了一系列的社会立法来保障人民利益，维护社会稳定秩序，也为20世纪英国建立福利国家打下了坚实的基础。丰富多变的发展历程也为维多利亚时代的文学创作提供了翔实的现实背景与材料，培育了大批知名作家，孕育了众多优秀的文学作品。在国内运动风起云涌的同时，维多利亚时代的英国在"炮舰外交"思想的指导下，积极进行海外拓殖，最终建立了日不落帝国，维多利亚女王也成为"欧洲的老祖母"。

纵观整个维多利亚时代，变革是整个社会的主基调，英国终于向传统社会的种种弊端发起挑战，在与传统力量的对抗中，逐步迈入现代化工业国家。

但这种变革是十分缓慢的，在变革的同时，英国社会也维持着自"光荣革命"以来特别是18世纪的传统文化，英国社会依然是一个等级分明的等级社会，在等级制度下，人人都认为阶层的存在是十分有意义的，并且把自己纳入到某个特定阶层。到了19世纪80年代，美国评论家亚当·巴多指出:"世袭的、永久的等级制是大多数英国人民最珍视的荣誉。"[1] 因此,"理解维多利亚社会的基础就是了解阶层。"[2] 维多利亚时代基本上延续18世纪已形成的三层式社会结构,整个社会大体分为三个阶层:贵族阶层、中产阶级、劳工阶层,伴随着水平、垂直的分化和流动,每个阶层的成员都有一定程度的变化。

贵族处于整个社会的顶层,依然保有一定的权势。虽然民主政治的发展、中产阶级的壮大都使得贵族权威不断受到挑战,势力有所收缩,但是依然能够在政治、经济、社会、文化领域保持几个世纪以来的影响力。他们一方面尽力维系着几个世纪以来的传统影响力,另一方面,面对新的社会形势,他们不是绝对固守传统,而是做出了顺应社会发展潮流的举动,被称为是"一个出奇顽强的实体"。[3] 在君主权力持续衰微、民主权力还不明显的时期,贵族依然能通过贿选、控制下院议员、操控选举过程等手段控制议会,从而掌控国家政治。贵族虽然在农业萧条中蒙受损失,但他们熟练投资城市用地,在城市扩张中积聚了财富。他们还积极投身与地产密切相关的农业、矿业、交通运输业,在工业化、商业化的新领域中崭露头角,利用工业革命的良机扩充实力。因此,有学者把"光荣革命"到19世纪前期或中叶的英国历史称为"贵族时代"或"贵族世纪"。汤普森更将19世纪的不列颠称为"贵族英国",断定"直到1914年,或更准确地说直到1922年,英国不仅是一个贵族国家,而且还是一个土地贵族国家。"[4] 虽然这种论断还有待论证,但是维多利亚时代的英国社会贵族色彩

---

[1] Adam Badeau, *Aristocracy in England*, Harper & Brothers, 1886, p. 39.
[2] Susie L. Steinbach, *Understanding the Victorians : Politics, Culture and Society in Nineteenth Century Britain*, London and New York: Routledge, p. 114.
[3] 肯尼斯·摩根:《牛津英国通史》,第510页。
[4] F. M. L. Thompson, *English Landed Society in the Nineteenth Century*, Routledge, 1963, p. 1.

浓厚是毋庸置疑的。"贵族阶层可能是维多利亚女王治下变化最小的一个阶级",[1]但其特权最终也因民主化进程而终结。1880年，议会上院新晋贵族成分发生改变，工商业资产阶级得以进入上院，传统意义上以土地为基础的贵族势力开始退出政治舞台，但贵族文化作为"绅士风度"的一部分存留下来。

英国中产阶级产生于17世纪晚期，形成于18世纪，19世纪迅速崛起。维多利亚时代中期，中产阶级在工业革命的过程中积累了巨大的财富，并通过1832年议会改革首次获得了一定的政治权利，中产阶级作为独立的社会力量不断崛起。地位不断凸显的中产阶级影响力逐步扩大，自我意识日益觉醒，在社会各个方面都对贵族产生着威胁。他们最终通过控制城市政权、参与议会来分化贵族的政治权力；他们发展工商业积聚财富，使贵族的土地经营不再是唯一的经济来源，经济优势日益显现，并逐渐形成节俭、审慎、休闲优雅的财富观；在文化方面，在向上层看齐的氛围中逐渐形成了自己的文化价值观，具有了一定的身份认同感。中产阶级正在成为英国社会的主力军，最终取代贵族成为政府的中坚力量。虽然中产阶级日益强大，但是伊波利特·泰纳从一位工业革命领导者处得知，在19世纪60年代，中产阶级从未意图摧毁贵族体制，相反，他们乐意将政府和高层职位留给贵族，因为贵族生来就是统治者并且已经统治了几个世纪。[2]

工业革命中产生的另一个阶层是处于社会底层的劳工阶层。他们从工业革命开始就成为被剥削、压迫的对象，国家积累财富的同时，他们积累的却是贫困和社会不公，对平等的召唤最终爆发了各种工人运动。他们逐

---

[1] 哈维·马修：《19世纪英国：危机与变革》，韩敏中译，北京：外语教学与研究出版社2007年版，第282页。

[2] J. V. Beckett, *The Aristocracy in England 1660-1914*, p. 4.

渐认识到"贫困是没有代表权的结果，而不是原因"，[1]而"选举权首先意味着平等——公民的权利、个人尊严和价值的平等"。[2]与中产阶级联盟促成的1832年议会改革，结果只让中产阶级获得了选举权，此次议会改革的失利导致了宪章运动的爆发。虽然宪章运动提出了实行男子普选权、每年举行一次议会选举、实行平等选区、议员领取薪金、取消议会财产资格限制、实行无记名投票6条民主政治要求，但这些要求在三次议会改革之后才真正全部实现，历程艰辛坎坷。而乡村中的劳动阶层，则是依附于贵族的庄园而存在，接受贵族的庇护与统治，他们"容忍甚至崇敬贵族统治……把贵族看作慈善、荣誉和绅士行为的坚实保障"。[3]只是随着自我意识的觉醒、民主政治的发展以及政府职能的完善，乡村居民才脱离贵族的统治生活。

虽然整个维多利亚时代是一个不断民主化的时代，但是，当时的社会普遍对贵族的抵触情绪不如想象中强烈。这不仅仅因为英国贵族是欧洲贵族中享有最少特权的群体，也因为英国贵族在享受诸多特权的同时，对英国民众拥有一定的义务，而英国民众对此也乐于接受。随着自我意识的增强，才开始摆脱贵族的控制。

维多利亚时代的英国就是这样，在传统与变革的相互博弈、融合中呈现出渐进式发展的态势。

二、维多利亚时代的各阶层女性

维多利亚时代的英国社会不但是个贵族色彩浓厚的等级社会，还是一

---

[1] David Goodway, *London Chartism 1838-1848*, Cambridge University Press, 1982, pp. 16-17.

[2] E.P. 汤普森:《英国工人阶级的形成》，钱乘旦等译，上海：译林出版社2001年版，第975页。

[3] J. V. Beckett, *The Aristocracy in England 1660-1914*, pp. 459-460.

个男权社会。在工业革命后的相当长时间里，女性依旧处于社会的边缘，她们甚至丧失了在中世纪和革命年代已经获得的部分权利。[1] 在男性的话语霸权下，各阶层女性没有独立的身份和法律地位，在家庭内外女性都依附于男性而存在。

　　工厂制度的建立使得劳动场所和生活场所分离，女性被迫离开家庭到工厂做工，或者留在家中做家庭主妇。经济的发展导致了社会生产从家庭中分离出去，同时也导致不需要走出家庭挣工资的女性人数的增加。"工作"和"家庭"逐渐成为与"对立的性别"相联系的两个对立的世界，出现了公共领域和私人领域的分离。[2] 公共领域是男人的世界，他们参与政治生活，从事经济活动，挣钱养家；私人领域是女人的世界，是女性照料家庭、相夫教子、维护道德的场所。这种公共生活和私人生活分离的风气，在19世纪成为社会的时尚，并首先在中产阶级中流行，后来逐渐扩展到上层的土地贵族和下层小资产阶级和工人阶级。[3] 但是这种分离并不是绝对的分离，而且分离的程度也因阶层而异。在维多利亚时代，对大多数女性而言，她们的社会地位主要源自于家庭，她们所属的家庭地位决定了她们的社会地位，也就是说，维多利亚时代女性的地位也要受到其所属阶层的影响。

　　贵族女性的地位低于贵族男性，她们的活动范围也受到诸多限制，不能独自开展社会活动，不能公开演讲，不能以自己的名义发表文章等，从小就被教育以真正的"淑女"标准要求自己，言行举止要符合身份地位。

---

[1] 裔昭印：《西方妇女史》，北京：商务印书馆2009年版，第325页。
[2] Bonnie S. Anderson and Judith P. Zinsser, *A History of Their Own: Women in Europe from Prehistory to the Present*, New York: Harper & Row Publisher, vol. 2, 1988, p. 144.
[3] 裔昭印：《西方妇女史》，第326页。

作为社会上层的成员，贵族女性的地位高于其他阶层的女性，她们拥有更多的政治特权，例如，尽管她们不能参加选举或者出席议会，却能轻易施展政治、教会庇护权，从而影响议会选举的进程。而对其他阶层的女性，甚至其他阶层的部分男性来说，参与政治都是通过一系列改革、经过长期奋斗才得以实现的。贵族女性不参加劳动，但是并不代表无所事事，虚度光阴，她们协助丈夫管理庄园甚至是一些工商业活动，她们还能在地方选举、乡村慈善甚至是女王宫廷中有所作为，意义重大。她们的服饰变化、喝下午茶的习惯逐渐成为当时各个阶层竞相效仿的风尚，甚至传承而成为一种英国传统文化，影响深远。

工业的发展、财富的积累，使得维多利亚时代的中产阶级迫切需要自己的身份认同，中产阶级学者们提出了对社会性别进行"两分"的主张，形成了"两分领域"理论，并且把它看作中产阶级进行身份特征鉴别的核心标准。

随着中产阶级不断壮大而复兴的福音主义将女性构建成"家庭天使"，甚至为了让女性的家庭生活有意义，福音主义不惜用一切溢美之词称颂家庭，宣称"家庭是安宁有序社会的基石，妻子和母亲是家庭的核心。"[1] 而女性作为家庭天使，是"丈夫永远的朋友和伴侣，而非他的对手，她以丈夫的利益为自己的利益……她会将他的房子、他的家以及其他各方面都安排妥当。她是慈爱的母亲、勤劳的家庭主妇。"[2] "家庭天使"形象逐渐作为维多利亚时代女性的完美标准而被广泛宣扬。虽然中产阶级女性被"家庭天使"的角色定位囿于家庭内部，使得其社会活动受到诸多限制，但是，

---

[1] 杰里米·帕克斯曼：《英国人》，严维明译，上海：上海译文出版社 2000 年版，第 242 页。
[2] Suzanne Fagence Cooper, *The Victorian Women*, V&A Publications, 2001, p. 10.

如此便避免了家庭、工作的双重负担，雇用仆人也能使其摆脱沉重的家务劳动，有更多闲暇时间去提高自身修养，利于女性意识的觉醒。因而，她们最早认识到女性的从属地位，并为改变这一现状展开艰难的斗争。

中产阶级男性把本阶级的女性安置于家庭，利用其鼓吹的道德天使理论企图把中产阶级女性的道德教化作用限制在家庭领域之中。但是，中产阶级女性对此作出了有利于自己的解释，既然女性在道德上具有优越性，就应当允许他们去改造社会。这样，19世纪中叶以后，中产阶级女性首先作为具有高尚道德价值的榜样，走出家庭，进入社会，成为社会慈善工作者。

随着女权意识的觉醒，女权主义高涨，爆发了以争取男女平权为中心目标的女权运动，在政治、经济、社会等方面争取男女平权。中产阶级女性作为运动的主力，对女权主义运动的发展有很大作用。中产阶级女性凭借自己的斗争，获得受教育的权利，获取工作自由、拥有财产的权利。同时，她们还通过建立"全国女性参政会"等重要女性组织，出版小册子宣传女权，组织沙龙，向议会递交请愿书等活动来要求政治选举权。但是，直到1928年，她们才与男性享有同等的政治权利，参政历程之艰辛不言而喻。维多利亚时代的中产阶级女性为冲出家庭的藩篱，在生存中求发展，为女权而斗争。

贵族女性和中产阶级女性都不从事直接生产活动，但是对于生活并不富裕的工人阶级来说，男性并不是家庭中唯一的劳动力，妻女也会参加工作，挣钱养家。劳工阶层的女性为了生计和家庭，或者到工厂、农场做女工，或者到中产阶级以上的人家做女佣，或者承接一些可以在家中做的活计。她们外出工作不是心甘情愿的，而是生活所迫，一旦家庭经济条件好转，她们便离开工厂，回归家庭。19世纪后半期，当工人的工资有所提高之后，大量工厂女工便重新回到家中。"19世纪中期，女性就业的范围相对男性缩小了，女性就业率也下降了，而已婚女性就业率的降低是非常明显的。"[1] 她们在直接参与社会生产劳动的同时，还要承担繁重的家务劳动，承受着资本主义和父权制的双重压迫。她们虽然走出家庭，走入社会，但地位是所有女性中最低的。

即使她们有工作的机会，但是并不能与男性同等，政府还通过一系列社会立法，对女工的工作时间及工作环境予以限制，虽然是对女工的一种保护性政策，但是无形中让女性丧失了与男性同等的就业机会。而且，女工虽然加入产业工人大军的行列，但是劳动条件恶劣，报酬低微，"直到19世纪末，女工的平均工资仍不及男工的一半。"[2] 其收入在法律上是属于丈夫的，一位在矿井下工作了9年、名叫伊丽莎白的17岁女矿工曾说："工资不是交给我自己，雇我的人把它交给我父亲了，我不知道究竟有多少。"[3]

为改善险恶的处境，早在1788年就有女性组织鼓动女工通过捣毁纱机进行反抗。因为被男性工人组织的工会拒之门外，加之女工除棉纺织业外又大多数在小作坊、小工厂工作，导致建立组织相对困难，因而，英国劳动妇女运动从一开始就倾向于与中产阶级妇女运动合流。[4] 19世纪70年代，在一个名叫爱玛·帕特森的中产阶级女性的帮助下，不能加入工会的女工被组织起来，在1874年建立了"妇女先知和保护同盟"（WPPL），

---

[1] Katrina Honeyman, *Women, Gender and Industrialisation in England 1700-1870*, Macmillan Press, 2000, pp. 72-73.
[2] 闵东潮：《国际妇女运动：1789—1989》，郑州：河南人民出版社，1991年版，第48—49页。
[3] 罗伊斯顿·派克编：《被遗忘的苦难——英国工业革命的人文实录》，蔡师雄等译，福州：福建人民出版社1983年版，第238页。
[4] 闵东潮：《国际妇女运动：1789—1989》，第97页。

但最终这一同盟遭到失败。在维多利亚时代建立独立的女工工会困难重重，女工们只能与男性工会合作建立联合工会争取自身权益。

在男子获得普选权后，劳工阶层女性也将女性选举权问题提到英国政治生活的议事日程上。1893年，艾斯特·罗珀首先在兰卡郡拉开了工人女性参政运动的序幕。1900年，兰卡郡女工参政运动再次掀起高潮，终因没有得到工人运动的支持而失败。劳工女性的参政运动只能依靠中产阶级女性。与中产阶级女性参政是为获得男女平权不同，女工参政是为获得自身经济和社会权利，希望按照自己的意愿改善自身的状况，如争取男女同工同酬，工人子女受教育以及社会福利等。

劳工阶层的女性无论是工厂工人、农场工人，还是家庭女佣，都要操劳于生计和家务之间，她们的地位并没有因为走出家庭而有所改变，她们的政治、经济和法律地位低下，要想改变现状，必须与其他运动合流。她们为面包而行动，在斗争中求生存。

因而，除了贵族女性能够凭借身份地位参加一些社会活动外，其他阶层的女性被限制在自己的世界中，要有社会活动就必须冲破舆论、传统观念的束缚，展开艰辛的奋斗。在贵族色彩浓厚的维多利亚时代，贵族女性作为贵族阶层成员，自身就有中产阶级与中下层劳工女性所无法企及的权利，并且凭借自身的政治、经济特权，对英国社会发展产生了一定程度的影响，其作用不可忽视。

第二节 贵族女性的社会活动

这一时期，贵族女性利用自己的社会优势地位与条件，多方位地参与社会活动，在政治、经济、社会慈善等活动领域均有不俗的表现。

一、贵族女性与政治

维多利亚时代的英国在传统中缓慢变革，在政治上尤为如此。贵族的特权使得贵族能继续操纵英国政治，无论在国家政治层面，还是地方政治层面，都依然保有权势和影响。从18世纪起，贵族在政治、经济、社会、文化方面的特权与权威就是无可比拟的。而贵族在政治方面最突出的表现之一就是"利用政府的力量，步步为营，抵制任何激进的政治挑战"，[1] 以维护贵族的政治特权。在腐败的议会选举制度下，贵族贿买、宴请、恐吓选民的现象司空见惯，贵族控制议会下院议员选举的手段层出不穷。尽管维多利亚时代的英国经历了几次议会改革，但在1888年议会改革以前，改革的出发点和成效都与民主的道路相悖，是改革者为维持现存制度而做出的让步与妥协的结果。

维多利亚时代早期的政治，基本上是对1832年议会改革的延续。1832年，辉格党顺应强大的社会压力促成了英国第一次议会改革，在选举权和议席分配方面做了调整和规定。根据改革法案，年值10镑房产的选举资格使中产阶级成为选民主体，然而，中产阶级并没有获得政治上的控制权，只是更多地分享了权力。工人阶级因为财产资格的限制被排除在选民之外。在议席分配方面，议席分配与人口分布依然不相称。50%的口袋选邑被保留下来，选邑选民的平均数不到900人，还有几个人数在一万以上的城镇不能选举自己的议员。郡的选举基本保持不变，90%左右的郡选民受到地主的控制，[2] "衰败选区"和贵族指派议员的陋习依然存在，贵族寡头在政治上的垄断势力也没有受到摧毁性打击。在新法案下的第一届

---

[1] 阎照祥：《英国近代贵族体制研究》，第112页。
[2] 刘成：民主的悖论——英国议会选举制度改革，《世界历史》2010年第2期。

下院议员中，贵族家族出身的议员占 70% 到 80%，只有不到 100 名议员是银行家、商人和工厂主。[1]1859 年，议会下院中依然有 110 个议席被 31 个贵族所控制。[2] 甚至到 1865 年，议员中贵族、从男爵、因婚姻或继承关系与贵族有密切关系的人仍有 325 名，占总数的一半。

从改革动机看，辉格党人认为改革是"捍卫和保存英国贵族的政治天职"的一种手段。[3]1830 年的法国"七月革命"使民主运动席卷欧洲，受其影响，英国激进运动更加高涨。辉格党贵族认识到，只有对中产阶级做出让步，才能有效避免法国式的共和，才能避免旧制度的毁灭。力主改革的格雷明确承认："我的改革原则是防止革命"，[4] 也直言不讳承认 1832 年改革法案是"议会曾经提出的最富于贵族特征的措施。"[5] 正如霍布斯鲍姆所言："若非受到辉格和托利两党的抑制，某种革命形势应可在 1831—1832 年的英国发展起来"。[6] 如此，1832 年议会改革只是贵族避免革命的手段，继"光荣革命"之后，英国贵族再次通过妥协最大程度保留了自己的权势。

在地方各个郡里，土地贵族通过与佃农的庇护关系来影响佃农的选举意向，佃农拒绝按照地主的要求投票选举就会遭到驱逐。纽卡斯尔驱逐了 40 个拒绝投票给萨德勒（Sadler）的家庭，索尔兹伯里勋爵驱逐了 35 家拒

---

[1] E. J. Evans, *The Great Reform Act of 1832*, London & New York, 1983, p. 41.
[2] 程汉大：《英国政治制度史》，第 232 页。
[3] Harold A. Ellis, Aristocratic Influence and Electoral Independence: The Whig Model of Parliamentary Reform 1792-1832, *Journal of Modern History*, vol. 51, No. 4, 1979.
[4] 刘成：民主的悖论——英国议会选举制度改革，《世界历史》2010 年第 2 期。
[5] Charles Seymour, *Electoral Reform in England and Wales: The Development and Operation of the Parliamentary Franchise, 1832-1885*, Kessinger Publishing, 1915, p. 43.
[6] 艾瑞克·霍布斯鲍姆：《革命的年代：1789—1848》，王章辉等译，南京：江苏人民出版社 1999 年版，第 145 页。

绝按其意志投票选举议会下院议员候选人的人，埃克塞特侯爵在 1847 年驱逐了 22 个选民，贵族的权势可见一斑。[1]

针对贵族操纵、控制选举的行为，社会上声讨的声音不断出现，这也能从侧面反映出贵族对政治干预的广度与深度。1846 年，议会下院议员约翰·科利特谴责贵族对选举的控制"太普遍、太明目张胆、太臭名昭著"。乔治·汤普逊在请愿书中抱怨伦敦德里勋爵控制选举的所做作为，并建议终生流放那些干预选举的贵族。甚至在 1832 年议会改革之后 40 年，这些抱怨依然存在。[2]

因而，维多利亚时代早期的政治主导权仍然控制在贵族手中，1832 年的议会改革并没有从根本上改变这一点，马克思曾对这次改革评论道："恐怕还从来没有一个这样强大的、看来似乎成功的人民运动得到这样微不足道的表面的结果。"[3]

1832 年改革证明英国可以通过改革的方式避免革命，维持现存制度，但也由此打开了议会改革的大门，议会改革一发而不可收。工人阶级在 1832 年议会改革中一无所获，继而发起了宪章运动，并提出了自己的政治诉求。在美国内战和意大利统一运动的影响下，英国国内要求改革的呼声日益高涨。1864 年，以中产阶级为主的"全国改革联盟"成立，力求通过中产阶级和工人阶级的联合，实现扩大选举权、秘密投票和平均分配议席的目的。1865 年，以工人阶级和激进派左翼为主要成员的"全国改革

---

[1] Alan Heesom, Legitimate versus Illegitimate Influences: Aristocratic Electioneering in Mid-Victorian Britain, *Parliamentary History*, 1988, pp. 282-305.
[2] Ibid, pp. 282-305.
[3] 马克思、恩格斯：《马克思恩格斯全集》，第 11 卷，中央编译局编译，北京：人民出版社 1974 年版，第 437 页。

同盟"成立，主张成年男子普选权。其时，英国两大政党逐渐成型，以迪斯累利为首的保守党和以格拉斯顿为首的自由党为了赢得大选，争相进行改革，最终议会通过了迪斯累利的改革法案，保守党时隔多年终于重新执政。但是，我们注意到，1867年3月18日，迪斯累利在议案一读时的议会发言中说道，改革议案是为了维护传统的"特权"。由此看来，1867年改革也不过是保守党上台执政的一种策略，无关乎真正的民主。

从改革的具体实施来看，1867年议会改革虽然再次降低了财产资格限制，取消了46个"衰败选区"，还引入了房主选举权，但是，英国将近一半的人口仍然没有受到改革的影响，下层工人和全部农业工人依然没有选举权。[1] 而且，在地方各郡，给予每年缴纳12镑以上地租的租佃者选举权资格，导致贵族可控制的选民增多，实际上使土地贵族比以往更占优势。

在这之后通过的《秘密投票法》、《取缔选举舞弊法》的颁布，才真正限制了贵族操纵控制选举的可能性，贵族操纵、控制政治的基础遭受了严重的打击，民主政治才有真正意义上的开端。

纵观维多利亚时代的政治改革，我们不难发现，改革仅仅是当权者避免革命的手段与工具，试图在妥协中最大可能地保有传统特权，但一次次改革的深入以及改革的实效，却是他们始料未及的，在民主的悖论中英国最终走上了政治民主化道路。

维多利亚时代英国的政治变革频繁而又缓慢，直到维多利亚时代末期，民主政治最终取代了贵族寡头政治。而维多利亚时代早中期更多的是对维多利亚时代以前社会的继承与延续，贵族政治依然强盛，也深得民心。

---

[1] 陈祖洲:《通向自由之路——英国自由主义发展史研究》，南京：南京大学出版社2012年版，第184页。

作为贵族特权阶层的成员，贵族女性从小就被教导要积极参与丈夫、父亲、兄弟的政治选举，多萝西·内维尔夫人回忆道，她和姐姐还小的时候，就骑着马在选举队伍前面走向投票现场。[1] 在贵族控制议会上下两院的时代，几乎所有有儿子、兄弟、丈夫的贵族女性一生中都有参与竞选的经历。[2] 这样，很少有贵族女性能完全隔绝在选举政治之外。维多利亚时代贵族女性的政治活动大体上延续前代贵族女性的活动，无论在地方选举还是政党政治中，都有其施展影响的痕迹。而且，维多利亚时代的社会仍然是男权社会，国家政治职位都被男性占据，女性没有直接参与政治的权利，贵族女性也是如此。因而，贵族女性即使能参与政治，其方式也都是间接的，其活动内容可以简单概括为伴随候选人出席投票现场；举办宴会；作为庇护人施展庇护；作为受庇护人接受庇护等等。

伴随候选人出现在投票现场，是贵族女性参与政治最常见的方式。这种活动在18世纪就已经司空见惯，"妻子帮助丈夫竞选成为新兴亮点，美丽的脸盘、身段和典雅的风度竟然可以博取选民的好感与喝彩，赢得选票。"[3] 最著名的贵族女性参政的事例，是德文郡公爵夫人乔治亚娜·斯潘塞为帮辉格党人福克斯拉选票，不惜对底层选民笑脸相迎，甚至亲吻屠夫，引起了层出不穷的斥责批判声。虽然招致了批判，但乔治亚娜的出现无疑对福克斯的竞选成功起到了至关重要的作用。到了维多利亚时代，贵族女性的号召力依然存在，贵族女性的出现，可以迅速召集人群的聚集，

---

[1] K. D. Reynolds, *Aristocratic Women and Political Society in Victorian Britain*, Clarendon Press, 1998, pp. 130-131.
[2] David Cannadine, *The Decline and Fall of the British Aristocracy*, New Haven: Yale University Press, 1990, p. 184.
[3] 阎照祥：《近代英国贵族体制研究》，第116页。

给候选人做必要的竞选演讲奠定了群众基础。

　　贵族女性也可以政治女主人的身份举办宴会，以此参与到政党政治之中。女主人们举办的宴会通常具有不同形式，各具特色。霍兰夫人和泽西夫人通常会策划小型晚宴，把客人团结在对政党的忠诚上。帕默斯顿夫人把晚宴等场合作为她的主要活动场所，邀请持有不同政见的人前来。瓦德格拉夫夫人在卡尔顿花园举办晚会，并且把周末宴会的概念引进到草莓山，这个宴会对所有人开放，她的客人中有各种社会地位、各种职业的人，比她的前辈们的客人更加广泛。[1]

　　艾米丽·帕默斯顿是最成功的政治女主人的代表，在伦敦季期间，每个周六她都会定期举办宴会，为宴客们提供了一个方便会面的场所，而这对政党也是大有裨益的，因为私密的几句话通常会比长久的交谈更有效。[2]"她巩固了政党的朋友圈，吸收了那些摇摆不定的人，平息了帕默斯顿的政敌"，"英格兰没有一个政治女主人能与艾米丽在剑桥宅院举办的宴会相媲美……据说，一张她的宴会的邀请函就足以拉拢政见摇摆不定的人。"[3]举办宴会表面上是一种娱乐活动，但是政治女主人的目的并非如此。艾米丽并不把宴会看作莉奥诺·达维多夫所言的"婚介机构"，而是看作"政党政治的工具"。1849年，面对废除议会海军法案的僵局，艾米丽写信给丈夫，询问议会讨论海军法案的时间，"如果是28日开始，也许我最好能在28日之前举办一次宴会，它可以将政党团结起来，使其信念保持一致，还能联络政党内部人士的感情。"[4]如此，这些宴会的政治意义不言

---

[1] K. D. Reynolds, *Aristocratic Women and Political Society in Victorian Britain*, p. 160.
[2] Ibid, p. 171.
[3] Ibid, p. 172.
[4] Ibid, p. 174.

而喻，娱乐社交意义反而降为其次。

第二次议会改革扩大了选举权，贵族政治文化权威受到削弱，政治女主人的活动就是旧制度和与贵族关系密切的新兴富豪相互融合的催化剂。[1] 通过宴会加强新旧社会力量的交流与联系，从而维系贵族的残存势力。例如，瓦德格拉夫夫人的接待室对辉格党、托利党和激进主义者开放，同时还接纳艺术家、自然科学家、文学家。她打破了宴会的政党性质的局限，有益于各界的交流，减少针对贵族的敌对情绪。

贵族女性生活在复杂的社会关系网中，通过庇护制度，她们为自己家族、为他人谋取政治利益。作为庇护人，贵族女性为受庇护的人谋取福利。1865年，W.E.格莱斯顿向其密友哈里特·萨瑟兰寻求帮助，想为自己的大儿子求得一个合适的位置。她联系了自己的女儿，即威斯敏斯特侯爵继承人的妻子，结果得到格罗夫纳和他父亲的帮助，为格莱斯顿的大儿子在维利（Willy）安排了一个席位，而格莱斯顿在竞选时也得到了格罗夫纳勋爵的支持。而作为受庇护人，贵族女性往往向比她地位更高的人寻求庇护，但是这种庇护不是为自己，而是试图通过自己的活动为自己家族、阶层和自己所在的政党谋取更大的利益。

贵族女性甚至可以作为自己丈夫的政治代言人，替他们发言。内政大臣妻子哈考特夫人曾作为引荐人为女王引荐法国大使妻子玛丽·沃丁顿。1847年，凯瑟琳·克拉伦登与一位农业演讲家进行了对话，随后把会面记录写报告给首相罗素勋爵。[2]

这一时期，贵族女性的活动有一个明显的趋势：在全国范围内，那些

---

[1] Arno J. Mayer, *The Persistence of the Old Regime: Europe to the Great War*, Croom Helm, 1981, pp. 91-92.

[2] K. D. Reynolds, *Aristocratic Women and Political Society in Victorian Britain*, p. 186.

19世纪30年代之前就名声显赫的贵族女性（例如，泽西夫人、帕默斯顿夫人、伦敦德里夫人、萨瑟兰公爵夫人等），在选举过程中毫无疑问能发挥重大作用。但是，在那之后较年轻一代的活动影响力就降低了：米尔顿夫人、罗素夫人就是典型的例子。19世纪70年代后期和80年代贵族女性的活动有一定复苏，例如德比夫人、索尔兹伯里夫人和路易莎·阿索尔夫人的活动。

19世纪70年代和80年代，贵族女性参与政治活动复苏，这其中既有延续以前的个人行为，又首次作为组织成员参与选举。19世纪80年代，《取缔选举舞弊法案》通过后，为了满足没有报酬的游说者的需要，贵族女性开始参与新的女性团体组织的活动。贵族参与人数最多的一个组织是保守党精英联盟（Conservative Primrose League），该联盟创立初期就有一个女性分支，马尔伯勒公爵夫人就曾任妇女友好委员会主席（Ladies Grand Council）。女性自由联盟（Women's Liberal Federation）也受到了贵族的资助，但是，对爱尔兰自治的不同态度导致了自由党内部分裂，大部分的贵族女性也退出了联盟。

政治组织为贵族女性提供了新的参与选举活动的平台，但是受制于同等的男性组织，其作用较小，而且这些组织受其他阶层女性掌控。所以，不能说贵族女性通过这类组织对政治选举起到多重要的作用。但是，无论如何，它确实为游离在选举过程之外的女性提供了担任公共角色的机会。路易莎·阿索尔夫人是精英联盟的阿索尔分部的主席，1887年，她向这个组织发表了一次演讲，尽管她自身不喜欢做这类公共事务。索尔兹伯里夫人向安妮·萨瑟兰解释联盟如何能收到与旧时的影响相同的效果：在哈特菲尔德，几乎所有的工人和他们的妻子都是联盟成员，尽管佃农可以按照自己的意愿自由投票，我们需要做的就是尽可能多地拜访这些佃农，还要继续联盟的工作。[1]

随着议会选举改革的不断推进，贵族女性在政治上的作用逐渐缩减为一种仪式上的作用。兰多夫·丘吉尔在她的回忆录中写道："政治，如同慈善一样，任何人都能参与"，但对伦敦德里夫人和帕默斯顿夫人等老一辈的贵族女性来说，这种观点是不能接受的。对她们而言，政治与社会其他方面一样，都是受一系列严格的等级制度支配的。1888年，盖索恩·哈代谴责了女性在投票现场的活动，并对政治的排他性受到破坏而感到愤怒，为此，他在日记中写道："选举已经变成各个阶层男性、女性的工作，这一点儿也不让人高兴"。[2]

对于帕默斯顿夫人那一代人来说，参与选举是一项正常的活动，它是与贵族特权相关的职责和权力的一部分。虽然下一代人的活动有所收缩，势力也不如从前，但她们也能通过女性政治组织采取新形式的活动。

贵族女性的政治参与显然是英国贵族政治文化的一部分，是家长式统治的表现。而不是帕特·贾兰德、布莱恩·哈里森和马丁·普格赫所认为的，贵族女性参政是女性政权论者的前辈、女权主义者的原型，正如雷诺兹所言，维多利亚早中期的政治女主人不是现代女性政治的源头，而是长期贵族统治的结束。[3] 艾米丽·帕默斯顿、莎拉·泽西和弗朗西丝·瓦德格拉夫与莎拉·马尔伯勒和阿比盖尔·马莎姆以及乔治亚娜·德文郡在参与政治上有更多的相似之处，而不是女权主义者米莉森特·加勒特、南希·阿斯特和艾伦·威尔金森等议会、社会主义者的政治。贵族女性从来不像中产阶级女性那样认为自己被排除在政治活动之

---

[1] K. D. Reynolds, *Aristocratic Women and Political Society in Victorian Britain*, p. 151.
[2] Ibid.
[3] Ibid, p. 153.

外，因而，贵族女性参政与维多利亚时代中后期女性参政没有继承性，两者是不可同日而语的。

二、贵族女性与经济

维多利亚时代的英国经济经历了巅峰时期，但也是其衰落的开始。

维多利亚时代早期，英国基本上完成了第一次工业革命。随着工业革命的完成，英国成为世界上第一个工业国，工商业资产者越来越希望实行自由放任的经济政策，亚当·斯密、大卫·李嘉图等政治经济学家的理论大受欢迎，在反《谷物法》同盟等社会运动的压力下，1848年终于废除了《谷物法》，1849年实行了300年的《航海条例》也被废除，不再坚持用英国船运货的限制，1852年议会更是发表声明，宣布自由贸易是英国的国策，1853年取消沿海贸易限制，外国船与英国船享有同等地位，这一年还取消了123种货物的进口税，并减低另外133种货物的进口税，半成品和原料都免税进口。英国自此进入自由资本主义的极盛期，自由放任主义极盛一时。

但是，英国从来就不单纯是一个工业化的社会。一些古老的影响，也就是工业化以前的社会等级制所遗留的种种形式以及伴随着他们的种种价值，一直到维多利亚长期统治的最后几十年仍然普遍存在。[1]而作为工业化以前社会代表的贵族，也在努力调试自身去适应新社会、新事物、新时代。

英国产业革命是从农业开始的，贵族通过圈地运动不仅扩充了地产，还借机对农业进行改造。18世纪辉格党政治家汤森首倡的"诺福克耕种法"得到了推广，为他赢得了"萝卜勋爵"的绰号。贵族还利用雄厚的资金增加基本设施，开发、改造湿地，创办湿地农场，波特兰公爵被称为"精力充沛的排水家"。19世纪初，斯宾塞伯爵积极宣传土地改良和良种

---

[1] 阿萨·勃里格斯:《英国社会史》，第277页。

培育，被同代人视为"英国农业的伟大赞助者"。[1] 贵族们还建立农业组织来推广农业改革，1838 年的约克农业联合会的一名会长和四名副会长都是公爵或伯爵。19 世纪 50 年代，各地农业团体多达 700 余个，不少团体都有贵族参加或得到他们的支持。

与此同时，在资本主义利润的吸引下，贵族顺应工业革命的发展，积极投身于工业、交通运输业等领域。在维多利亚时代，贵族的经济活动还获得了皇家的鼎力支持。维多利亚女王的丈夫阿尔伯特亲王提倡农业改革，并身体力行，在温莎宫附近建模范农场，并赞助发起了 1851 年的万国博览会，这次博览会由贵族组织，向全世界展示了工业革命后英国经济的绝对优越地位，令人震惊。"到展会结束时，共售出 600 万张票，有一天竟有 10 万多人参观"，[2] 展会也为英国带来了丰厚的收入。"……热心与地产密切相关的工商业，成为近代英国贵族经济活动上的一个极其出色的亮点。"[3]

作为贵族阶层的成员，贵族女性在延续前代贵族女性经济活动的同时，也有了新的突破。

维多利时代的贵族女性依然坚持传统的贵族经济活动，主要表现为：管理庄园内部的经济事务，符合条件的贵族女性到宫廷任职，担任宫廷侍女从而领取报酬。

19 世纪庄园的管理通常被看作是男性的工作，女性仅仅被认为是财产的转移者。但是在实际生活中，贵族女性往往对管理庄园内部的经济事务表现积极，而她们参与的程度主要取决于婚姻状况，寡妇拥有最大的自由，已婚女性受限制最多。不管是权宜之计还是长远谋算，贵族女性的庄

---

[1] V. Beckett, *The Aristocracy in England, 1660-1914*, p. 160.
[2] 哈维·马修:《19 世纪英国：危机与变革》，第 245 页。
[3] 阎照祥:《英国近代贵族体制研究》，第 153 页。

园活动都证明了贵族女性因为其特殊的社会地位而被期待在家族产业中有经济贡献。

在等级色彩浓厚的维多利亚时代，贵族行为的象征性和形式性特别重要，而贵族女性却能在丈夫、儿子外出时代表他们给佃农和劳动者讲话，正如汤普森指出的那样，在地主看来，土地所有的核心概念是管理工作：土地通常是为下一代代管，由男性来代管只是权宜之计，没有绝对的理由让代管不经由女性转移给下一代。[1] 因而，贵族女性不可避免要参与庄园的经济活动，并且大多数能充分利用参与的机会，尽管《1882年已婚女性财产法案》之前的那些关于女性财产所有权的法律使得已婚女性以自己的名义参与商业变得极其困难。

代表不在场的丈夫不仅仅是象征性的过程，还需要承担日常管理的责任。1852年，马姆斯伯里勋爵写道，考虑到诺森伯兰公爵是第一位贵族海军上将，诺森伯兰公爵夫人以必须要管理公爵的私人商业事务为由，拒绝了宫廷侍女主管的职位。[2]

雇用一个优秀的代理人对庄园的良好运作至关重要，贵族女性经常参与招募。1863年，萨默塞特公爵夫人给丈夫的信中总结了代理人工作的条件，并且显示了女性在这种重要任命中的参与："我已经见过那个人了，我很满意他的行为举止——动作敏捷，是一位受过良好教育的绅士——他看起来很聪慧并且十分坦率。"[3]

而在管理庄园经济事务上最具有代表性的是弗朗西斯·瓦德格拉夫。瓦德格拉夫从她前三任丈夫的遗嘱中获得了大量地产，她庄园的代理人除

---

[1] F. M. L. Thompson, *English Landed Society in the Nineteenth Century*, p. 6.
[2] K. D. Reynolds, *Aristocratic Women and Political Society in Victorian Britain*, p. 44.
[3] Ibid, p. 51.

了需要支票支付工资外，很少同她现任丈夫卡林顿勋爵交谈。如果说卡林顿勋爵负责庄园的日常具体事务的话，那么瓦德格拉夫就掌管财政大权。而这显然与传统庄园管理模式相反。19世纪70年代，年轻的汉娜·罗斯柴尔德从父亲那里继承了巨大财产，直到1878年嫁给罗斯伯里勋爵前，都是自己管理庄园的大小事务。萨瑟兰公爵的代理人不顾公爵的保留意见，就改善村舍条件、修改租约等问题与公爵夫人进行商讨，并且回信中还讨论了森林、草地、村舍改善、鹿的购买、农业展览的类型等问题。[1]

宫廷和王室能为部分贵族女性提供就业的机会。已婚的贵族女性，可以担任侍女和宫廷侍女，但是她们的丈夫不能在国家政治生活中起主要作用。在阿尔伯特亲王去世后，侍女的职位大多由寡妇占据，贵族的未婚女儿或者孙女则主要担任荣誉侍女。但是，要进入宫廷任职必须要符合严格的要求：会法语和德语，无论书面还是口头表达都要流利，这对于同女王的拜访者交流至关重要；具有一定的音乐才能，陪伴女王、阿尔伯特亲王以及后来的王子们；会骑马，因为必须要陪同王室成员；具有良好的社交能力，以便与女王的客人们交谈。

维多利亚女王寝宫人员的基本构成在1837年女王即位不久就确定下来了，在以后的60年间几乎没有改变。内侍部分主要有8名侍女（ladies in waiting）、8名寝宫侍女（women of the bedchamber）、8名荣誉侍女（maids of honor）以及1名身着长袍的女管家（mistress of the robes）。其中侍女一年有500镑的收入，荣誉侍女每年300镑，两人一组，每年在宫廷生活三个月，寝宫侍女通常每年也是300镑，最初与女王住在一起，1840年女王成婚后她们的职责就仅限于仪式上的陪伴。

---

[1] K. D. Reynolds, *Aristocratic Women and Political Society in Victorian Britain*, p. 45.

女管家的职责最为明确，要陪同女王出席公共场合以示权威，还要积极管理女王的事务。到19世纪80年代，女管家最为繁重的工作，是代替女王搜寻有潜力的侍臣、作为中间人在女王与申请者之间进行协调、起草各位侍女值班表等，最重要的职责是处理女王个人服装目录、为商人发放许可证等，她们甚至可以向财政部申请增加员工的工资和抚恤金。19世纪80年代，霍蕾西娅·斯托普福德和哈莉特·菲普斯作为女王的秘书接管了起草值班表的工作。

　　居住在宫廷的侍女和荣誉侍女的工作就相对轻松许多，她们要做的就是陪同女王出席活动，等待女王的传唤。1839年，莎拉·利特尔顿写道："穿戴整齐，说着法语，楼上楼下不停地行屈膝礼，让我觉得有点厌烦。"[1]在外国君主到访或者女王出国访问时，她们还要负责招待访问者的侍臣。

　　维多利亚宫廷侍女的任命都会刊登在《伦敦公报》上，她们进出宫廷的情况都会记录在宫廷报纸首页的专栏，她们的日常活动都会报道给公众以供消遣之谈资。这样，贵族女性到宫廷任职的社会性就凸显出来。贵族女性可以自己的身份出现在公众视线中，而并不用借助丈夫、兄弟等的陪同，而这是普通女性所无法企及的。

　　尽管女王的宫廷无疑是贵族式的，虽然寝宫人员的首脑是公爵夫人，并且在社会上、政治上地位显赫，但是极少数的职位会落到显赫贵族成员的头上。在阐述职务任命的等级需求时，维多利亚女王解释道："这些职位就是女王对生活状况不佳的贵族提供帮助的。"[2]宫廷任职能够提供一份固定的收入，而且公众地位尊贵，是一种特殊的就业形式。这份收入足以让一位未婚年轻女性经济独立，还能免除家庭三个月的住宿伙食费。雷文斯

---

[1]　K. D. Reynolds, *Aristocratic Women and Political Society in Victorian Britain*, p. 208.
[2]　Ibid, p. 202.

沃斯夫人给接受了宫廷职位的女儿乔治亚娜·利德尔的建议中就包含了对如何分配独立收入的建议。如此看来，女儿的日常开支已经不是父母的责任，到宫廷任职能减轻家族的负担。而且，未婚侍女结婚时，女王还会给她们价值 1000 镑的嫁妆，这对她们家族提供的嫁妆是有力的补充。

对满足条件而又生活拮据的贵族女性来说，到众人瞩目的宫廷任职，能为她们提供一份有帮助的工作、一种经济独立的途径以及一个牢固的社会地位，而且还能减轻家族的财务负担，对家族的发展也是大有裨益的。

一些开明贵族顺应工业革命的洪流，积极投身于工商业中，获得了可观的收入。他们或者是在自己的土地上开采资源，或者是通过租金盘剥劳动者的工资或是其他人的投资，贵族妇女则随同贵族男性参与到工业革命中。

贵族女性还会参与一些其他经济活动，而这主要取决于其家族在这些经济活动中的地位与作用。1806 年，泽西公爵夫人莎拉成为伦敦的柴尔德银行（Banking House of Child & Co.）的大股东与高级合伙人，从此直至去世，她都行使着属于自己的权利。伦敦德里侯爵夫人弗朗西丝·安妮和夏洛特·盖斯特夫人是贵族女性参与商业的最佳典范。19 世纪 60 年代，她们都接手了工业生意，并因为出色的管理而获得了公众的认可。

在这个时代，铁路是很明显的男性商业领域。但是，伦敦德里侯爵夫人弗朗西丝·安妮也表现积极，她投入到铁路上的热情让她的朋友很是费解。拉特兰伯爵说："我一直不能理解你怎么会找到方法去完成手头这么多事情，你对把一条 3 里的公路延长 2 里不以为意，但是，如果我可以有一条长 5 里的铁路，我就可以增加我在德文郡的煤铁生意的收入，如果我可以自己动工实现的话我就高兴地进入天堂了！"[1]

---

[1] K. D. Reynolds, *Aristocratic Women and Political Society in Victorian Britain*, p. 62.

伦敦德里侯爵夫人弗朗西丝·安妮很早就致力于经营从家族继承的煤矿。不过，在她的婚姻生活存续期间，其财产的增加是在侯爵夫人的名义下进行的。她和丈夫的关系不同于一般的夫妻模式，她本身即是贵族后代，而且在婚姻关系中是财富的转移者，而她的丈夫则是她财产的忠实代理人，丈夫的地位要低于她，1854年她丈夫去世之后煤矿业又归还给了她。尽管伦敦德里侯爵在工业经营上表现积极，但是，弗朗西丝·安妮能作为女主人通过已经建立起来的政治关系为工厂谋福利。她反对1842年限制女性和童工地下作业的法案，在这个问题上与首相迪斯累利有过很多通信。[1] 她在很大程度上把她的工厂作为自己庄园地产的简单延伸。

夏洛特·盖斯特夫人是贫困的第九代林赛伯爵的女儿，后来嫁给了道莱斯（Dowlais）的铁工厂厂长约书亚·约翰·盖斯特，才得以避开不幸的家庭生活，并且给她具有社会抱负的工业家和议员丈夫带来了进入上流社会的机会。婚后，她同意做丈夫的秘书，并且坚持了13年之久。她一直负责写信、抄写信件复件、做会计、安排准备一切事务，只有怀孕期间有过停歇。"他们很赞赏我的工作，专门为我设置了一间办公室，这样就可以用来摆脱格罗夫纳广场（Grosvenor Square）寻欢作乐的干扰，相比起在舞会的欢乐，我更乐意计算以50%的佣金运送铁的利润"，她在日记里写到，"我很高兴看到我们处于铁贸易的领导地位，不然我就不能以这间办公室为荣，不能以我在道莱斯的工作为荣，不能在一定程度上以作为一个女商人为荣。"[2] 这些商务训练也最终让她在丈夫生病期间能很成熟地处理生意，并在丈夫去世后成为工厂的管理者，并成为工厂理事，直到她再婚。

---

[1] K. D. Reynolds, *Aristocratic Women and Political Society in Victorian Britain*, p. 65.
[2] David Jones, Lady Charlotte Guest: Victorian Businesswoman: The life of the translator of "The Mabinogion", *History Today*, Jan 1, 1973, 23, 1.

夏洛特·盖斯特夫人也意识到，作为一个贵族女性，她所从事的经济管理工作与自己所在社会等级之间的不和谐。她写道："我深深地感受到性别方面的弱势，以及想到间接提到我的羞辱……自从我结婚之后，我致力于追求商业上的成就，炼铁会让我熟悉男性占主导的事业。有时候我想，我已经做得很好了，但是时不时地就被提醒尽管我辛苦工作，但是我的成功可能仅仅在某一方面，很大程度上我依然被社区的大部分人看作是众多平凡女人中的一个。"她不得不按照中产阶级期望的架构去行事，尽管她在铁工厂中散步时说："我总是觉得这里才是适合我的地方"。[1]

虽然这一时期有贵族男性直接参与工商业活动，分得资本主义利润的一杯羹，但是毕竟数量有限，并且投资重点放在依托土地的煤炭开采和交通运输等方面。但同时也有一小部分贵族女性积极参与到工业和商业活动中，成为性别限制下的经济活动中的特例。

三、贵族女性与社会慈善

维多利亚时代是英国社会大变革的时代，尽管政治生活、社会习俗、经济生活都发生了巨大变化，但贫困问题依然存在。

维多利亚时代的人们对贫困问题的认识依社会阶层的不同而有所差别。伴随工业革命的深入，自由放任主义盛行，中产阶级凭借自己的奋斗与勤俭积累了财富，成为社会新兴的富有阶层。他们认为贫穷是个人懒惰、道德沦丧的结果，是"酗酒、堕落和放纵的标记，主要是由个人懒惰、不节俭造成的，与社会制度无关"。[2] 他们鄙夷那些有劳动能力的穷人。代表劳工阶层利益的费边主义者认为，贫穷不是个人的错误，而是资本主

---

[1] K. D. Reynolds, *Aristocratic Women and Political Society in Victorian Britain*, p. 66.
[2] 陈晓律、于文杰、陈日华：《英国发展的历史轨迹》，南京：南京大学出版社2009年版，第278页。

义政治经济制度的必然结果，国家要有所作为，"保证我们社会的所有成员拥有起码的基本生活水平"。[1] 新自由主义者认为："广泛存在的社会贫困是财富分配不公平的结果"，[2] "国家有权在特定的条件下对私有财产进行干预"。[3] 在贵族色彩浓厚、社会等级结构明晰、家长制兴盛的维多利亚时代，贵族依然自视为社会领导者和责任者，认为自己对穷人尤其是自己庄园的穷人有救助的义务。

这一时期的慈善活动是在社会对贫困问题的认识基础上展开的。维多利亚时代的慈善活动主要有三种：贵族的个体慈善活动、中产阶级的个体慈善活动、教会等社会团体和慈善机构的慈善活动。这些慈善活动与以1834年《新济贫法》为核心的国家贫困救助、友谊会和工会等组织的互助救济一起，构成了19世纪英国社会的贫困救助体系。

维多利亚时代早期，慈善活动主要由贵族在乡村开展。贵族继承长久以来的社会传统，对自己庄园内部的依附者承担起家长制、庇护制下的救助职责，这些依附者是贵族慈善活动的优先考虑对象。贵族女性在开展慈善活动过程中扮演着重要角色，她们通过拜访，对穷人进行有针对性的救助。

维多利亚时代中期以后，中产阶级逐渐崛起，慈善活动在中产阶级组织推动下有较大发展。慈善活动由分散的个人慈善活动逐步发展到有组织的集体行动，科学的工作方法被引入，慈善活动不断职业化，大量慈善机构开始涌现。1861年仅伦敦就有640个慈善机构，1869年还出现了全国性指导机构——"慈善组织协会"。随着女权主义运动的展开，慈善活动成为中产阶级女性构建自己在公共领域地位的一种主要方式。她们拜访贫

---

[1] 乔治·柯尔：《费边社会主义》，夏遇南译，北京：商务印书馆1984年版，第22—25页。
[2] 陈晓律、于文杰、陈日华：《英国发展的历史轨迹》，第288页。
[3] 同上书，第287页。

民窟、参加并组建慈善组织，开展多样化的慈善活动。但是，受到对贫困原因偏颇认识的影响，中产阶级的慈善活动忽视了受助者的自尊，令受助者在接受救助时心中不快。

对于社会性的贫困问题，无论是贵族还是中产阶级都不能做到切实有效的救助，只有国家通过立法建立社会救济和保障制度，才是有效途径。此间，国家于1795年开始实施"斯品汉姆兰制度"，1834年颁布《新济贫法》，对穷人进行普遍救助。但这些制度和措施缺乏针对性，不能满足所有贫困者的要求，且根据《新济贫法》，接受院内救济者不仅受到许多限制，还被剥夺选举权等政治权利，令受救济者不愿在人格受到侮辱的条件下接受救济。

相对而言，贵族女性的慈善活动既能避免中产阶级慈善和《新济贫法》对受救济者造成的人格伤害，又能做到国家救济无法做到的具体而微的针对性，在维多利亚时代的慈善活动中具有明显优势。

维多利亚时代贵族女性的慈善活动主要是在乡村庄园内进行，并且随着时代的变化而不断扩展。基于对象的不同，贵族女性的慈善活动主要有两类：对庄园内部依附者进行的个人慈善活动、中产阶级慈善崛起背景下参与的有组织的慈善活动。贵族女性的慈善活动也因此具有自己的特点。

在维多利亚时代早中期的乡村社会，基于财富和庇护制的等级社会结构依然流行，并广为社会接受。几个世纪以来，贵族乡绅的统治、特权以及财富都是合法的，整个社会体系建立在不平等的地位关系之上。长期以来，贵族都在履行自己作为庇护人的义务。他们拥有管理权、享受等级特权的前提，是对其依附者有提供公共服务、施以慈善的道德义务。[1] 意大

---

[1] Jessica Gerard, Lady Bountiful: Women of the Landed Classes and Rural Philanthropy, *Victorian Studies*, vol. 30. No. 2（Winter 1987），p. 185.

利学者拉吉罗指出："法国的制度是穷人为富人花钱，而英国是富人为穷人花钱"。[1]贵族女性就是在这种道德约束的环境中成长起来的，这种道德义务在她们心中根深蒂固，成为一种潜移默化的影响力。

贵族女性的个人慈善主要在自己的庄园内部展开，通过对庄园依附者进行礼节性的拜访来实现。彼得森指出："拜访穷人是维多利亚时代一种最常见的慈善形式……甚至当我们对一个女性的慈善活动毫无所知的情况下，我们也可以断定她会拜访穷人。"[2]拜访需要捐赠者与受助者的直接接触，是一种面对面的直接行为。它也是一种非正式的活动，活动日期不定：可以是每日一次，也可以是每周固定的某一天，也可以在依附者有特殊需要时前去拜访。贵族女性不仅会亲自拜访，而且自己不在庄园时，还会委托女儿或牧师作为自己的代理人去拜访。

拜访以各种各样的形式进行，最常见的就是给依附者送些可以解燃眉之急的礼物，比如裙子、披肩、帽子、毛毯，甚至还会有煤炭、食物和药品等。她们还会留下来与穷人聊天交谈，了解他们的需求，从而更有针对性地进行救助。她们会给依附者分发一些小册子，为他们诵读、讲解《圣经》，并鼓励他们去领圣餐，一定程度上这也是一种灵魂拯救。为鼓励节俭自助，她们会组织煤炭、服装或者靴子俱乐部。她们建立主日学校并进行教学，开办仆人培训学校，举办学校聚餐招待庄园依附者。她们向有需要的家庭提供工作，这些工作岗位多为合适的申请人创造，不用等待空缺岗位的出现。[3]每年圣诞节，她们举办社交聚会，分发牛肉、布丁、煤炭

---

[1] 奎多·德·拉吉罗：《欧洲自由主义史》，杨军译，长春：吉林人民出版社2001年版，第8页。

[2] M. Jeanne Peterson, *Family, Love and Work in the Lives of Victorian Gentlewomen*, Indiana University Press, 1989, p. 133.

[3] F. M. L. Thompson, *English Landed Society in the Nineteenth Century*, pp. 187-190.

等。贵族女性的慈善活动涉及依附者生活的各个方面。

实际上，拜访穷人和病患是中世纪确立的贵族职责，贵族女性在贵族色彩浓厚的维多利亚时代不可避免地要遵从传统。在很小的年纪，她们就被教导照顾穷人是她们的职责。乔治亚娜·里德尔的母亲教育她"要对比你低等级的所有人和善，还要把你收入的一部分作慈善之用"。[1]贝特西夫人也记得她被教导要把慈善工作当作一种特权，"而不是困难，也不要当作一种美德"。[2]当然，她们也不像中产阶级那样把慈善作为一种事业或一生的工作，更不是作为构建自己公众社会地位的手段，慈善仅仅是贵族职责的一部分。而从依附者角度来看，他们把接受贵族女性的救济看作一项长久以来的权利。1843年，塞西莉亚·莱德利抱怨道："在普莱西，不管我走到哪里，我都有义务访问每家每户，不然他们就会忌妒。他们站在自家门口把我叫进门，以'嗨，亲爱的'开头，然后告诉我他们的需求和疾病。"[3]依附者甚至把《新济贫法》视为传统权利的丧失和社区福利削减的标志。[4]由此，无论是从贵族女性还是从庄园依附者的角度来看，贵族女性的个人慈善都是贵族社会家长制下不可逃脱的责任。

19世纪80年代之前，很少有贵族女性参与中产阶级垄断的有组织的慈善活动。随着贵族社会的逐渐衰微，依附者个人意识的逐渐增强，再加上日益严重的贫困问题，贵族女性个人慈善的弊端日益显现出来。在范围和程度上，个人慈善都不能对全国范围的贫困做出积极有效的救助。在这种情况下，贵族女性转而接受中产阶级的影响，参与到慈善组织中，在更

---

[1] K. D. Reynolds, *Aristocratic Women and Political Society in Victorian Britain*, p. 104.
[2] Ibid.
[3] Jessica Gerard, Lady Bountiful: Women of the Landed Classes and Rural Philanthropy, *Victorian Studies*, vol. 30. No. 2, p. 186.
[4] Ibid, p. 187.

大范围内为缓解贫困而履行职责。

贵族女性在乡村庄园是作为依附者的庇护人去开展慈善活动的，但由于城市的开放性，把城市穷人也纳入到自己庇护之下是不现实的。而且，城市中产阶级慈善家致力于通过慈善组织管理、资助穷人。在这种情况下，贵族女性只能顺应中产阶级开展慈善活动的趋势而动。实际上，这是贵族女性把家长制与一系列定义明确的永久组织机构相联系的尝试，是一种家长制统治的新形式。[1]贵族女性主要通过三种方式对中产阶级慈善家予以支持：提供资金、利用一些社会活动开展慈善活动、同意用自己的声望宣传慈善。

资金支持是慈善组织得以生存的根本。作为社会最富有阶层的成员，贵族女性经常被恳求为女性、儿童和医疗慈善捐款。哈莉特·萨瑟兰在1848年至1850年间定期给斯坦福郡庄园的服装俱乐部捐赠，给英国妇女协会改善女子监狱捐1个畿尼，给布朗普顿医院的肺病基金捐3个畿尼，为工读学校捐2个畿尼。[2]但是，随着贵族女性的捐赠逐渐演变成为慈善活动筹集数额巨大的资金，对贵族女性来说，筹到相当数目的钱也存在困难。凯瑟琳·格莱斯顿就是最明显的例子，她因经常恳求朋友和客人为慈善活动捐款而声名远播。

贵族女性利用自己庞大的家族和社会关系网，获得有影响力群体的支持。她们把自己的住所、花园作为慈善活动的场所，开展义卖等慈善活动。在义卖会上，她们买卖各种有趣的物品，或者捐赠她们亲自制作的物件给慈善机构。同时，她们的购买也是对义卖慈善的最大贡献。在1872

---

[1] Jessica Gerard, *Lady Bountiful: Women of the Landed Classes and Rural Philanthropy*, Victorian Studies, vol. 30. No. 2, p. 197.
[2] K. D. Reynolds, *Aristocratic Women and Political Society in Victorian Britain*, pp. 112-113.

年的一个慈善义卖会上，剑桥的玛丽公主第一天花费了119镑13先令6便士，第二天花费了107镑5先令，第三天花费了8镑8先令。[1] 当时很少有贵族女性以外的女性能以此种方式支付如此大的开支。因而，贵族女性是义卖会上最大的买家，她们也因此广受欢迎。

贵族女性出现在义卖会上本身就能带来很大的影响力。"尽管王室成员是最大的热点，但是除了女王之外，任何有名望的女性，尤其是那些有头衔的女性的出现，就能够确保销量的增加。"[2] 有名望的贵族或王室成员的赞助，可以保证更多的社会上层人士以及那些乐于被看到与上层贵族出现在同一义卖会的女性的参加。贵族女性的出现无疑具有一种商业价值。基于以上因素，人们相信，截止到19世纪末，很少有全国性或大城市的慈善机构没有得到贵族的赞助。[3]

贵族女性更多地把这种活动当作一种社交活动，而非单纯的慈善责任。[4] 对那些尚未进入社交圈的年轻女性来说，这更是进入社会的一种途径。贵族女性组织的慈善活动，为她们提供了一个安全、有秩序的场所和时机。在一次义卖会上，哈莉特夫人结识了贝德福德公爵夫人，并在一周后与公爵夫人同车回家。[5] 同时，并不是所有的慈善组织贵族女性都去参加，她们往往选择那些自己熟悉了解的慈善组织进行适当资助。

由此可见，虽然贵族女性把自己的慈善行为扩大到有组织的慈善活动，但资金筹集的困难、义卖的社交性，都昭示着贵族女性对这种慈善活

---

[1] K. D. Reynolds, *Aristocratic Women and Political Society in Victorian Britain*, p. 116.
[2] Frank K. Prochaska, *Women and Philanthropy in Nineteenth-Century England*, Clarendon Press, 1980, p. 65.
[3] K. D. Reynolds, *Aristocratic Women and Political Society in Victorian Britain*, p. 117.
[4] Ibid, p. 115.
[5] Ibid, p. 117.

动的态度。她们对这种中产阶级占主导地位的慈善活动远没有对个人慈善的重视。

四、贵族女性与休闲活动

工业革命给英国带来的是全方位的变革。到了维多利亚时代，公众的休闲娱乐活动有了很大的丰富与扩展。同时，由于社会地位的不同，休闲娱乐活动也具有明显的层次性与差异性。

维多利亚时代的英国贵族不仅积极参与政治、经济活动，还特别注重休闲娱乐活动，尤其是体育项目。当时，比较典型的体育运动有三种：赛马、猎狐和打板球。

长期以来，以休闲娱乐为目的的驱马狩猎是贵族的特权。早在14世纪后期，猎杀鹿、野鸡、野兔、山鹑等可食用动物就作为一种特权仅被年收入40镑以上的贵族享有。[1] 到都铎时代，几乎所有的绅士都驯养鹰犬，骑马狩猎。[2] 1671年狩猎法再次修改，只有年收入100镑以上的自耕农，产值不低于150镑的佃农，骑士的儿子、继承人才可以猎杀野兔等动物。骑士等级以上的所有庄园的地主有权利持枪养狗，还可以任命猎场看守人。[3] 如此看来，即使是拥有巨大财富却不占有土地的工商业者，也不能享受狩猎的权利。1671年的狩猎法让狩猎成为了少数贵族的休闲娱乐活动。地主经常带领侍从和猎犬，在许多先前本是公地的农田、牧场和林地间随意践踏，对农民的收成毫不在意。1827年才禁止贵族使用陷阱和弹簧枪伤害甚至杀害进入猎场的无辜的人，进入他人地界偷猎就意味着一场不

---

[1] J. V. Beckett, *The Aristocracy in England 1660-1914*, p. 342.
[2] Keith Thomas, *Man and the Natural World: Changing Attitudes in England, 1500-1800*, Harmondsworth, 1984, pp. 145-183.
[3] J. V. Beckett, *The Aristocracy in England 1660-1914*, p. 342.

宣而战的对抗，这种情况直到1880年才得以终结。如此，狩猎在维多利亚时代依然是一种少数人的特权。

猎狐活动起源于15世纪的英格兰，而在18世纪末成为英国上层社会的娱乐活动，甚至被认为是出身高贵的人唯一值得尝试和注重的乐事。[1]围猎时，一般需要15对到20对猎狗，多由特定侍从指挥，贵族则骑马一起驱赶猎犬捕获狐狸，狐狸的狡猾刺激了人们的好胜心，猎狐的乐趣也大为提升。猎狐需要足够面积的场地，又常常会损害许多农作物，所以只能在面积较大的私人领地进行，贵族的垄断性不言而喻。许多贵族、乡绅颇以组织和参加这种活动为荣。猎狐的危险性小、趣味性大，因而吸引了很多贵族女性的加入，终于成为一种时尚活动。贵族对马匹喜爱的程度让人吃惊，不仅因为马是狩猎的得力助手，更因为它是一种身份和地位的象征。到19世纪初，猎狐已经成为一种全国性的乡村运动。贵族因为要骑马穿过农民的田地，就必须文明礼遇农民；农民通过允许贵族穿越自己的田地，换得参加猎狐活动的资格。一定意义上说，猎狐活动有益于加强社会各阶层之间的联系，缓和阶级矛盾，维持社会稳定。

板球是贵族的夏季活动，18世纪初形成固定的比赛规则，是贵族、乡绅喜爱的一种具有绅士风度的户外运动。里奇蒙公爵被公认为该运动的第一位贵族赞助人。这是一项大型集体活动，因而地主贵族一般会组织强壮佃农或者雇人参加，自己则充当主力球手。18世纪，博尔顿公爵的儿子主持组建了玛丽勒本（Maryleborne）板球俱乐部，到1877年，该俱乐部会员发展到2291人，其中有337人是贵族。[2]但是，到了1886年该俱乐

---

[1] 钱乘旦、陈晓律：《英国——在传统与变革之间》，成都：四川人民出版社2003年版，第422页。

[2] J. V. Beckett, *The Aristocracy in England 1660-1914*, p. 347.

部会员增长到5091人,贵族人数却降低到327人。如果说19世纪末俱乐部的迅速发展是以丧失传统的地产标准为代价的,那么它反而在贵族和中产阶级之间建立了重要联系。[1]

在日常生活中,贵族女性除了需要打理庄园内部的事务外,拥有很多的闲暇时光,也因此能够享受更多休闲娱乐活动带来的乐趣,她们的一些休闲活动对其他阶层产生了影响,并发展成为流行的社会风尚。

风靡全球的英式下午茶是维多利亚时代贵族女性的创造。从18世纪初起,英国贵族吃晚餐的时间越来越晚,而且午餐过后基本不再进食,一个漫长的下午和傍晚让很多人饥肠辘辘。为了缓解这种状况,19世纪40年代,第七代贝德福公爵夫人安娜·玛利亚让侍女在下午5点时准备一些面包、奶油和茶水,供主人与来访客人一起度过轻松惬意的午后时光。茶和点心的搭配被认为是完美无比且舒心可口,大获赞赏。这一成功的尝试促使公爵夫人广邀朋友来起居室喝下午茶。这一活动很快流行开来,原本只是在家中用高级、优雅的茶具品茶的休闲活动,逐渐演变成为英国上流社会的一种新颖的社交活动,其隆重程度不亚于一次宴会。

喝下午茶最正统的时间是下午4点钟,通常称为Low Tea。在维多利亚时代,贵族男子需要穿着燕尾服,贵族女性会换上礼服,戴礼帽和手套去参加喝下午茶。喝下午茶的时候,通常是由身着正式服装的女主人亲自为客人服务,以示对来宾的尊重。英国贵族的精细讲究赋予下午茶以优雅的形象及丰富华美的品饮方式:喝下午茶时所选用的是最高档的精致瓷器或银制茶具和极品红茶,配以纯白色蕾丝花边的桌布以及纯英式三层点心盘,还要有悠扬的古典音乐,清香怡人的鲜花,以及参加者的品鉴。如此

---

[1] K. A. P. Sandiford, Cricket and the Victorian society, *Journal of Social History*, 1983, 17(2), pp. 303-317.

精致华丽、透露着高贵典雅气息的休闲活动，是贵族女性昭示其生活品位、炫耀其身份地位的一种形式。

作为贵族阶层的成员，贵族女性最普通的休闲娱乐活动就是以各种目的筹办聚会。有以政治目的举办的宴会，为家族重大事件举办的聚会，还有一些聚会是为日常社交活动甚至体育活动而举办，内容丰富、形式多样。

贵族家族是乡村社会的中心，家族中的重大时刻都会举办舞会。这类舞会不同于一般的政治舞会，参加舞会的人选不受限制，当地居民都可以参加。贵族家族的生死婚嫁都要有乡村居民的参与。新生儿的降临以及婚嫁通常会为佃农们提供晚宴，与他们共享欢乐。家族中有人过生日就会举办生日宴会。长子继承人的诞生是最为隆重的，19世纪70年代，曼弗斯伯爵为纽华克勋爵的诞生派对花费了4000多镑，单在烟火上的花销就不少于235镑，[1] 处处彰显贵族生活的奢华以及对乡村社会的控制与支配。在日常生活中，贵族女性也会为家族会面、社交目的筹办聚会。这类聚会往往形式放松，很是惬意。

除此之外，为乡村体育活动如猎狐、射鹿、猎杀松鸡等活动的顺利开展，贵族女性也会在庄园举办聚会。整个庄园的居民都可以参加这些聚会，这也是乡村居民少有的娱乐活动之一。即使是这些以体育活动为乐趣的聚会，在汤普森看来，依然具有加强乡村社会联系的政治意义。[2]

18世纪晚期，英国修建了第一家意大利歌剧院，这家剧院最完美地展现了贵族式风尚，因而也具有吸引力。据统计，1783年，有三分之二的男性观众是贵族或议员，坐在包厢内的354个签名观众中，有44位贵族女性，

---

[1] J. V. Beckett, *The Aristocracy in England 1660-1914*, p. 344.
[2] F. M. L. Thompson, *English Landed Society in the Nineteenth Century*, pp. 144-150.

而当时的女性尚未享有签名的权利。贵族女性的到场、服装、言谈举止都是社会舆论的主题。[1] 维多利亚时代早期，萧条的伯明翰王室剧场进行重建，实行按座位不同进行价格区分的管理模式，以迎合不同经济状况的观众的需要，贵族不再是剧院的单一观众。中产阶级女性成为这次改革的最大受益者。她们为亲朋好友、衣帽设计者甚至是仆人买门票观剧，以示身份地位。歌剧这种高雅艺术经由中产阶级逐渐向社会下层渗透。追求典雅的贵族文化精神风貌，向上层社会看齐的风气成为一种全民族的风尚。

显然，贵族女性的休闲娱乐活动，其背后的意义远大于娱乐活动本身带来的放松与享受。它不但能在休闲娱乐的同时操纵政治选举，还能通过乡村土地贵族与庄园居民的互动来加强社会联系，缓和阶级冲突，维持社会稳定，其意义可谓重大。

第三节　贵族女性社会活动的影响

在维多利亚时代，无论对英国社会的发展，对整个贵族阶层，还是对贵族妇女个人而言，贵族女性的社会活动都具有重要意义。

一、对社会发展及贵族阶层的影响

在政治上，影响下院、掌控政治，维持贵族政治统治地位，延缓民主政治进程。

维多利亚时代是一个不断走向民主、对贵族特权不断提出挑战的时代，但议会改革对贵族的实际冲击力还相当有限。只是到了1880年以后，

---

[1] Amanda Vikery, *The Gentleman's Daughter: Women's Lives in Georgian England*, London: Yale University Press, 1988, p. 230.

继续扩大选举权,实行秘密投票,并实施一系列反贿选措施后,贵族在议会下院的权势才受到致命打击。贵族女性在乡村通过慈善活动控制乡村选民,在城市也能通过举办政治宴会笼络政党倾向不明确的人,加强自己所在政党的势力,以达到控制选举、左右政党命运的目的。

第二次议会改革后,乡村广大农户和部分佃农获得选举权,他们自然成为贵族拉拢和贿选的对象。对自己庄园的农户和佃农,贵族采取的方式是以慈善作为条件,要求农户和佃农以顺从作为他们施与慈善的回报。正如彼德·布劳所说:"通过承担对穷人乐善好施的道德义务,上层阶级确立了某种对道德正义性和优越性的要求,它在意识形态上辨明和加强了它的高级社会地位和权利。'贵人行为理应高尚'……不仅鼓励上层阶级承担起某些对于下层阶级的义务,而且也使富裕者和有权势者能够通过履行这些义务在道德优势的基础上对尊敬提出某种要求"。[1]贵族要求农户和佃农绝对忠诚,完全接受贵族的意愿。贵族虽然对穷人友善,但坚信这些穷人在政治上没有发言权,管理国家是他们的天命和职责。[2]面对特权的不断丧失,贵族在腐败的选举制度下对议会选举进行干预,以此来挽救自己即将衰落的境况,维系自己的特权地位。这样,传统意义的救助责任,到了维多利亚时代增添了新的内涵。

因此,贵族女性的慈善活动也成为贵族控制农户和佃农的手段。农户和佃农要获得物质救助,就必须对贵族卑躬屈膝,唯其马首是瞻。有回报的慈善活动成为在议会政治渐臻成熟、贵族政治逐渐衰落的时代,贵族依然能够对国家政治施加影响的原因之一。这样,贵族女性的慈善活动也就

---

[1] 彼德·布劳:《社会生活中的交换和权力》,孙非、张黎勤译,北京:华夏出版社1988年版,第300页。
[2] K. D. Reynolds, *Aristocratic Women and Political Society in Victorian Britain*, p. 1.

第四章　维多利亚时代贵族女性的社会活动

染上了政治色彩,成为服务于贵族政治目的的一种手段。

在城市政治,主要是政党政治中,贵族女性的政治宴会为政党领导人提供了试探公众意向的完美机会。[1]从宴会的实际效果看,帕默斯顿夫人的宴会保障了帕默斯顿政途的畅通,有利于维持他们家族的社会地位。

贵族女性的政治活动,一方面能帮助贵族男性维系家族地位,维持贵族的政治统治地位,无论对自己家族还是整个贵族阶层都是有益的。但从整个英国政治发展进程来看,作为传统社会力量,她们的行为与政治民主化相悖,她们的行动在一定程度上延缓了政治民主化进程。

在社会上,通过慈善活动维护社会秩序,加强对乡村社会的控制,稳定贵族固有地位,提高乡村福利水平。

维多利亚时代早中期,英国民众对平等和民主的追求进一步高涨,社会上各种思潮激荡,出现了激烈的社会运动,中产阶级的崛起更对现存等级社会秩序提出了严峻挑战。土地贵族惧怕遭受贫困之苦、不满现状、频频暴乱的工人阶级。在乡村社会,"让政府辞职"的愤慨激发了乡村犯罪和反抗,最出名的就是19世纪30年代的"斯温运动"。当时,最直接最有效的重建乡村社会秩序的方法就是竭力缓解暴乱者的贫困,贵族的家长式庇护制度,因为具有救助贫困者的责任,也就有了继续存在的合理性。在坚守传统的同时,贵族不断接纳中产阶级顾家、虔诚、道德和严肃的理念,对家长制进行了适应时代需要的变革,让家长制甚至是贵族体制更具生机与活力。除传统责任的要求外,天生的母性、更加情感化、情绪化等女性特性,再加上当时"纯正女性"观念的感召,贵族女性十分乐意开展

---

[1] Peter Brett, Political Dinners in Early Nineteenth Century Britain: Platform, Meeting Place and Battleground, History, 1996, 81(264), pp. 527-552.

慈善活动。"几个世纪以来，贵族女性的慈善活动比贵族男性更加慷慨和持久，她们不仅亲自拜访贫困者，花费更多的时间和精力，涉及的范围还更为广泛"。[1] 贵族女性无疑是推行家长式庇护制下救助的最佳人选，她们的活动具有稳定社会、维护社会秩序的意义。

维多利亚时代的英国乡村社会依然保持着前工业社会的等级结构，这种社会结构下的贵族具有绝对的权威。1848年，保守党人迪斯累利依然鼓吹："民众最理想的领导者是英国绅士。"[2] 伊波利特·泰纳从一位工业革命领导者处得知，在19世纪60年代，中产阶级从未意图摧毁贵族体制，相反，他们乐意将政府和高层职位留给贵族，因为贵族生来就是统治者并且已经统治了几个世纪。[3] 到19世纪80年代，美国评论家亚当·巴多说道，"世袭的、永久的等级制是大多数英国人民最珍视的荣誉。"[4] 普通民众更是"容忍甚至崇敬贵族统治……把贵族看作慈善、荣誉和绅士行为的坚实保障"。[5] 在这种民族文化心理的感召下，家长制就有了生存的土壤和空间。家长制要求依附者的忠诚和服从，而忠诚和顺从的条件之一是贵族女性用礼物救助、影响庄园依附者，这一做法已经延续了好几代。[6] 尽管一些人只是碍于传统不得不去做，但大部分人认为这是她们理所当然的职责。她们认为拜访和组织小团体进行慈善活动是影响、提升穷人生活水平的最有

---

[1] Jessica Gerard, Lady Bountiful: Women of the Landed Classes and Rural Philanthropy, *Victorian Studies*, 1987, 30（2）, pp. 183-211.
[2] 阎照祥：《英国贵族史》，第202页。
[3] J. V. Beckett, *The Aristocracy in England 1660-1914*, p. 4.
[4] Adam Badeau, Aristocracy in England, p. 39.
[5] J. V. Beckett, *The Aristocracy in England 1660-1914*, pp. 459-460.
[6] Jessica Gerard, Lady Bountiful: Women of the Landed Classes and Rural Philanthropy, *Victorian Studies*, 1987, 30（2）, pp. 183-211.

效方式，客观上也能加强家族势力和对乡村社会的控制。庄园的依附者也把接受贵族女性的拜访、受到贵族女性的庇护，当作一项由来已久的权利，由于这样不会让他们受到来自教区慈善和中产阶级慈善的侮辱，他们对贵族的控制也心甘情愿。这样，缓解了等级间的紧张气氛，降低了下层阶级的不满，强化了贵族对社会的控制，稳固了贵族在维多利亚时代的地位，贵族特权也得以维系。

随着工业革命的深入，财富分配不均，贫富差距不断拉大，"18世纪的最后25年中，英国乡村突然被不断增长的贫困问题所困扰"。[1]贫困问题再次引起社会各阶层思考，国家逐渐认识到自己的社会责任。但是，在"从摇篮到坟墓"的福利国家制度建立之前，慈善活动具有不可替代的作用。贵族女性的慈善活动主要集中在自己的庄园内部，因而对缓解乡村贫困问题具有重要意义。

贵族妇女给穷人分发食物、衣物、床上用品和药品，这些物质性救助能帮助很多饥饿者、老者和病患，而为乡村贫民提供工作岗位，更是以体面的方式对他们提供救济。我们很难准确估计她们在慈善活动中的花费情况，据庄园账簿记载，贵族妇女在这方面的花费，从莱斯特兰奇家族在1868年到1893年间的年均5镑，到诺斯韦克夫人在1910年的138镑3先令9便士不等。[2]贵族女性捐献的大多数物品都来自庄园或家庭供应，因此慈善之用是庄园开支的一项隐性消费。庄园和家庭开支一定程度上反映贵族女性的慈善开支及对慈善活动的投入。

---

[1] 西达·斯考切波编：《历史社会学的视野与方法》，封积文等译，上海：上海人民出版社2007年版，第57页。
[2] Jessica Gerard, Lady Bountiful: Women of the Landed Classes and Rural Philanthropy, *Victorian Studies*, 1987, 30（2），pp. 183-211.

从受助者角度来考察贵族女性的慈善活动，能够更为准确地评估慈善活动的实际效果和意义。在朗利特，一位患病女性持续两个月每天收到"药品、奶酪、葡萄、牛肉、茶、布丁、羊肉、半品脱的杜松子酒、半瓶波尔图葡萄酒，这对她的日常生活来说是相当大的改善"。[1] 每年圣诞节分发的衣物、毛毯和煤炭等，对穷人来说也难以自行支付，况且贵族女性还会举办宴会款待他们。贵族女性的慈善活动一定程度上改善了庄园居民的生活水平，帮助他们渡过难关，获得受教育和工作的机会，对乡村社会福利做出了重要贡献，但是也不能夸大。

在经济上，贵族女性的活动对于维系本家族产业，对家族经济发展有重要贡献。

在工业革命背景下，一些思想开放的贵族，顺应工业革命发展的潮流，凭借自己的财富和特权创建了诸多家族产业，并且多集中于交通、煤炭业等对经济发展至关重要的部门。贵族女性或通过继承或通过婚姻享有了对家族产业的一定管理权。在她们的直接管理或参与管理下，其各自家族的产业不断扩展，她们的经济活动对于维持本家族的经济状况的积极作用，是毋庸置疑的。

工业革命给英国带来的不只是经济财富的增长，英国的传统社会也在工业革命的进程中不断收缩，让位于现代工业社会，而这是传统社会的贵族最不能接受的，一些贵族可能试图与转变英国社会的工业化进程保持距离，固守传统的土地收入。在传统贵族的意识中，土地管理是贵族的职责，商业是资产阶级的职责。对贵族来说商业意味着污点，是一种有失贵

---

[1] Jessica Gerard, Lady Bountiful: Women of the Landed Classes and Rural Philanthropy, *Victorian Studies*, 1987, 30（2）, pp. 183-211.

族高贵身份的行业。拉特兰伯爵对安妮·伦敦德里说道："我很惊讶于你重视商业、工业多于农业"。[1] 夏洛特·盖斯特夫人决意克服传统贵族的这种偏见，"我希望通过我自己参与经济活动的例子，让旧贵族们去接受新观念。"[2] 贵族女性在对经济发展做出一定贡献的同时，也在为改变英国传统的贵族观念而努力。

考虑到维多利亚时代浓重的贵族气息，我们对于贵族、贵族女性对英国工商业经济发展的影响，必须要客观、全面地去看待。

二、对社会文化的影响

维多利亚时代，英国贵族的政治、经济实力不断下滑。中产阶级通过议会改革、工业革命的契机迅速上升，但他们的权力和社会地位远不如拥有门第和荣誉的贵族，而且他们常常效仿贵族的乡村生活方式。他们在城郊建别墅，将宅邸进行豪华布置，送子女去贵族学校接受教育，甚至购置田产，企图跻身贵族行列。社会下层民众虽然在经济利益上与社会中上层相对立，但从未否定过贵族精神，当中产阶级确立起自己的价值观念之后，也成为被模仿对象。社会上层的统治不仅是政治和经济的，而且也是文化的和意识形态的。[3] 在政治、经济发生变革的时代，传统的贵族精神却处处彰显威力，社会中下层向上看的价值取向主宰着英国社会的行为风尚，而贵族妇女的举动就成为社会时尚的风向标，引导着英国的社会风气。

由维多利亚时代贵族女性创造的下午茶，逐渐在社会上传播，被中下层效仿，在保留精神实质和改革形式的基础上，逐渐形成了具有英国特色的茶文化。围绕着下午茶习俗形成了多彩的茶文化，高雅的旅馆设置茶

---

[1] K. D. Reynolds, *Aristocratic Women and Political Society in Victorian Britain*, p. 61.
[2] Ibid.
[3] 钱乘旦、陈晓律：《英国——在传统与变革之间》，第439页。

室，大街上有了向公众开放的茶馆，茶话舞会更成为一种社会活动。上至显赫贵族，下至平民百姓，所有人都能享受这悠然的闲暇时光。一首英国民谣唱道："当时钟响四下时，世上的一切瞬间为茶而停"。[1]后来，这种休闲活动形成一种优雅恬然的下午茶文化，亦即正统的"英国红茶文化"。时至今日，下午茶已经衍生出了英式早茶、上午茶、晚餐茶，饮茶时间占据了英国人三分之一的生命，茶与英国人的生活已经不可分割。而这都要溯源到维多利亚时代由贵族女性首创的下午茶，其影响之深远可见一斑。

英国的茶文化有别于中国、日本、韩国的东方茶文化，具有鲜明的民族性，是西方茶文化的典范，其影响遍及欧洲大陆和所有英联邦国家。在这些地方，英国移民带去了英国式的饮茶风俗，也带动了这些地区的茶叶消费，英国移民后裔也继承了先辈的饮茶爱好，保持饮茶的传统。[2]英国的下午茶具有浓郁的殖民主义色彩。热加内公爵、大吉岭、有机锡兰等茶名都充满着异国情调。在某种程度上，下午茶是殖民主义文化的一个组成部分。

服饰被称为"无声的语言"，会传达出身份地位、兴趣爱好、经济状况等信息，"服饰本身是没有思想的，但是服饰作为人的创造物与穿着物，势必带有人的意识、情感与情结。"[3]乡村庄园的贵族活动就是展示富有和地位的象征，这种活动在一定程度上也是华丽、时髦服饰的展示会。"贵族的一举一动被视为（或在理论上被规定为）其他人的楷模，而贵族也以其在晋升上的优越感而高出民众之上，使其他人不自觉地产生某种自卑

---

[1] 马晓俐：《茶的多维魅力——英国茶文化研究》，浙江大学博士学位论文，2008 年，第 55 页。
[2] 徐永成：英国的茶文化，《茶叶》1990 年第 4 期。
[3] 华梅：《服饰心理学》，北京：中国纺织出版社 2004 年版，第 4 页。

感，自认为在文化精神方面远远不如。"[1]贵族女性的服饰自然成为社会各阶层女性争相效仿的对象。

维多利亚时代初期，流行复古风，服饰上大量使用蕾丝，不但有纯蕾丝的上装，领口、袖口、下摆等地方也都配有蕾丝；此外还盛行荷叶边、蝴蝶结以及具有王室风格的高腰、公主袖等，华丽而不失女性的娇柔。贵族女性和中产阶级女性通常去服装店或者请裁缝来家里进行量身定做。而下层女性碍于经济拮据，不得不亲手缝制或者根本无力承担，只穿不合身的旧衣服。尽管如此，下层女性还是追随贵族女性服装的潮流。由于维多利亚风格的服装费用昂贵，各阶层女性就用价格相对便宜的帽子做装饰品，一时成为女性最普通、最常用的饰品之一。贵族女性的服装风格就是当时女装的流行风向标。

三、贵族女性获得自我提升

维多利亚时代是个贵族色彩浓厚的时代，整个社会弥漫着崇尚贵族的氛围。作为社会上层的成员，贵族女性在很多方面比其他阶层的女性和大部分男性拥有更多的政治特权，她们虽然不能参加选举或出席议会，但是能行使政治、教会庇护权，像贵族男性一样影响国家政治。[2]但维多利亚时代更是男权社会，与其他阶级的女性一样，贵族女性受到诸多限制，她们不能在政府、经济领域任职，不能外出工作、追求自己理想的事业，对财富没有支配权（寡妇和继承人除外），虽然可以出现在公共场合给丈夫以支持，但她们不能独自行动，甚至比中下层女性的要求更加严格。在家族内部，她们从属于男性家长，在社会上，必须服从于上层，遵从传统习

---

[1] 钱乘旦、陈晓律：《英国——在传统与变革之间》，第439页。
[2] Amanda Vickery, *Women, Privilege and Power: British Politics, 1750 to the Present*, p. 154.

俗。社会对贵族女性的期望，严重限制了贵族女性的活动。

　　当她们开展社会活动尤其是参与经济活动以及有组织的慈善活动时，她们不再囿于庄园，走出家庭，参与社会活动。作为女慈善家，她们有机会单独行动，并对其他人的生活施加影响。对贵族女性来说，"这是一种表现品质特点，实现能力，从成就中获得满足感的一种方式。"[1] 社会活动给了她们扩展自己生活的机会。此外，贵族女性把社会活动视为社交机会。她们不会把参与经济、慈善活动作为自己的主要日常活动，她们举办的宴会、慈善义卖等更多的具有社交意味，是结交上层贵族不可多得的机会，也是年轻女性初次进入社交圈的绝佳时机。

---

[1] Jessica Gerard, Lady Bountiful: Women of the Landed Classes and Rural Philanthropy, *Victorian Studies*, 1987, 30（2）, pp. 183-211.

第五章　权力精英的重构

权力精英是国家权力真正重要的执行者,是国家的代言人和统治阶级的成员,他们在国家拥有利益,也有能力影响国家的性质。权力精英不一定是官员。那些潜在地拥有同样重要性的人,那些因为在中央、地区或地方社会关系网中拥有地位的人,同样可以发挥非正式的影响,比如贵族、乡绅、教士、律师、城市显贵等。在这一时期发生的诸多政治变革中,英国的权力精英也经历了重构的过程。

第一节　权力精英与王权

在君主制下,无论是位于中央权力枢纽中的权力精英还是处于在野地位的地方权力精英,都面临着如何处理自己与王权的关系问题,因为这不仅关系着他们的利益,也关系到他们的权力精英地位的稳固。而从王权这方面来看,构建一支什么样的权力精英队伍,关系到他的政令能否畅行王国各地的问题,关系到他的王位稳固问题。将权力精英与王权紧密联系在一起的是政治、经济和社会等方面的纽带。

一、政治纽带

政治纽带是维系权力精英与王权关系的关键。只有那些在政治问题上与王权保持一致,拥护王权、忠于王室的人才能被国王纳入权力架构当中。如果在政治问题上与王权产生分歧甚至走上对立面,不仅会被从权力精英行列中排除出去,甚至可能对自己、对家族造成致命打击。将权力精英与王权联系起来的政治纽带主要有三个:政治立场、官职、议会席位。

都铎王朝建立后,能够与新王朝保持一致成为权力精英的一个重要的试金石。作为一个新王朝的开国之君,亨利七世将打击政治对手、慑服权力精英、稳固统治作为首要任务。他先是将爱德华四世的侄子沃里克伯爵囚禁在伦敦塔,数年以后将其秘密处死。1486年至1487年镇压了约克家族的叛乱。1497年平定了约克家族一派的贵族支持的假冒的约克家族的理查的叛乱。对于那些在政治立场上不与王权保持一致甚至怀有敌意的地方显贵,他也予以毫不留情的打击。"如果亨利七世感到地方巨头的实力威胁到王室的利益,他会立刻向他们发动攻击。"[1]那些拥有家臣的贵族如果以武力破坏了秩序就会被判处重罪,而反抗国王的行为则更被视为大逆不道的叛逆罪。对这些权贵,都铎王朝通过议会、枢密院、星室法庭等权力机构,借助议会通过的"籍没法"等法令,处以罚款、没收财产、剥夺爵位、监禁、处死等惩罚。1507年,伯加韦尼勋爵乔治·内维尔因为维持一支私人军队而受到指控,被判有罪,处以罚款70650镑。这个案件成为都铎王朝制裁敢于不服从王权的贵族的先声。亨利七世在位期间一共有138

---

[1] 肯尼思·O.摩根:《牛津英国通史》,第252页。

人遭到籍没的处罚，其中不少人是旧的权贵。此举在打击那些怀有二心的权贵的同时，还向其他权贵以及那些意图进入权力精英集团的人们传递一个强有力的信号：站对政治立场、与王权保持一致是头等重要大事。

　　亨利八世在位时期，他的离婚问题与宗教改革成为检验权力精英政治立场的大事。著名的人文主义者、大法官托马斯·莫尔和罗切斯特主教费希尔都因为不承认亨利八世在宗教上的最高权威而遭到指控，被判犯有叛国罪，于1535年被处死。亨利八世的手下重臣、枢机主教、大法官、约克大主教托马斯·沃尔西因为在处理亨利八世离婚案时办事不力，被指控犯有侵害王权罪，被没收了大部分财产，除约克大主教之外的所有职务也被革除，随后又因为与法国王室通信，有危害王权的言行，被控犯有叛国罪。亨利八世宗教改革的功臣、国务秘书、财政大臣托马斯·克伦威尔也被指控犯有叛国罪，于1540年被处死。议会上院中教会贵族中的修道院长们，则因为修道院效忠于罗马教皇、违反宗教改革期间议会颁布的《上诉法》和《至尊法》而遭到解散，而被从议会上院驱逐出去，离开了权力精英集团。当然，大多数主教在这个问题上还是很明智的。这些"在政治上敏感的教士清楚地知道他们的处境……如果不屈服则只有灭亡"。[1] 他们先是通过教士会议向国王呈交文件，表达了"教士的屈服"，在《至尊法》通过后，承认并服从国王对教会的最高权力。这部分人通过这样的命运选择，得以保留自己在权力精英行列中的地位。具有同样意识的还有第三代诺福克公爵，他"颇有心计地掩饰其对沃尔西'教士专权'的敌视，尽力表现出完全服从、执行亨利八世的内外政策"，进而赢得了亨利八世的欢心，一度出任首席大臣一职。相比之下，他的儿子第三代萨里伯爵则不够聪明，"宣称他的家族作为爱德

---

[1]　肯尼思·O. 摩根：《牛津英国通史》，第262页。

华三世的后裔有权继承王位，并在自己的家徽上加上了王室的徽记，"因此招来祸端，被以叛逆罪而斩首，并连累乃父也身陷囹圄。[1]

玛丽一世继位之初，诺森伯兰公爵约翰·达德利因为曾经图谋"篡夺王权"、阻止玛丽继位、扶立简·格雷为国王，与其儿子一起被玛丽一世处死。同时，在天主教复辟的恐怖下，大主教克兰默和格罗斯特主教等一批新教精英被处死。伊丽莎白一世在位期间，第四代诺福克公爵与北方天主教贵族勾结，与苏格兰女王玛丽频繁交往，卷入推翻女王的阴谋，遭到拘禁，被判处叛逆罪。伊丽莎白一世时期另一个遭此命运的是埃塞克斯伯爵，他先是因为出征爱尔兰失利后违令回国而遭到软禁，旋即因为起兵反叛而被以叛国罪处死。

从斯图亚特王朝建立到"光荣革命"，王权与议会的矛盾与斗争一直是英国政治生活的主旋律。在这场斗争中，随着国王与议会两个阵营的得势与失势，站在两个阵营中的权力精英也经历了起起伏伏。在内战之前，虽然国王与部分权力精英之间也有着政治观念上的分歧和矛盾，但"在1605年至1641年之间，没有一个贵族，也没有一个绅士曾企图反叛"，唯一被判处死刑的贵族是1631年因为淫秽罪而被处死的卡斯尔汉文伯爵。[2]但詹姆斯一世的宠臣、著名哲学家弗朗西斯·培根因为犯有贪污罪，在议会的坚持下，国王被迫将其免职，并处以巨额罚款。长期议会开幕后，将查理一世的宠臣斯特拉福伯爵和劳德大主教逮捕，以叛国罪交付审判，前者于1641年被处死，后者于1645年被处死。内战爆发后，有83名教俗贵族和175名下院议员投入国王查理一世的阵营，其余议员则组成

---

[1] 郭方:《英国近代国家的形成》，第204—205页。
[2] 肯尼思·O.摩根:《牛津英国通史》，第326页。

议会阵营。当然，还有相当数量的权力精英尤其是地方权力精英在兵戎相见的国王与议会之间保持中立。1648年的"普莱德清洗"将140余名长老派议员赶出议会。1649年，上院仅存的极少数贵族一致否决了下院提交的关于审判国王查理一世的决议，曼彻斯特伯爵的看法说明了贵族们这么做的原因，那就是：即使国王被臣民打败，他仍然是国王，但如果臣民被国王打败，就会陷入万劫不复的境地。由于贵族们的行为，在处决查理一世后，议会通过决议，废除议会上院，议会上院的教俗贵族被从中央权力中心驱逐出去。1660年流亡欧洲大陆的查理被迎回国，继承王位，斯图亚特王朝复辟。随着"协商议会"的召开，世俗贵族与主教们重新回到了议会，恢复了他们在中央权力中心的地位。但"王政复辟"后通过的《市镇机关法》明确将非国教徒排斥在地方政府之外，就连担任海军大臣的王弟约克公爵詹姆斯也不得不辞去职务。继承王位的查理二世并未处理好与议会的关系，反而因其内外政策引起议会不满，首席大臣克拉伦登伯爵不得不代君受过，离职并逃亡国外。1682年，在查理二世大力打击辉格党的形势下，包括莎夫茨伯里伯爵在内的少数辉格党领袖或逃亡国外，或身陷囹圄。而部分激进辉格党人策划刺杀查理二世与约克公爵，事情泄露后埃塞克斯伯爵阿瑟·卡佩尔等人被捕，埃塞克斯伯爵在狱中自杀，阿尔杰农·西德尼和威廉·罗素勋爵被处以绞刑。

"光荣革命"之后，英国确立了君主立宪制，王权受到限制，议会成为权力中心。但这并不意味着权力精英们可以不理睬国王了，即使权势冲天的贵族也不能这样做，因为这样做的后果极有可能是失去手中掌握的权力。1710年，多年的对外战争加剧了土地所有者的税负，引起他们的不满，在这种情况下，安妮女王罢免了不愿停战的辉格党内阁，战功显赫的马尔博罗公爵也自然失宠，被免去了一切职务。1714年，出身于非国教家庭的牛津伯爵罗伯特·哈利因为对女王政府颁布的《暂尊国教法》与《教会分立法》怀有疑虑，再加上国务大臣博林布鲁克向安妮女王进谗言，被罢免了职务。也是在这一年，国务大臣博林布鲁克因为力主与法国议和、图谋扶立王位觊觎者弗朗西斯·爱德华继承王位，被继位的乔治一世视为叛逆，对他进行弹劾，博林布鲁克出逃欧洲大陆。18世纪60年代，乔治三世为实现个人专断统治，先后更换6个首相，其中罗金厄姆更是因为在对美洲殖民地的政策问题上与乔治三世意见相左，被乔治三世直接罢免。1763年，约翰·威尔克斯因为在《北不列颠人》第45号上发表文章批评国王及其政策，遭到逮捕并被关进伦敦塔，同时议会下院宣布该期《北不列颠人》涉嫌煽动性诽谤，威尔克斯遭到议会下院除名，次年1月法庭对逃往国外的威尔克斯进行缺席审判，判处他犯有诽谤罪。在18世纪还有少数权力精英因为参与了詹姆斯党人发动的叛乱而遭到惩处，如1714年参与组织詹姆斯党人叛乱的玛尔伯爵等。

  官职是将权力精英与王权紧密联系在一起的第二个政治纽带。在这一时期，英国还没有建立起现代文官制度，因此，无论是王国中央政府还是地方政府的重要官员，都是由国王任命的。但是，随着英国官僚行政机构的扩大，官员的数量不断增加，越来越多的社会精英进入官僚机构。任命官职成为国王聚集社会精英、强化统治基础、实施统治的重要手段。"亨利七世就利用是否让人参加枢密院活动的方法来消除异己贵族和与他缺乏联系和处于孤立状态中的政治上的反对派。"[1] 在这一时期，"一些重要的官职总是给予古老的贵族家族，以确保他们的支持并强化他们的忠诚"。[2] 而

---

[1] 肯尼思·O. 摩根：《牛津英国通史》，第252页。
[2] Lawrence Stone, *The Crisis of the Aristocracy 1558-1641*, p. 29.

第五章　权力精英的重构

对于社会精英而言，出任官职是他们获得国王青睐、强化社会地位、获取更多利益的重要途径。

作为传统的权力精英，贵族一直在担任官职方面占有其他社会精英不具备的优势条件。在这一时期，各级显赫的官职一直是豪门显贵钻营的战利品。他们"成为皇家军队的将领，在王国政府中发挥作用，或者在宫廷豪华仪礼展示中随王伴驾。"[1]据劳伦斯·斯通估算，在伊丽莎白一世在位期间的早期和中期，大概有三分之二的贵族在一生当中的某段时间里担任过宫廷职务，1603年至1615年间，至少四分之三的贵族担任过廷臣，而在1629年至1640年间，有三分之一到二分之一的贵族担任过廷臣。除了廷臣，在国王眼中，贵族还是枢密院成员、郡长、郡督、高级军官、驻外使节等职位的最理想人选。亨利八世任命的宫廷总管中除了瓦尔登的奥德利勋爵之外都是伯爵及其以上的贵族。另外，纹章院院长、宫廷司膳总管、宫廷侍卫大臣、国王城堡总管、大法官、陆军统帅、舰队司令等职务也完全或大多由贵族担任。[2]到查理一世统治时期，在33个海军大臣中有32人是贵族或他们的继承人。

"光荣革命"以后，贵族更是在官僚机构中占据着绝对优势。从内阁到军队再到法院和民事官员，贵族把持着大多数高级官职。

内阁作为一个独立的机构出现于17世纪90年代，其成员是由国王指派和任命的。在内阁大臣当中，首席财政大臣的任职者逐渐被视为首相。在18世纪的22个首席财政大臣中，有16人是贵族，4人是贵族之子，在其余2人中，1人是贵族的孙子，另一人即罗伯特·沃波尔爵士

---

[1] Lawrence Stone, *The Crisis of the Aristocracy 1558-1641*, p. 183.
[2] H. Miller, *Henry VIII and the English Nobility*, pp. 164-169.

在其退休后被封为伯爵。从 1806 年皮特逝世到 1868 年迪斯累利任职期间，仅有的平民首相是斯潘塞·珀西瓦尔和罗伯特·皮尔爵士。在内阁大臣当中，贵族也一直占据优势。1744 年夏季的佩勒姆内阁有 15 名成员，其中 6 人是公爵——阿盖尔、德文郡、多塞特、格拉夫顿、纽卡斯尔、里奇蒙，这年 11 月内阁改组时，贝德福德公爵也进入了内阁，这样内阁中的公爵人数达到 8 人。从 1782 年到 1820 年，一共有 65 人出任内阁大臣职务，其中 43 人是贵族；余下 22 人中有 14 人是贵族之子；余下的 8 人中，有 2 人出身贵族之家，真正的平民只有 6 人，而这 6 人中还有 3 人最终成为贵族，跻身上院。[1]1783 年，小皮特出任首相时是当时内阁中唯一的下院成员。在 18 世纪，出任北方国务大臣和南方国务大臣（1782 年变成国务大臣和外交大臣）的总共有 49 人，其中 28 人是贵族，5 人是贵族之子，5 人是贵族的孙子，在余下的 11 人中，6 人被封为贵族。在 19 世纪，外交大臣几乎毫无例外地由贵族出任，仅有的例外是 1806 年仅任职数月的查尔斯·詹姆斯·福克斯和 1807—1809 年、1822—1827 年任职的乔治·坎宁。"直到 18 世纪末和在这之后很久，内阁仍然主要是贵族团体。"[2]

虽说 1700 年职业常备军开始出现，削弱了贵族为国王提供军队的作用。但通过控制军队的高级别军官职位，将高达中校级别的军官变成可以购买的对象，贵族确保他们处于有利地位。在 1769 年的 102 个团的上校中，32 人是贵族或贵族后代，一半以上是贵族的直系亲属。在少将中，10% 的人是贵族，16% 的中将是贵族，27% 的上将是贵族。1780 年，30%

---

[1] J. Cannon, Aristocratic Century: The Peerage of Eighteenth Century England, p.117.
[2] M. S. Anderson, Europe in the Eighteenth Century, 2nd Edition, Longman Group Limited, New York, 1976, p. 47.

的军官拥有爵位,虽然到1800年在12000名军官中大概只有不到250人是成年男性贵族及其后代,但他们控制着高级军官职位。4个非王室血统的陆军元帅全部是贵族,在56个上将中,7人是世袭贵族,7人是贵族幼子,3人是新封授的贵族,1人是王室出身的公爵。1810年和1830年拥有爵位的军官比例都是27%。海军军官情况与此极为相似。在18世纪,有23人出任海军大臣一职,其中16人是贵族,1人是具有王室血统的亲王,1人是贵族之子,1人是女贵族之子。到1800年,贵族海军军官的比例甚至高于陆军。在法国大革命和拿破仑战争期间,大概27名军官中就有1名贵族。这些人当中许多人是贵族的长子。与陆军中情况不同的是,在海军中贵族军官的比例在各个级别几乎是一样的。

郡督(lord-lieutenant)是英国地方政府中的重要职务,最初这一职务与民军相联系,但到18世纪承担起民事职能,并且获得了任命法官的垄断权,还有权指定副郡督。因此中央政府希望这一职务的出任者来自各郡的显赫家族,而这就意味着贵族家族。在1660年到1914年间,英格兰42个郡督中有22个是贵族。少数人甚至担任多个郡督职务。18世纪,纽卡斯尔公爵担任了诺丁汉郡、米德尔塞克斯、苏塞克斯的郡督职务。

中间阶层是除贵族之外王权依赖的又一个重要的精英集团。都铎王朝建立后,出于对世家贵族的戒心,以及实施统治的需要,需要从地位低于贵族的中间阶层寻求支持。与此同时,那些出身中间阶层的人也需要通过出任官职,进而实现家族社会地位的上升。埃德蒙·达德利是一个出身低微的律师,得到亨利七世重用,成为亨利七世压制贵族、增加收入政策的坚定执行者,曾出任议会下院议长等职务。在伊丽莎白一世在位期间,出身于约曼家庭的威廉·塞西尔担任国务秘书,牧场管家出身的尼古拉斯·培根担任掌玺大臣,牧羊人出身的托马斯·史密斯担任国务秘书,商人出身的托马斯·格雷沙姆担任财政与外贸顾问,乡绅出身的沃尔辛厄姆担任国务秘书,并成为伊丽莎白一世手下的情报首脑,航海家与海外商人出身的霍金斯担任海军负责人。[1] 这些出身于社会中间阶层的人拥护统一的王权,为保护国家的安定、独立、繁荣而在各种岗位上为国效力,成为王权的重要社会基础,当然,他们也从效忠于王权、为国效力中获得了各种利益。

作为地方精英,乡绅的主要精力用于对地方事务的经营,履行其作为地方社会大家长的职责,他们大多在地方行政事务中担任公职。"在都铎王朝时期,英国士绅是地方政府的脊梁——地方代理长官、治安法官、郡长、津贴委员会委员、治安书记官和警察都是由他们担任的。"[2] 凭借着他们的社会地位及影响,乡绅在地方有权有势,受人尊敬。但是,要想在国家政治生活中有所作为,乡绅就只有紧紧依靠王权。与此同时,王权也要依靠乡绅来控制和管理地方事务。这样,王权和乡绅构成了互相依赖的关系,乡绅要仰仗王权,王权也要依赖乡绅,而这种关系的纽带就是官职。

到17世纪以后,英国的政府机构和官僚队伍日渐庞大,与之相伴的是,来自中间阶层的官员人数进一步增加。除了宫廷大臣、王国中央政府各部门首脑、地方各郡的郡长及郡督外,绝大多数官员都来自社会中间阶层。正如黑格尔所说:"中间等级也是国家在法制和知识方面的主要支柱……这个中间等级的形成,是国家的最重要的利益之一。"[3]

---

[1] 郭方:《英国近代国家的形成》,第213—214页。
[2] 肯尼思·O.摩根:《牛津英国通史》,第293页。
[3] 黑格尔:《法哲学原理》,北京:商务印书馆1961年版,第315页。

1688—1820年担任重要官职的平民及其在任职者中所占比例

官职	总人数	平民人数	平民所占比例（%）
首席财政大臣	24	7	29.17
大法官	17	13	64.71
枢密院议长	33	3	9.1
掌玺大臣	33	3	9.1
北方国务大臣	32	10	31.25
南方国务大臣	30	11	36.67
财政大臣	34	32	94.12
内政大臣	16	10	62.5
外交大臣	13	7	53.85
美洲殖民地事务大臣	4	3	75
战争与殖民地事务大臣	44	12	27.28
贸易大臣	29	12	41.38
兰开斯特公爵领事务大臣	22	11	50
爱尔兰总督	35	1	2.86
国防大臣	30	25	83.33
财政部主计长	25	20	80

资料来源：Jeremy Gregory and John Stevenson, *The Routledge Companion to Britain in the Eighteenth Century 1688-1820*, pp. 67-80.

1688—1820年内阁中的平民及其所占比例

内阁	内阁大臣人数	内阁中平民人数	平民所占比例（%）
戈多尔芬—马尔博罗内阁	28	16	57
哈利内阁	30	15	50
斯坦霍普内阁	24	6	25
斯坦霍普—桑德兰内阁	13	3	23
斯坦霍普—桑德兰内阁(重组)	16	4	25
沃波尔内阁	29	12	41
卡特莱特内阁	15	9	60
佩勒姆内阁	14	6	43

续表

佩勒姆内阁（第二届）	15	4	27
纽卡斯尔内阁	16	8	50
皮特—德文郡内阁	12	5	42
皮特—纽卡斯尔内阁	18	10	56
布特—纽卡斯尔内阁	15	6	40
布特内阁	18	10	56
格伦维尔内阁	16	7	44
罗金厄姆内阁	16	6	37
查塔姆内阁	22	11	50
格拉夫顿内阁	16	7	44
诺斯内阁	30	15	50
罗金厄姆内阁（第二届）	15	10	67
谢尔本内阁	16	10	62
福克斯—诺斯内阁	16	8	50
皮特内阁	32	15	47
阿丁顿内阁	26	18	69
皮特内阁（第二届）	18	9	50
人才内阁	24	18	75
波特兰内阁	17	9	53
珀西瓦尔内阁	20	7	35
利物浦内阁	29	16	55

资料来源：Jeremy Gregory and John Stevenson, *The Routledge Companion to Britain in the Eighteenth Century 1688-1820*, pp. 44-66.

从上述两表可以看出，在1688年至1820年间，在中央政府的重要官职中，担任大法官、财政大臣、内政大臣、外交大臣、美洲殖民地事务大臣、兰开斯特公爵领地事务大臣、国防大臣、财政部主计长几个重要职务的平民所占比例均超过了50%。而在这期间的29届内阁当中，有16届内阁的平民出身的成员超过50%。还有一些著名的首相如沃波尔、珀西瓦尔、皮尔都出身于中间阶层，成为中间阶层晋身国家权力巅峰的代表。

在这一时期的军官当中，出身于中间阶层的人所占比例也日渐增加，尤其是在中下级军官当中。在1769年的102个团的上校中，除了32人是贵族或贵族后代外，其余皆来自其他社会阶层，而中间阶层在其中占据绝大多数。到1800年，在12000名军官中大约只有不到250人是成年男性贵族及其后代。1810年和1830年没有爵位的军官比例达到73%，在1838年的6173名现役军官中只有462人来自贵族家族。甚至到了1830年，有47%的军官拥有中间阶层的背景。

在地方，乡绅更是社会权力的把持者。"……他执行着许多属于国家的功能。他是法官，他解决在他的随从中发生的纠纷。他是警察，他在众多民众中维持秩序……他是教会，他通常提名某些受过宗教训练或是没有受过宗教训练的近亲为教士，以照看他的居民。他承担福利机构的作用：他照顾病人、老人和孤儿。他又是军队：在发生暴动时……他把他的亲属和侍从武装起来作为私人军队。甚至，通过精巧安排的婚姻、血族纽带和教父身份……他能够在需要时请大批在全国或在城市中像他自己那样拥有财产和权力的人支持他。"[1] 在乡村，治安法官和教区委员会都来自有产者，来自地方社会精英；在城镇，则是市政委员会执掌着城镇的权力，而市政委员会的成员同样来自城镇社会精英。"这时的地方政府是由不领薪金、超工作量的、几乎不合格的治安法官担任的。"[2] 17世纪初，郡政府由将近3000个杰出的士绅掌握着，到这个世纪后期，这一人数增加到5000人。"他们是由王室挑选出来的，但是这种挑选的余地事实上限制在每个郡从

---

[1] 爱德华·汤普逊：《共有的习惯》，沈汉、王加丰译，上海：上海人民出版社2002年版，第20页。
[2] 肯尼思·O.摩根：《牛津英国通史》，第251页。

80个最富有、声望最高的家族中挑选出约50人出来。"[1]而在200个左右的自治城市中,权力掌握在由12人到100人组成的寡头团体中。"王政复辟"以后,这一局面没有发生改变,除了关税之外,所有的税收事务、所有的宗教法令的实施、大部分的治安管理事务,都由乡绅出身的地方官员们来执行。

议会席位是将王权与权力精英连在一起的又一个政治纽带。进入到16世纪,英国议会的地位与作用有了较大变化。这一变化的根源就是亨利八世发动的宗教改革。在宗教改革过程中,亨利八世解散了修道院,从而使得议会上院的构成发生了变化,原来坐在议会上院的修道院长们丧失了议会上院成员的资格,上院中的教会贵族只剩下了大主教、主教等一些教会上层人士。"修道院院长从上院消失了,这意味着宗教人士在议会的投票权大大地缩小了,世俗人士在上下两院地位则相对提高。"[2]亨利八世的宗教改革法令往往是通过议会立法的形式颁布的,而且他明确宣布,国王、议会上院与议会下院共同构成了英国国家最高权力。这就将王权与权力精英牢牢地绑在了一起。他在位期间,"议会……在英国历史上第一次作为享有全权的立法机构与亨利携手合作"。[3]这一做法也得到了伊丽莎白一世的继承,她的权臣塞西尔说的那段关于女王、议会上院与下院关系的话语,实际上反映的是女王伊丽莎白一世的观念。在这种情况下,无论是高居于议会上院的教俗贵族,还是坐在议会下院议席上的乡绅与城镇精英,都无形当中将自己视为这个国家的权力精英,并将自己与王权连在一起。

---

[1] 肯尼思·O.摩根:《牛津英国通史》,第323页。
[2] 同上书,第269页。
[3] 同上书,第265页。

斯图亚特王朝建立后，由于几代国王均与议会之间就最高权力问题产生冲突，因此，议会席位就成为国王与权力精英之间进行博弈的筹码。在内战爆发之前，詹姆斯一世和查理一世多次解散议会，实际上也是借此将那些反对其政策与做法的议员们从权力中心赶出去。只不过此举并未达到其预想的效果，反而进一步强化了国王与部分权力精英之间的分歧。爱德华·柯克爵士、约翰·伊里奥特爵士、约翰·皮姆等人则走上了与国王对抗的道路。等到内战爆发后，议会更是分裂为保王派和议会派，走上了不同的道路。"王政复辟"以后，查理二世与詹姆斯二世同样在内政、外交、宗教问题上与议会存在矛盾和冲突。辉格党与托利党的出现，在一定程度上就是这些矛盾与冲突的一个表现，也是部分权力精英对王权的公开挑战。查理二世与詹姆斯二世采取拉拢一派、打击一派的做法，并多次解散议会，以此打击与自己存在分歧的权力精英。这一矛盾演变的结果，就是1688年的"光荣革命"。

"光荣革命"后，英国确立了君主立宪制，王权受到了法律限制，议会权力大增。因此，议会成为王权与权力精英关系中的重头戏。在这种情况下，"18世纪的政治家并不是想如何摆脱议会和制服议会，而是如何操纵它，而如何玩弄操纵议会的手腕就成了乔治时期政治的关键问题"[1] 在18世纪的议会政治中，有两个重要的问题：党派斗争、议会改革。而这两个问题都牵涉到王权与权力精英的关系。

1714年，乔治一世登基，开启汉诺威王朝在英国的统治。支持乔治一世继承英国王位有功的辉格党人深受新国王青睐，在乔治一世的支持下，辉格党大力排斥托利党，谋求大权独揽，进而形成了约半个世纪的辉

---

[1] 肯尼思·O.摩根：《牛津英国通史》，第378页。

格党优势。在1715年召开的新议会里，辉格党人因为得到宫廷和政府的支持，获得多数议席。1716年《七年法案》的通过，更加有利于辉格党长期控制议会。这种局面还导致"许多以前支持托利党的家族轻而易举地改弦易辙，支持辉格党人的新原则"，这是因为，"他们害怕被永久地被排除在官场和权益之外，那将是无法忍受的"。"到了18世纪30年代，在本世纪初时还由辉格党人与托利党人平分秋色的康沃尔郡的封闭选区成了辉格党人的领地。"[1] 由于受到国王与辉格党人的联合排挤，远离政治中心的托利党人不愿对国王唯命是从，而这又进一步加大了国王与托利党精英之间的裂隙。

1760年，乔治三世继位，决心恢复受到限制和削弱的王权。他采取多种手段打击辉格党势力。在1761年的议会大选中，乔治三世亲自出面行使"恩赐权"，将官职赏赐给他的支持者。他还授意成立专门机构，从事收买议员的工作，甚至亲自审阅议会投票记录，对支持者大行犒赏。乔治三世在位后期，没有一届议会保持到《七年法案》规定的时限，这固然有在内阁得不到议会下院支持的情况下，提前解散议会重新进行议会大选的原因，但不可否认的是，乔治三世不甘心成为"统而不治"的虚君，"总想借机显示君主的权势，解散议会以改善其宠臣的地位"。[2] 在乔治三世的大力扶持下，托利党取代辉格党，建立了托利党寡头统治，直到1830年。在这种情况下，无论是失势的辉格党人，还是一些以超党派自居的议员，或者慑于国王的威势，或因不愿触犯国王，都表现出顺从的政治态度。

18世纪中叶以后，随着经济的快速发展，尤其是工业革命的开展，

---

[1] 肯尼思·O.摩根：《牛津英国通史》，第392、393页。
[2] 阎照祥：《英国政党政治史》，北京：中国社会科学出版社1993年版，第85页。

英国社会发生了巨大的变化。就社会结构而言，中间阶层进一步发展壮大，工业资产阶级力量壮大，其经济实力足以同大地主以及银行家相抗衡。但是，他们的经济地位与其政治地位极不相称，这突出地表现在议会选举上。因此，自18世纪中叶起，在英国掀起了呼吁进行议会改革的激进运动。面对议会改革的浪潮，无论是国王还是托利党，都持反对态度。在法国大革命和拿破仑战争的背景下，更是对改革运动进行镇压。1818年的"彼得卢惨案"发生之后，议会通过了"六项法令"，对群众性的政治运动进行压制。然而，议会改革的呼声日益高涨。

"1830年的不列颠有两个富裕的少数人集团——农业的，工商业的。问题的关键是前者即传统的贵族是否与后者分享权力，并因此就贵族原则作出让步，以便维护寡头政治——废除过时的土地优势，换句话说，保留由少数人统治的制度。贵族同意作出这种让步，是因为他们根本没有选择。寡头政治的消亡是不可想象的，保留它的唯一办法是扩大它的基础。"[1] 在高涨的反抗局势下，统治集团中的有识之士意识到，在社会中间阶层尤其是工业资产阶级力量大涨的情况下，一味地镇压有可能引发革命，应该通过改革将这些社会精英纳入到权力中心里来，缓和社会矛盾，扩大统治基础。他们"主张适时地稍微滞后地进行温和的改良，以免发生社会剧变"。[2] 正是在这种情况下，由格雷领导的内阁提出了议会改革的方案。但格雷内阁提出的议会改革方案接连在议会上院被否决，进而引发了国内大规模的抗议浪潮。在社会舆论与改革力量的压力之下，国王威廉四世向议会上院中的反对派贵族施加压力，1832年6月，议会两院最终通过

---

[1] William B. Willcox Walter L. Arnstein, *The Age of Aristocracy 1688 to 1830*, Lexington: D. C. Heath and Company, 1988, p. 311.
[2] 阎照祥：《英国近代贵族体制研究》，第124页。

了议会改革法令。这次议会改革是新的社会精英向传统社会精英提出挑战的结果，也是传统社会精英在压力面前进行妥协、接纳新的社会精英的结果。通过这次改革，工业资产阶级打开了议会的大门，实现了权力精英的初步重组。工业资产阶级通过获得议会议席的方式，初步实现了进入国家权力精英集团的政治目标。

二、经济纽带

与政治纽带相比，经济纽带同样是权力精英与王权关系的重要内容。权力精英与王权不仅有政治上的合作与冲突，在经济上同样有共同利益所在，当然也有矛盾与冲突。通过不断地协调双方的矛盾与冲突，求同存异，权力精英与王权找到了共生共存的经济基础。

国王及其政府是国家一切财源的最高所有权人，权力精英只有与国王保持一致，只有进入王国政府机构，无论是宫廷、中央政府或地方政府，还是议会或军队之中，才能算进入了权力精英集团，才能够得到获取这些财源的近水楼台。

权力精英从国王那里获得的经济收益首先是地产。关于贵族地产问题前文已经述及，此处不再重复。除了贵族，其他权力精英同样能够因为效忠国王、为国效力而获得地产。埃德蒙·达德利在效力于亨利七世、使王室收入大增的同时，自己也从中渔利，他在13个郡拥有地产。在亨利八世解散修道院之后的土地处理过程中，贵族、廷臣、中央政府官员、乡绅等都是受益者，而那些直接效力于亨利八世的权力精英更是最大的受益者。"在存在着明显的区域性差异的约克郡，超过四分之一的乡绅家庭在1642年时拥有的地产在1540年以前归修道院所有。"[1]再以诺福克郡为

---

[1] 阿萨·勃里格斯：《英国社会史》，第140页。

例,"在伊丽莎白一世继位时这个郡的财产分布情况是4.8%的庄园属于国王,6.5%的庄园由教会或主教拥有,11.4%的庄园由东盎格利亚地方巨头占有,75.4%的庄园由士绅拥有。而在1535年,2.7%的庄园由国王所有,17.2%由寺院占有,9.4%由地方巨头拥有,64%属于士绅。"[1] 有时,权力精英还可能从国王那里获得为期几年乃至几代的土地租让赠礼。1587年,女王伊丽莎白一世与威廉·加德纳爵士签署了一份年租金68镑、为期21年的土地租约,1612年,该地产的年值已经远远超出了租金。因为叛乱或其他政治原因而被剥夺财产权的贵族等的土地,也成为权力精英谋求的对象。"那些在1569年快速北上镇压北方伯爵叛乱的人,那些在1601年2月8日下午围困埃塞克斯宅邸的人,绝不完全出于对其敬爱的女王的无私奉献:这其中有利可图,他们也注定会提出自己的要求。"[2]

作为他们辅佐君王、为国效力的补偿,国王有时会将数额不等的现金赏赐给权力精英。1611年,詹姆斯一世赏赐给贵族的现金不少于43600镑,1612年又赏赐给贵族20000镑。1625年,查理一世为庆祝登基,赏赐给凯利伯爵10000镑。当然,这种一次性的大额现金赏赐并不多见,更多的是数额不等、时限有别的年金赏赐。在整个这一时期,年金一直是权力精英们常常从国王那里得到的恩赐。伊丽莎白一世在位期间,每年有总数不超过30000镑的额度用于向权力精英们发放年金或酬赏。1626年,国王发放的年金数额已经达到140000镑左右。1630年,金额约为125000镑的年金为数百个显贵、廷臣、法官、政府官员获得。有些贵族获得的年金在其总收入中占据相当大的比例。例如,索尔兹伯里伯爵、蒙哥马利伯爵、北安

---

[1] 肯尼思·O. 摩根:《牛津英国通史》,第269页。
[2] Lawrence Stone, *The Crisis of the Aristocracy 1558-1641*, p. 196.

普顿伯爵、康威子爵的年金是 3000 镑, 剑桥伯爵的年金是 2500 镑。[1]

关税包税、进出口特许状、生产经营的垄断权也是权力精英从国王那里得到的赚钱机会。"伊丽莎白利用早期的一些做法,给王公大臣、宠臣某些特权,如专卖权、垄断权等。"[2]16 世纪 60 年代和 70 年代,莱斯特伯爵获得了进口丝绸、天鹅绒、油、葡萄干、甜酒的税收租约,仅从甜酒包税中就获得了 2500 镑。1604 年,索尔兹伯里伯爵因为帮助一个商人集团赢得包税权而得到 6000 镑酬金。17 世纪初,有 7 个贵族因为充当了国王与包税商之间的掮客,每年能够得到大约 27500 镑的收入。17 世纪早期,坎伯兰伯爵从布匹专卖中获得巨大收益,每年的纯利润从 612 镑到 4189 镑不等。[3]

在这一时期,担任官职本身也是一个重要的来钱之道。"17 世纪和 18 世纪早期,担任官职是主要的财富来源。"[4]17 世纪初,尽管高级官职的薪酬只有几百镑,但担任这些职务的人的年收入却绝不止于此。原因就在于这些官员有许多办法来增加收入,例如,将结余的公款用于私人借贷,出售手下的低级职位,向下属官员收取礼物和现金等。以首席财政大臣为例,这一职位的年薪为 366 镑,但在 1608 年至 1612 年间该职位的年价值在 4000 镑左右,到 17 世纪中叶更高达 7000 镑至 8000 镑。再如监护法庭主事一职的年薪是 133 镑,但在 1608 年至 1612 年间该职位的年价值在 3000 镑左右。从 1603 年到 1606 年,第九代诺森伯兰伯爵获得一份宫廷职位,该职位每年给他带来 280 镑的收入。19 世纪 30 年代,德文郡公爵

---

[1] Lawrence Stone, *The Crisis of the Aristocracy 1558-1641*, pp. 197-198.
[2] 肯尼思·O. 摩根:《牛津英国通史》, 第 294 页。
[3] Barbara English, *The Great Landowners of East Yorkshire 1530-1910*, p. 110.
[4] Ibid, p. 39.

担任宫廷总管大臣（Lord Chamberlain of the Household）一职，其薪水是3058镑。[1]到18世纪，每个官员的薪酬都会通过小费和津贴而倍增。与此同时，与国债制度伴随的复杂的信用财政的扩大，导致了政府的幕后交易者的出现，那些摆弄账目和计算税率的人有了大的施展空间，他们在台面上和台面下进行操纵和分赃。这些人通过贿赂和私下交易官职与爵位而让自己的钱包鼓了起来。官员尤其是司法官员，为他们提供的服务而收取费用，每个官职都是一个潜在的金矿。那些处于合适位置和拥有合适朋友的人能够轻易发财。

与此同时，由于身处权力中心，权力精英们有不少机会和手段赚钱。伊丽莎白一世手下的廷臣伯利的年收入有4000镑，其中三分之二是从卖官鬻爵中得来的，他的年金只有866镑。1616年，海勋爵通过向约翰·霍利斯爵士和约翰·罗珀爵士出售男爵爵位获得20000镑的收入。1618年至1622年间，白金汉公爵通过出售贵族爵位、从男爵爵位、骑士头衔、大法官职位、枢密院职位等，获得24750镑的收入。1627年，第一代卡莱尔伯爵获得了一份关于加勒比群岛的特许状，从而使他在那里拥有领主身份的权益，凭借这种权益，他可以从当地的经营收入中获得提成。有时，国王也会将长期空缺的主教职位的收益赐予臣下。因为生活奢侈而导致生活窘困的牛津伯爵就从女王伊丽莎白一世的手中获得过长期空缺的伊利主教的收益。

另外，这些权力精英还可以利用自己的有利地位，通过议会法令的形式，为自己谋取利益。这一点在18世纪的议会圈地运动和工业革命中表现得更为清楚。在诺丁汉郡1787年至1806年间递交的58份圈地法案中，

---

[1] Barbara English, *The Great Landowners of East Yorkshire 1530-1910*, pp. 107, 109.

贵族是15份法案的主要申请人。1776年，贝德福德公爵从议会获得一个私人法案，开始建设贝德福德广场。贵族也会常常利用其在威斯敏斯特的地位，来保护他们自己的利益。因为怀伊河通航对他的铁厂垄断构成威胁，这项提案在议会遭到了肯特伯爵的反对。

三、社会纽带

在权力精英的心目中，并不只有政治权力、官职和经济收益，他们还十分注重自己的社会地位，需要与其政治地位、经济地位相称的社会地位。能够反映权力精英社会地位的外在标志无疑有爵位、头衔、勋位、称号等。这些外在的社会地位的标志就构成了王权与权力精英之间的社会纽带。

在这些标志当中，贵族爵位无疑是最令人向往的。但是，并不是所有权力精英都能够获得贵族爵位。可惟其如此，贵族爵位才能够成为王权与权力精英之间关系的最牢固纽带。都铎王朝建立后，作为从玫瑰战争中走出来的开国之君，亨利七世对于权力精英不能不多加小心。因此，在授予权力精英贵族爵位或提升其爵位方面，亨利七世十分谨慎。他授封的新贵族非常少，连对被剥夺爵位的贵族的恢复爵位在内，他只授予了9个贵族爵位。[1] 亨利八世即位之初，没有改变这一做法，但是到开始宗教改革后，为了更好地获得权力精英的支持，他加大了授封贵族爵位的力度。他授予11名贵族子爵及其以上的爵位，授予16个贵族或贵族后代以男爵的爵位。伊丽莎白一世在位期间，一共授封、恢复、晋升了18名贵族的爵位，其中6人恢复原有爵位，2人按女性世系继承爵位，3人为贵族幼子继承爵位，2人继承家族爵位，3人是王室宗亲，2人出身于骑士家族。总体来说，都铎王朝时期，几代国王在授封或晋升贵族爵位问题上都比较审慎，

---

[1] M. L. Bush, *The English Aristoracy: A Comparative Synthesis*, p. 102.

他们所授封或晋升的贵族爵位多为权力精英。值得注意的是，在这些被授封贵族爵位的权力精英中，有些人是先为廷臣而后被封贵族的。这是因为，在都铎王朝"只有绅士以上的'贵族'才有担任治安法官以至政府大臣的资格是一种成规，但国王可以在任命非贵族出身者（尤其是'专业人员'和商人）为大臣或地方官员时赐封其为骑士或绅士以至封爵贵族。"[1]托马斯·博林是亨利八世的王后安妮·博林的父亲，他原来是布商，后购买地产成为乡绅，再成为廷臣，之后被封为贵族。萨默塞特公爵最初也是乡绅，后来由廷臣而被封为贵族。波利特、佩吉特也是由乡绅再为廷臣，最后被封为贵族。

1603年斯图亚特王朝建立后，在授封贵族爵位的问题上一改前朝做法，开始慷慨大度地授封贵族爵位。之所以出现这一变化，是因为国王试图通过慷慨地授封贵族爵位，既向他的臣民显示其作为最高权力拥有者的地位，又可以笼络社会上层，巩固和扩大新王朝的社会基础，将授封贵族爵位作为一种政治手段，奖掖提拔亲信宠臣，从而获得建立统治所必须倚重的社会集团的更大的效忠，同时还可以通过授封贵族爵位，减缓社会上尤其是社会上层各个集团之间的紧张关系，进而营造出一个有利于建立和巩固新王朝统治秩序的社会环境。詹姆斯一世继位当年就有10余人获封为贵族。在斯图亚特王朝前期授封的贵族中，凭借政绩和才能得到爵位或提升爵位的贵族占有重要地位，在这其中有培根、康威、考文垂、达德利·卡勒顿等。詹姆斯一世更是对手下的宠臣赐予尚贵的爵位。罗伯特·卡尔先后被授予罗切斯特子爵和萨默塞特伯爵的高位，乔治·威利尔斯更是成为白金汉公爵，成为一人之下万人之上大权在握的重臣。当然，

---

[1] 郭方：《英国近代国家的形成》，第201页。

也有些人或者凭借家族关系、姻亲关系、庇护关系，或者干脆凭借手中的大笔金钱开道，也在斯图亚特王朝前期的封爵狂潮中获得贵族爵位，跻身于权力精英行列之中。"王政复辟"后，为了笼络社会上层，扩大复辟王朝的社会基础，防止内乱，查理二世同样大力授封贵族爵位。到"光荣革命"前夕，贵族人数由内战之前的120余人增加到168人。

"光荣革命"之后，历代国王授封贵族爵位的步伐明显加快。威廉三世授封了27名贵族，安妮女王授封了30名贵族，乔治一世授封了38名贵族，乔治二世授封了39名贵族。乔治三世在位期间授封贵族相对较多，仅在他在位的头23年里就授封了47名贵族。到1800年，英国有贵族267名，比"光荣革命"前多出了99人。除了新授封的贵族爵位外，还有一些贵族的爵位获得晋升。在这些获得贵族爵位或者晋升了爵位的贵族中，以下这几类人较为惹人注目。第一类人是国王身边的宠臣或亲信。乔治三世从1784年起加速授封贵族，第一年就使他的11名亲信得到爵位。第二类人是国王身边的重臣或各党派的领导人。乡绅出身的首相沃波尔晚年成为奥福德伯爵，出身富商家庭的老皮特被授封为查塔姆伯爵。第三类人是在一些重要时刻建立了功勋的人。"光荣革命"之后，威廉三世论功行赏，辉格党领袖施鲁斯伯里伯爵与德文郡伯爵晋升为公爵，爱德华·罗素与亨利·西德尼被封为伯爵，托利党领袖丹比伯爵被封为卡玛里侯爵，几年后又晋升为利兹公爵，理查德·鲁姆累被封为斯卡伯勒伯爵。再如，利文森—高尔家族在1746年因为参加了击败1745年詹姆斯党人叛乱而获封伯爵爵位，在1786年因为第二代伯爵参加了击败福克斯—诺斯联盟而获封侯爵爵位，在1833年因为第二代侯爵努力推动改革法获得通过而获封公爵爵位。第四类人是各党派的骨干力量，在党派斗争的关键时刻或重要国策出台的时候，被授封贵族爵位而进入议会上院。1710年，在土地贵族对战争牢骚满腹的情况下，安妮女王决定结束战争。但1711年下院通过的停战法案却遭到议会上院占据多数席位的辉格党贵族阻挠。为此，安妮女王在当年底将12名托利党人封为贵族，从而改变了上院力量对比，使得法案获得通过，英国退出了战争。第五类人是那些自治市镇的显贵。他们之所以获封贵族爵位，主要是因为内阁试图控制他们在下院的利益。1784年，詹姆斯·劳瑟爵士被封为朗斯代尔伯爵，托马斯·皮特获封为卡姆尔福德男爵，爱德华·艾略特爵士获封为艾略特男爵。

受制于多重因素，贵族爵位毕竟有限，不能所有的权力精英都能够获封贵族爵位。在这种情况下，地位低于贵族爵位的头衔就具有了它的意义。

1510年，议会下院的骑士议员是74人，到1610年，议会下院的骑士议员是90人，这意味着在都铎王朝骑士的数量只是略有增加。虽然授封骑士数量不多，但授封骑士等头衔成为都铎王室拉拢、收买、赏赐乡绅的重要手段。这也反映了乡绅力量的壮大。正如屈威廉所说："对于乡绅而言，伊丽莎白在位时期是一个极其重要的时代。他们的数量、财富和重要性，都由于位居他们与国王之间的旧贵族的衰落、修道院财产的分配以及新时代商业的繁荣和土地经营的改善而得到增强。"[1]詹姆斯一世即位后，情况为之一变。他即位四个月就使得英国增加了900余名骑士，而且允许购买骑士头衔。1615年至1619年间，平均每年授封骑士120名，1626年至1630年间，平均每年授封骑士45名，1631年至1640年间，平均每年授封骑士22名，1641年、1642年，平均每年授封骑士100名。[2]1611年，为了迎合部分上层乡绅对头衔的更高要求，同时也是为了进一步敛财，詹

---

[1] G. M. Trevelyan, *English Social History*, Longman, 1978, pp. 97-98.
[2] Lawrence Stone, *The Crisis of the Aristocracy 1558-1641*, p. 42.

姆斯一世开始了从男爵爵位的授封。最开始，对于授封从男爵有着一些资格限制：至少三代履行军职，地产年收入不低于1000镑，不得有向廷臣行贿的行为，保证可以支付30名爱尔兰驻军的费用。但实际上这些规定并没有得到完全执行。到1641年，共授封了290名从男爵。尽管这其中出钱购买从男爵爵位的人很多，但为了安抚贵族之下的上层权力精英，还是在较为正常的条件下封赐一些有功之臣或乡绅上层人物。

"王政复辟"之后，授封从男爵与骑士的步伐加快了，尤其是在查理二世在位期间。查理二世将授封从男爵和骑士视为回报其忠诚盟友的有效办法。到1665年，他总共授封了304个英格兰从男爵、51个苏格兰和爱尔兰从男爵，还有471个骑士。虽然在1665年以后，查理放慢了封爵的脚步，但他在位的最后20年里还是授封了125个英格兰从男爵、89个苏格兰和爱尔兰从男爵以及509个骑士。如果将从男爵和骑士合并计算的话，查理二世在位期间平均每年授封63个，詹姆斯二世在位时期平均每年授封38个，威廉三世在位时期平均每年授封18个，安妮女王在位时期平均每年授封15个，乔治一世在位时期平均每年授封13个，乔治二世在位时期平均每年授封还不到6个。到1800年，乔治三世授封了244个不列颠从男爵和77个爱尔兰从男爵。自1812年作为摄政王起到1830年，乔治四世授封了171个，威廉四世授封了55个。[1]

除了贵族爵位、从男爵爵位和骑士头衔，国王还会授予一些权力精英勋章或者勋位。在这些勋章或勋位中，最高的勋章是设立于1348年的嘉德勋章（Garter）、设立于1687年的蓟花勋章（Thistle）和设立于1783年的圣帕特里克勋章（St Patrick），这些勋章无一例外落到贵族头上。从

---

[1] J. V. Beckett, *The Aristocracy in England 1660-1914*, pp. 31-32.

1725年起，骑士头衔也可以授予巴斯勋章（Order of the Bath）获得者。但是，应该注意的是，这些勋章或勋位的授予数量是固定的，而且，获得这些勋章或勋位的人往往同时拥有贵族爵位、从男爵爵位或者骑士头衔。1726年，沃波尔为能够继续留在议会下院以实现其控制议会下院的目的，拒绝受封为贵族，而是接受了嘉德骑士（Knight of the Garter）的称号，在几代人的时间里还没有平民接受过这个称号。

据贝克特统计，在英国，1700年拥有爵位和头衔的精英是1546人，当时英国的人口大约是550万人，也就是说每3500人中有1个人拥有爵位或头衔。到1900年，拥有爵位或头衔的人，再加上勋位拥有者，其比例是每6500人中有1人。[1]19世纪70年代，亚当·比塞特·汤姆出版了《上流社会名录》（The Upper Ten Thousand），这是一部拥有头衔和官职的阶层的人名手册。在这份名录中包括爵位贵族、从男爵、拥有由国王授予的公认的称号的人、议员、法官、海军将军、陆军将军、高级教士、殖民地总督。可以说，在这一时期的英国，拥有爵位或头衔的这些人构成了一个权力精英集团。

第二节 权力精英与庇护制度

权力精英之所以成为权力精英，是因为他们手中握有资源。对国王和政府而言，权力精英手中握有经济资源，拥有财富，甚至在一定程度上是国家经济生活的主宰者；权力精英手中握有政治资源，他们手下有地位有别、人数不等的追随者，有靠他们的产业谋生的民众，国家的统治需要他

---

[1] J. V. Beckett, *The Aristocracy in England 1660-1914*, p. 40.

们来执行。对于民众尤其是权力精英的追随者而言，权力精英手中握有政治资源，例如官职、政治权力、议会权力；权力精英手中握有经济资源，例如，他们手中的土地、产业能提供诸多的工作机会。因此，在权力精英周围聚集着众多的追随者，构成了一个又一个社会利益团体。权力精英手中握有的权力与资源的大小和多少，决定着其追随者的多少和影响的大小；反过来，手下追随者的数量与质量，又决定着权力精英的地位与影响。

一、庇护制与政治生活

在这一时期的政治生活中，庇护制占据着极其重要的地位。一个人在权力阶梯上能够爬到多高，取决于他的庇护人的权力与影响的大小，取决于他同庇护人的关系的亲疏；而庇护人保护和提拔受庇护人的能力又决定着他自己的地位。

"庇护可以界定为以不同等级之间领袖（或庇护人）和他们的随从（或受庇护人）之间的个人关系为基础的政治体制。"[1] 在这种制度下，庇护人和受庇护人双方都要有所付出。受庇护人向庇护人奉献他们的政治支持和他们的遵从，这些支持和遵从往往以屈服的姿态、尊敬的语言、礼品等表达出来。庇护人则要向受庇护人提供盛情的款待、工作和保护。事实上，庇护制是一种适合时代需要并行之有效的统治制度。一旦庇护成为一种社会政治制度，而不仅仅是普遍盛行的双向关系，受庇护者就成为一种资源。权力精英在这种庇护制度中扮演了一个掮客的角色，他们是保护、利益和机会的提供者，宫廷是他们施展权力与影响的舞台。宫廷不是国王垄断权力的工具，而是国王与一些权力精英分享部分权力以巩固国家和国王对国家的控制的工具。就权力精英吸引受庇护者和控制国家政治的

---

[1] 彼得·伯克：《历史学与社会理论》，第87页。

能力来说，他在宫廷中的庇护人地位就成为关键的因素。反过来亦然。受庇护人可以在权力精英之间进行选择，但是，权力精英却没有这种选择的余地，对他们来说，国王是唯一的庇护者。一个权力精英与国王的关系越密切，他作为掮客的影响就越大。另一方面，这些掮客也是国王不可缺少的，国王不能亲自去分配庇护和恩赐，宠臣的出现正是这一需要的反映。[1]

虽然国家对庇护制的存在与发展心存疑虑和不满，但是，它并没有做出极大的努力来结束庇护制，因为这种传统能够发挥其他办法起不到的作用，例如在一定时期征召士兵的需要，在边远地区维持统治的需要，在地方施行统治的需要。当然，随着国家的发展和强大，国王逐渐地避开权力精英的庇护网，委派官员进行直接统治。国王派人搜查违法的号衣、徽章，实际上就是这方面的努力。詹姆斯一世将权力精英的庇护制摒拒于政府的制度之外；像伊丽莎白一世那样，把庇护制变成了朝廷的恩宠。但是，偏偏有些权力精英没有摆正自己在庇护制度中的正确地位，甚至做出逾越王权的事情，结果自然可想而知。在1596年对加的斯的远征中，第二代埃塞克斯伯爵将自己视为西德尼的光荣继承人，将骑士称号授予那些崇拜他的扈从们，这令伊丽莎白女王很不高兴，从而在他们君臣之间埋下了裂隙。[2]

实际上，庇护制度在这一时期的发展，弥补了通过正常的制度性手段无法获得的集权化成就，对发育不良的官僚结构也是一个补充。在这种庇护制度下，官职在靠庇护关系获得后，其本身又成了庇护的工具。庇护就意味着有能力组织和掌握一批追随者，这种关系意味着可以从那些私下的请求者那里获取钱财，而且可以不公开地将公共财富攫为己有。如果一切

---

[1] H. Zmora, Monarchy, *Aristocracy and the State in Europe 1300-1800*, p. 81.
[2] Lawrence James, *Aristocrats Power, Grace and Decadence: Britain's great ruling class from 1066 to the present*, London: ABACUS, 2010, p. 102.

顺利，通过求得庇护，就铺设了一条通向财富和权力扩张的道路。"庇护是一种社会关系"，珀金写道："与封建忠诚相比，不那么正规，但不容忽视，与资本主义金钱交易的契约关系相比，更加个人化，也更加复杂。"[1]

16世纪，约克郡的一位绅士警告他的儿子"不要过于频繁地到宫廷去"，但又要求他的儿子"靠上某个有声望有权力的人物，他会给你带来支持"。到18世纪，政治的中心已经从宫廷转移到了议会，但我们看到切斯特费尔德勋爵向他儿子提出了同样的忠告："在我们的议会制政府里，关系是绝对必要的。"[2] 能力可能有助于获得成功，但大人物的庇护是至关重要的。反过来，大人物普遍认为其权力的证明之一是其吸引受庇护者并促进其利益的能力。受庇护者，无论是个人还是个组织，渴望从这一关系中获得相当大的利益：获得官职或某些肥缺，在法律诉讼中获得照顾，当国王心情好时可以向他提出请求。因此，在伊丽莎白一世时代，有11个议会城市社团、9个主教、2个教长和牧师会及2个大学成为莱斯特伯爵的受庇护者。受庇护者与庇护者的关系，同样延伸到了地方。在约克郡，托马斯·温特沃斯担任北方政务会首席大臣期间任命的31个郡督中的22个是这位大人物的朋友或亲属。[3]20世纪20年代，刘易斯·纳米尔指出，党派在18世纪的政治舞台上并不重要，真正重要的是"宗派"，换句话说，"就是围绕在一个庇护人身边的一群受庇护人，这群人不是由某种意识形态或者政纲联合起来的，而是与某个领袖有一种共同联系"。[4]20年

---

[1] Roy Porter, *English Society in the 18th Century*, p. 61.
[2] J. A. Sharpe, *Early Modern England: A Social History 1550-1760*, pp. 162-163.
[3] Ibid, pp. 161-162.
[4] 彼得·伯克：《历史学与社会理论》，第89页。关于纳米尔和尼尔的观点，见：L. Namier, *The Structure of Politics at the Accession of George III*, London, 1928; J. E. Neale, "The Elizabethan Political Scene", rpr. in his *Essays in Elizabethan History*, London, 1958, pp.59-84.

以后，J. E. 尼尔同样以大人物之间的对立（莱斯特伯爵与诺福克公爵，艾塞克斯伯爵与塞西尔家族）来描述伊丽莎白一世时代的政治场景。

在诸多权力精英当中，那些位高权重、掌握资源多的人自然而然成为庇护制度的主角。"亨利八世在位时期的权臣沃尔西与克伦威尔都尽力提拔他们的亲信，使贵族子弟和许多乡绅担任政府职务，或在地方任职。克伦威尔仅在德文郡和康沃尔郡就安插了十多人。"[1] 白金汉公爵凭借詹姆斯一世的宠信控制了政府，并一直掌权到查理一世登基、他于1628年被暗杀为止。作为首席财政大臣，沃波尔通过任命海关官员和税收官员控制着巨大的庇护网。他在财政大臣的职位上操控着他的机器。他在议会下院组织了一大群禄虫，这些人按照他的指示投票。他分配恩宠、荣誉和晋升，以便于维持和加强其对政治的控制。他决定着军官们的晋升。他对教会内部庇护网的控制，要比1688年以来任何大臣都牢固。他将自己亲自选择的人员安插到政府部门中。

在这一时期，贵族们占据着高级地方官职，无论是实职还是荣誉职务，从郡督到大学校长，这些职务都具有权威，可以形成庇护关系。由于处于控制地位，贵族们拿出国家的官职来犒赏效忠的朋友、家族和追随者，贿买不满者。"庇护制使得贵族能够为他们的亲属和依附者提供某种形式的职务。"[2] 在由他们支配的国家里，贵族是政治资产倒卖的开创者。在文官制度改革之前，英国政府官员的任用实行"恩赐制"，文官任用由要人指定、举荐。文官录用权主要由国王、宫廷权贵和各郡长官直接行使；部分高级文官通过特许证书获得职位后，也可以任用手下职员。

---

[1] 阎照祥：《英国近代贵族体制研究》，第38页。
[2] J. V. Beckett, *The Aristocracy in England 1660-1914*, p. 352.

于是，私人关系和个人感情就成了官职获取的关键因素，关系网在行政部门纵横交错。"[1]宫廷、教会、官僚机构、领事馆和行政部门里适合的官职以及军官职务，成为纽卡斯尔公爵等党派领袖庇护目录上的重要内容。1762年，约翰·博斯科恩·萨维奇在2岁的时候就被任命为第91步兵团的少尉。在这种情况下，"无需来自国王的积极鼓动，仅凭对权势的认识，就足以让教士、大学教师、市政官员们迫不及待地托庇于王室宠臣的羽翼之下。"[2]

许多权力精英还拥有受俸牧师推荐权，这种权利可以提供给家族成员，可以用来提供庇护，也可以出售。18世纪早期，贵族控制了大约12%的受俸牧师推荐权，一个世纪以后这一比例上升了1到2个百分点。剩下的受俸牧师推荐权多掌握在乡绅手中。18世纪早期，德文郡公爵控制了29个半受俸牧师推荐权，一个世纪以后达到37个，里奇蒙公爵家族控制的受俸牧师推荐权从24个增加到29个。18世纪早期，49个贵族家族控制的受俸牧师推荐权在8个或以上，到19世纪早期，则有64个贵族家族控制的受俸牧师推荐权达到这一数量。托庇于某个权贵，成为获得教职或晋升教职的一个重要因素。"没有人"，约翰逊博士抱怨说，"如今会因为他的学问和虔诚而被任命为主教；他本人获得晋升的机会，是因为他和某个在议会里有关系的人有联系。"[3]对教会职务的庇护还会影响到党派利益。"虽然辉格党人的不断的小恩小惠使教会中的托利党影响受到削弱，但是教会的重要神学院之一牛津大学，仍然对国教乡绅忠心不变，在托利党集

---

[1] 阎照祥：《英国近代贵族体制研究》，第103页。
[2] Lawrence Stone, *The Crisis of the Aristocracy 1558-1641*, p. 207.
[3] Roy Porter, *English Society in the 18th Century*, p. 114.

团手中仍拥有足够的教会庇护制来维持自己的强大的利益。"[1]

但是，这种关系往往是以某个权贵为核心进行运转的，该权贵有权有势，他的庇护体系就能良好运行，一旦他失势下台，就极有可能导致以他为核心的庇护体系分崩离析。1762年，纽卡斯尔下台，在他的50余名亲信中，有33人随即离开政府重要部门，余下的24人中，有7人后来也被罢免。1801年，小皮特辞职，他手下的追随者50余人与他一起离开政府。在这种庇护制度下，人们既能看到"一人得道，鸡犬升天"的热闹场面，也能目睹"树倒猢狲散"的凄凉景象。

二、权力精英庇护下的议会选举

这一时期，议会下院议员人数不断增加，其权力地位也日渐上升。即便如此，权力精英对议会下院的控制并没有多大变化。权力精英对议会下院的控制主要体现为操纵议会选举进而控制下院议员。

16世纪以来，由于社会经济的发展，拥有选举权和被选举权的人数都增加了，人们对担任下院议员的兴趣也越来越浓。无论是城市寡头集团还是地方乡绅，都日益积极地参加下院议员选举。此时在下院议员选举中开始出现竞选，竞选的激烈程度也越来越大。不过，这一时期的竞选并非完全基于政治观点的不同，而主要是个人或家族之间的权势之争。"竞选手段不是求助于社会舆论和选民的支持，而是依靠达官显宦、监选官滥用职权或营私舞弊，"因此权力精英对下院议员选举的影响很大。[2]由于选举是公开的，权贵们提出的候选人虽然不无落选者，但多数被顺利通过，因为违抗权贵意志的选邑往往遭到报复。1807年，菲茨威廉伯爵提出的议员

---

[1] 肯尼思·O.摩根：《牛津英国通史》，第393页。
[2] 程汉大：《英国政治制度史》，第163页。

候选人在马尔顿（Malton）的选举中落选后，菲茨威廉伯爵的反应是驱赶佃农、将地租提高25%、操纵德文特河的收费，将煤炭价格从每吨1先令8便士涨到3镑，将谷物价格上涨三分之一。直到议会下院推翻选举结果，他的候选人在1808年的补选中赢得胜利后，菲茨威廉伯爵才削减了相关收费。[1]

权力精英对议会选举的控制手段和控制程度不同，其中既有绝对的、傲慢的统治，也有娴熟地运用计策和手段来实施控制。权力精英垄断着中央政府的要职，手中握有大量官职的授职权，可以通过授予官职、提供肥缺等收买选民和议员，培植自己在议会下院的势力。一个在伦敦有影响的权贵可以帮助一个乡村从骑士的幼子获得军官职务，作为回报，这位父亲在郡的选举中按权贵的旨意投票。有时候，权力精英对议会选举的控制如此成功，以致于选举进行得非常平静。1761年，在201个选区中，只有18个选区仅有不到500个选民进行了实际投票。1754年至1790年间，有12个郡的议会选举根本就没有投过票。即使在1831年也只有75个选区进行了选举。而且，选举的下降明显伴随着受庇护制控制的议席的显著增多；实际上，在18世纪40年代和50年代，庇护制有了较大发展，与之相关的则是竞选数量的下降。

许多城市议员的提名权也被权贵们所垄断，而且他们提名的候选人获得通过的比例极高。伊丽莎白一世女王在位期间，埃塞克斯伯爵控制着12个城市的议员候选人提名权，莱斯特伯爵控制着7个城市的议员候选人提名权。[2] 在各郡，由于选民多，居住分散，控制选举有一定难度，但仍有

---

[1] J. V. Beckett, *The Aristocracy in England 1660-1914*, p. 443.
[2] 程汉大：《英国政治制度史》，第163页。

部分郡区的议员选举被贵族所操纵，如剑桥、诺丁汉、亨廷顿等郡分别是诺福克公爵、拉特兰公爵和曼彻斯特公爵的势力范围。即使那些表面上保持独立的选区，也难以逃脱贵族势力的影响。

16世纪，国王为了讨好权力精英，将大量下院议席交给他们安排。从1547年到1584年，议会下院新增了119个以上的新议席，这其中虽有一些是为了加强国王对议会的控制，但大部分是为了满足有权势的请求者扩大其私人庇护网的愿望。虽然我们还不能十分准确地知悉伊丽莎白一世统治中期由权贵操纵的下院议席数量，但可以确定大致上在总数的五分之一左右。有些权贵因为担任欣克港的港务监督、怀特岛的守卫司令、兰开斯特或康沃尔公爵领地的财政官而具有广泛的影响，控制着欣克港的5个议席、怀特岛的3个或3个以上的议席、兰开斯特的13个议席。在贵族当中，那些显赫的宫廷宠臣如莱斯特、塞西尔、埃塞克斯等在控制下院议席的问题上占据着很大的优势。16世纪90年代，塞西尔和埃塞克斯成为贵族控制下院议席的中心人物，人们发现不得不在这两个显贵之间作出选择。"这种两极化现象在詹姆斯在位的头十年里一直存在，在1614年的议会里达到了顶峰。"[1]

"光荣革命"以后，权力精英对议会下院议席的控制进一步强化，权贵控制下的议会选举的比例在逐渐上升。"随着战争的进行，政府的权力逐步扩大，尤其是建立了巨大的管理新的财政制度的机器，它直接地带来了大量新的庇护制。而且，1688年革命后的政府迫切需要在下院中赢得多数，因此，为了控制议会，更需要在议会利用这种庇护制。"[2] 根据杰弗

---

[1] L. Stone, *The Crisis of the Aristocracy 1558-1641*, p.128.
[2] 肯尼思·O.摩根：《牛津英国通史》，第390页。

里·霍姆斯的研究，1702年，英国约有20个选邑处于贵族控制之下，这20个选邑的议员人数是31人。到1713年，处于贵族庇护下的选邑增加到28个，议员为45人。[1]

另外，曼彻斯特、斯坦利（德比）、安卡斯特、萨默塞特、佩吉特等贵族在亨廷顿郡、兰卡郡、林肯郡、诺森伯兰郡、斯塔福德郡分别控制一个议席。[2] 杰弗里·霍姆斯指出，与汉诺威时期相比，在安妮女王统治时期权贵对选举的控制并不是十分稳固的，在《七年法案》通过以前，他们对议会选举的控制容易受到威胁。[3] 此时虽然出现了一些由贵族控制的大选区，而且像博福特、兰斯多恩、萨默塞特、沃顿等贵族在这方面也花了大价钱，但结果却没有确切的保证，取得的成果容易因为议员的经常改选而失去。1715年，有82个英格兰和威尔士的议席处于贵族的控制之下。这比霍姆斯对1713年的统计要高出许多，而霍姆斯对1713年的统计又比1702年高出许多。在这之外，还有英格兰各郡的12个议席、1个威尔士选邑、威尔士的1个郡、7个苏格兰选邑、苏格兰的16个郡的议会选举处于贵族的控制之下。这样，总计有105个议席处于贵族的控制之下，占下院议席总数的1/5。到1747年，贵族控制的议席上升到167个，增加的议席中大部分来自英格兰各郡和选邑。到1784年这一数字上升到197个，几乎所有增加的议席都来自英格兰各选邑。到1786年8月31日，这一数字上升到210个，占当时下院议席的37%。因此，从1715年到1785年，贵族控制下的选邑数量翻了一番，如果从18世纪初算起大概增加到原来的4倍。[4]

---

[1] J. Cannon, *Aristocratic Century: The Peerage of Eighteenth Century England*, pp.105-106.
[2] Ibid, p.106.
[3] Ibid, p.105.
[4] Ibid, pp.106-107.

1702 年贵族控制的选邑及议员数量

选邑	议员数量	贵族	选邑	议员数量	贵族
奥尔德伯勒	2	纽卡斯尔	伊尔切斯特	2	波利特
安多弗	2	博尔顿	亨廷登	2	桑威奇
阿普尔比	1	塞恩	莫帕斯	2	博尔顿
阿伦德尔	1	斯卡伯勒	里士满	1	卡莱尔
班伯里	1	吉尔福德	斯坦福德	1	沃顿
比拉斯顿	2	斯坦福德	沃里克	2	埃克塞特
毕晓普斯堡	1	布拉德福德	韦斯特伯里	2	布鲁克
克赖斯特彻奇	1	克拉伦敦	伍顿巴西特	1	阿宾登
艾伊	2	康沃利斯	威克姆	2	罗切斯特
赫尔斯顿	2	戈多尔芬	利明顿	1	沃顿

资料来源：J. Cannon, *Aristocratic Century: The Peerage of Eighteenth Century England*, p. 105.

1713 年贵族控制的选邑及议员数量

选邑	议员数量	贵族	选邑	议员数量	贵族
奥尔德伯勒	2	纽卡斯尔	伊尔切斯特	2	波利特
安多弗	2	博尔顿/博福特	马姆斯伯里	2	沃顿
阿普尔比	1	塞恩	朗塞斯顿	1	罗切斯特
阿伦德尔	1	斯卡伯勒	利明顿	1	博尔顿
班伯里	1	吉尔福德	刘易斯	2	佩勒姆
毕晓普斯堡	1	布拉德福德	博西尼	2	拉德纳/兰斯多恩
莫帕斯	2	卡莱尔	蒙茅斯	1	博福特
布拉克利	2	沃顿/布里奇沃特	韦斯特伯里	2	阿宾登
比拉斯顿	2	斯坦福德	斯坦福德	1	埃克塞特
贝里圣埃德蒙兹	2	赫维	塞伦塞斯特	2	巴瑟斯特

续表

卡默尔福德	2	兰斯多恩	伍顿巴西特	1	罗切斯特
拉德诺	1	牛津	里士满	1	沃顿
艾伊	2	康沃利斯	沃里克	2	布鲁克
赫尔斯顿	2	兰斯多恩	威克姆	2	沃顿

资料来源：J. Cannon, *Aristocratic Century: The Peerage of Eighteenth Century England*, p. 106.

不仅整个贵族阶层控制的下院议席数量在上升，而且许多贵族家族手中控制的下院议席数额也不断增加，只有极少数贵族家族控制的下院议席发生了下降。在 1701 年的议会大选中，沃顿家族的 10 个亲戚和 15 个追随者当选为下院议员，约占当时议会下院议员总数的 5%。1715 年，纽卡斯尔公爵控制 12 个议席，数量最多，沃顿控制 6 个议席，萨默塞特控制 4 个议席。1734 年议会大选时，纽卡斯尔公爵控制了 18 个选区、选邑的议员选举。佩兰家族在政治上成为独霸一方的"苏塞克斯之王"。1747 年，纽卡斯尔控制的议席又添加了新的成员，总数达到 13 个。还有一些新的贵族庇护人追赶了上来，埃奇库姆控制的议席达到 7 个，贝德福德公爵控制的议席在 1715 年只有 2 个，此时达到 5 个，法尔默斯和博福特每人控制 5 个议席，格拉夫顿、白金汉郡、奥福德、高尔、多塞特、朗斯代尔等贵族每人控制 4 个议席。纽卡斯尔手中控制的下院议席数量在 1768 年以后下降了，但第二代公爵控制的议席仍然达到 7 个。1784 年刚刚成为贵族的埃利奥特则控制了 6 个议席，诺森伯兰和拉特兰也控制 7 个议席，贝德福德控制 5 个议席，法尔默斯控制的议席增加到 6 个，埃奇库姆控制的议席则降至 5 个，马尔伯勒和阿宾登控制 5 个议席，菲茨威廉、德文郡和高尔每人控制 4 个议席。

根据刘易斯·纳米尔爵士的统计，1761 年，有 55 个贵族控制了 111

个下院议席，还有 56 个议员控制着 94 个下院议席，有 30 个左右处于政府庇护之下，这说明总数达 235 个下院议席处于某种程度的控制之下。J. A. 菲利普斯在考察庇护制情况的时候也将贵族和议员包括进去。据他统计，在 1690 年，有 153 个选邑的议席受到庇护人的影响，其中 133 个选邑处于私人庇护之下。1734 年这一数字上升到 214 个，到 1790 年则是 270 个，处于私人庇护之下的议席比例从 1690 年的 32.8% 上升到一个世纪之后的 65.2%。[1] 在 1832 年的《改革法》通过之前，有 335 个议会下院议席被 87 个贵族控制着，还有 213 个下院议席被 90 个最富有的平民控制着。[2]

在权贵庇护下选举出来的下院议员往往会在议会中形成一个又一个议员团体，实际上，这也从反面证明了议员选举中的庇护制的存在及其影响。在 1701—1702 年的议会中，有 7 个以贵族为核心的议员团体。第一个团体以沃顿勋爵、萨默斯勋爵、哈利法克斯勋爵、沃福德勋爵、斯宾塞勋爵和博尔顿公爵为首，有议员 64 人。第二个团体以纽卡斯尔公爵、佩兰子爵、汤森德子爵、沃波尔爵士为首，有议员 16 人。第三个团体以萨默塞特公爵、卡里斯尔伯爵、雷德诺伯爵、皮姆布洛克和斯特姆福德伯爵为首，有议员 22 人。第四个团体以莫尔巴罗、戈多尔芬为首，有议员 12 人。第五个团体以诺丁汉伯爵、芬奇男爵为首，有议员 31 人。第六个团体以罗彻斯特伯爵、格兰威尔家族、高尔斯家族、爱德华·西摩爵士为首，有议员 47 人。第七个团体以后来的牛津伯爵哈利为首，有议员 20 人。[3]

权力精英对议会选举的庇护还体现在施展手段，扶持不具备资格的候选人赢得选举。1711 年，议会通过法律规定，除了 4 个大学议席和 45 个

---

[1] J. V. Beckett, *The Aristocracy in England 1660-1914*, p. 429.
[2] Venetia Murray, *High Society A Social History of the Regency Period 1788-1830*, p. 266.
[3] 阎照祥：《英国政党政治史》，第 56 页。

苏格兰议席外，郡骑士议员的年收入不得低于600镑，城镇选邑议员的年收入不得低于300镑。这说明，贵族无需提供证据证明他们的财产价值，因为他们的贵族身份毋庸置疑，但其他人都被要求达到一定标准，以便于将他们归入到统治精英的行列。但即便如此，许多议员还是在不具备财产资格的情况下当选了。这些人当选的一个重要原因就是，如果候选人个人没有达到资格要求的财富或影响，他只能去找寻一个能够影响他所在选区选举的庇护人。财政大臣牛津的一个候选人尽管因为财产资格问题广受争议，但还是在他的安排下当选为议员。同样，亨利·圣约翰的一个庇护者在不具备财产资格的情况下也当选为下院议员。1784年，丹尼尔·普特尼当选为下院议员，有人指责他不具备财产资格，但他宣称自己并不是唯一一个这样的议员，当时议会中三分之一的议员都是这种情况。在1711年至1858年间，数以百计的议员不得不编造他们根本没有的财产，即便如此，大概最终也只有不超过10个人因此被剥夺议席。即使在第一次议会改革后的1838年，还有一半的议员是凭借虚假的财产资格当选的。这些当选议员的虚假财产往往出自他们的庇护人的帮助。弗尼勋爵在1761年至1774年间以这种方式帮助了埃德蒙·柏克，坦普尔勋爵在1768年给约翰·威尔克斯提供了财产资格。甚至一些著名政客也同样得到了类似的帮助，在他们当中包括皮特、福克斯和威尔伯福斯。[1]

  应当承认，在一些地方，尽管权贵们拥有对议会选举的控制权，但也有证据表明：他们的控制权受到了挑战。然而，有些地方的权贵对议会选举的控制权被低估了。而且，任何对权贵控制议会选举的全面考察，如果不承认他们在一些郡的议会选举中的影响，就不是完整的。亨廷顿郡的议

---

[1] J. V. Beckett, *The Aristocracy in England 1660-1914*, p. 427.

席由蒙塔古家族的两个分支控制着，德比郡有一个议席经公众同意留给了卡文迪什家族，在剑桥郡，1754年的两个郡骑士议席被格兰比侯爵和罗伊斯顿子爵分享，1761年的两个议席被拉特兰公爵和哈德威克伯爵分享。即使在格洛斯特这样拥有6000左右选民的大郡，博福特家族和伯克利家族的影响仍然是最重要的。[1] 有些权贵家族对选邑的影响延续达几十年甚至上百年，康普顿家族从1727年起就控制着一个议席，直到1796年康普顿勋爵被封为第九代北安普顿伯爵为止，这个家族对此议席的控制达70年之久；[2] 怀特莫尔家族控制布里季诺斯选邑长达250年之久。这些由权贵控制的选邑被人们形象地称为"口袋选邑"。康沃尔的"口袋选邑"最多，该郡42个市民代表中，41个是由贵族指派的。到"18世纪末19世纪初，每届议会中总有一半左右的议员是贵族指派的"。[3]

然而，对议会选举的控制并不意味着权力精英的政治权力就因此而被保护起来，不受来自外部的任何压力。而且，即使一个表面上顺从的议员也可能不尊重其庇护人的意愿。1795年，邓巴顿郡议员威廉·邦廷告诉他的庇护人第三代蒙特罗斯公爵，他不能再心甘情愿地投票赞成皮特的高压国内政策。他辞去了议员职务，公爵也平静地接受了事实。[4] 不过，既然扶持自己选定的候选人进入议会，庇护人就希望得到他们在政治上的忠诚。在18世纪，显赫家族的家长们置身于议会上院，他们总是从那里指挥他们坐在下院的兄弟、子孙、亲属以及其他受其庇护的人的行动。而那些敢于在议会下院投票反对其庇护人意愿的议员则被期望辞去职务。当时

---

[1] J. Cannon, *Aristocratic Century: The Peerage of Eighteenth Century England*, pp.108-109.
[2] Ibid, p.110.
[3] 程汉大：《英国政治制度史》，第222页。
[4] Lawrence James, *Aristocrats Power, Grace and Decadence: Britain's great ruling class from 1066 to the present*, p. 202.

的人们认为，议员们既然在经济上依赖于他们的庇护人，无论是竞选的花费，还是在伦敦开会期间的经济支持，自然而然庇护人通常会选择那些与他们在政治上一致的人。即使主持进行1832年议会改革的首相查尔斯·格雷也认为，当议员"没有良心、自由、没有自己的目标，而只是由这个勋爵或那个公爵派到这里来的时候，当他不服从他受到的指示，他就不被认为是一个值得尊敬的人和一个绅士的时候"，就会出现"欺诈和腐败的专制"。[1] 但是，庇护人和受庇护者并不总是意见一致。在1811年到1831年之间的一系列问题上，多达20%的拥有庇护议席的贵族发现，自己和自己推荐当选的人之间存在冲突。这说明，在议会下院存在着日渐增长的问题趋向和党派分歧。虽说具有反叛性的议员并不一定在下次选举中丢掉他们的议席，不过，如果贵族发现足够的背叛证据，他们还是会采取这类行动。在1831年的议会下院选举中，就明显出现了较大数量的免职，其原因之一就是庇护人与受庇护者在议会改革问题上出现了较大分歧。显然，贵族并不会傻傻地站在那里，眼看着他们的选区利益因为他们推荐的受庇护者在下院的决定而消失。

三、权力精英与地方社会

权力精英的根基在地方社会，对于这一点，无论是国王还是权力精英，甚或是处于权力精英控制与影响下的地方社会的民众，都有着不同程度的认识。权贵们对于自己在地方社会中的家长式责任的重视，以及斯图亚特王朝国王詹姆斯一世与查理一世要求沉迷于伦敦生活的乡绅回归地方的政令，都是这种认识的反映。在他们的心目中，地方就是权力，庇护就是权力。詹姆斯一世和查理一世之所以让乡绅们在夏季回归家乡，是因为

---

[1] J. V. Beckett, *The Aristocracy in England 1660-1914*, p. 434.

这些远离地方社会的乡绅不再提供就业机会和慈善，不再履行其稳定的职责，不仅会推动乡村社会的解体，也会威胁到社会遵从的观念。多数权贵也承认，他们应该承担起地方共同体的领导责任。因此，即使那些已经迁居大城市的权贵们也会抽出时间定期或不定期地巡访自己的家乡或地产所在地。这一时期，权力精英与地方社会之间的关系在很大程度上是一种庇护与托庇的关系。

在地方社会，每个权贵都是权力中心，他所掌握的经济资源与政治资源，使得他成为地方社会中上层尤其是那些无法与国王及宫廷直接建立联系的人谋求官职与经济收益的源泉，成为劳动者谋求生计的源泉。这一时期，数以千计的能工巧匠和小制造者主要依靠为上流社会市场服务而谋生：珠宝匠、裁缝、油漆匠、马车制造者、假发制造者、女装裁缝、女帽制造者、在权贵的狂欢聚会上拉小提琴的盲乐师，还有约书亚·雷诺兹那样顶尖的肖像画家。土地财产为律师提供了大量的诉讼案件，医生从患有痛风病的权贵那里捞到了好处。所有权贵都需要围绕在他身边的看守人、律师、牧师、土地测量员、管家、抵押代理人、园艺种植者。甚至记者、演员、诗人、建筑师、设计师和家庭教师的生活也都直接地或间接地掌控在大人物的手中。具体来说，这种庇护与托庇的关系主要体现在以下几个方面。

宫廷职位、中央与地方政府官职、军官职位以及教会职位是权力精英能够带给地方社会的最吸引人的庇护之礼。权贵们安抚选民、保证议会选举按照自己的意图进行的最明显的方式就是为选民在政府机构获得任职机会。这个地方或部门的一份闲职，那个地方或部门的一份年金或一个承诺，都成为地方社会人士追逐的目标。虽然说从来没有足够的东西供人瓜分，可是，无论大人物还是小人物，都乞求从官职和津贴中得到一点儿残羹剩饭。在这种情况下，成为一个趋炎附势者、一个见风使舵者、一个政治应声虫，并不丢人。这些行为不仅仅是圆滑世故，而且，甚至也许是家族的义务。政治是唯利是图的，虽然置身事外的道德家们对于"腐败"愤愤不满、夸大其词，但很少有人会拒绝追求自己的利益。因为国家就是他们的生命线，为那些依附者提供了体现为恩惠和年金形式的保护和前途。官职尤其受到幼子们的欢迎，因为长子继承制的原因，他们不得不和家族财产挥手告别。况且，正是凭借索求和感恩、乞求和给予之间的纽带，来自权力精英的政治庇护满足了地方社会人士的荣誉感和强烈的野心。当然，也有不少人会遭遇无尽的失望，但那仍然是个人的，而且这既不会扼杀希望，也不会对制度造成重击。

在一些权贵留下的书信中，我们能够看到不少向权贵提出职务诉求的内容。在沃波尔的书信中有下院议员要求在政府获得职务的请求信。1739年，来自兰开斯特的议员托马斯·劳瑟爵士在信件中写道："但凡我有其他办法，都不会给您添这个麻烦，我诚心向您提出下列请求。负责监管街头小商小贩（在兰开斯特从业的）的威尔斯先生快要去世了，我诚心向您请求让兰伯特先生接替他的职务。"[1] 一个记者在写给查尔斯·汤森德的信中请求汤森德将他的兄弟乔治从牙买加驻地召回，并安排一个合适的职位。在现存的 49 封于 1809 年的三个月里寄给菲茨威廉伯爵的信件中，将近一半是有关金钱、工作或其他帮助的请求信。

在这一时期的经济社会事务中，议会的作用越来越大，尤其是随着工业化的进展，工厂主越来越需要得到议会的支持。但在 19 世纪之前，只有极少数人在想方设法挤入议会下院。那些无法进入议会的人就只能在这

---

[1] J. V. Beckett, *The Aristocracy in England 1660-1914*, p. 440.

类事情上求助于权贵,请他们在议会给予支持。而那些在地方拥有各种经济利益与政治考虑的权贵往往与身边的工厂主或商业团体有联系,也愿意通过提出相关立法而促进他们的共同利益,防止自己的利益受到威胁。正如威廉·多德斯韦尔在1772年所说的:"在私人事务、运河、航运、圈地等事务上,身处其中的人们肯定会考虑他们所在选区的利益。"[1]18世纪70年代,马修·博尔顿从达特茅斯伯爵那里获得了极有价值的建议,并宣称接触了总数达到40人的上院贵族,帮助他确保在设菲尔德和伯明翰设立实验室,约书亚·维奇伍德及其斯塔福德郡的陶工伙伴们则在有争议的专利证书问题上,求助于高尔勋爵和罗金厄姆侯爵。[2]当然,并不是所有的权贵都会全心全意地从推进地方社会的发展来考虑事情,权贵们也不是在所有问题上都这样做。肯特伯爵之所以反对怀伊河通航,是因为他认为对他的铁厂垄断是一个威胁,许多运河计划遭到反对也是出于类似的原因。

  对于处于下层的人而言,庇护制给他们提供的是面包、肉、鱼等维持生命的食物,即使少许的安慰也能让他们有生活下去的希望。在权贵们那里,普通民众获得的首先是工作机会以及随之而来的报酬。在诸多工作机会当中,能够在权贵的家中当一个仆人,在当时是既体面又实惠的工作。在这些权贵的家中,有着数量不等的仆人,从几人到几十人甚至上百人,而且,这些仆人之间还会分出若干工种,如管家、男主人的贴身男仆、女主人的贴身侍女、打扫起居室的仆人、打扫庭院的仆人、厨房做饭的仆人、负责马厩、猎犬养护的仆人等等。这些仆人的薪水都不低,甚至要超过自己在家里劳作的收入。德文郡公爵继承爵位后,提高了其各处宅邸雇

---

[1] J. V. Beckett, *The Aristocracy in England 1660-1914*, p. 441.
[2] Ibid, p. 229.

用的一些高级仆人的薪水：男管家的薪水从 60 镑提高到 80 镑，男仆的薪水从 25 镑提高到 35 镑，马夫长的薪水从 50 镑提高到 60 镑，高级女仆的薪水从 11 镑涨到 16 镑。[1]这些收入在这些仆人看来是一大笔钱。除了薪水，这些仆人还能够获得各种外快。厨师被允许出售废油和煤渣，并有望从商店店主那里得到佣金，女仆在女主人去世时可以得到衣物，在主人家居住的仆人吃得好，当然，也有些人会做些小偷小摸的事。虽说仆人的生活也有有辱人格的一面，比如，他们要一直待命，随叫随到，他们的私人生活受到抑制等等。但是，可观的收入让这些问题被放在了可有可无的地位，况且还有人将做仆人作为进入上流社会的入门砖，为此，做出一些牺牲又有何不可呢？

除了家中的仆人，这些权贵都有自己的产业，自然也就需要劳动力。这也给地方社会提供了许多工作机会。1770 年，诺森伯兰公爵雇用了一两百人拓宽河道、建造新教堂以及其他建设工程。1795 年，菲茨威廉家族雇佣的煤矿工人数量达到 79 人，19 世纪早期，在达勒姆伯爵的地产上，雇用了 1200 多名矿工和煤矿工人。

另外，权力精英们还是地方社会慈善事业的重要参与者。18 世纪早期，每年圣诞节前夕，朗斯代尔子爵都会向威斯特摩兰的劳瑟的穷困村民发放钱款。第六代萨尼特伯爵每年拿出 100 镑，用于购买衣物或直接将现金分给威斯特摩兰的穷困佃农。1821 年到 1848 年间，第二代布特侯爵将 25000 镑捐给一些慈善组织。1816 年到 1855 年间，在贝德福德公爵位于贝德福德郡和白金汉郡的地产上，有 44396 镑用于发放年金、抚恤金、津贴、慈善金等。1849 年，第七代贝德福德公爵在德文郡和贝德福德郡建造

---

[1] Venetia Murray, *High Society A Social History of the Regency Period 1788-1830*, p. 68.

了500多座村舍，以低廉的价格出租，这样做的权贵还有莱斯特伯爵、诺森伯兰公爵和达特茅斯勋爵。纽卡斯尔公爵在诺丁汉郡提供了超过2000份养家费，里奇蒙公爵在苏塞克斯提供了1500份养家费。虽说权贵们的这些慈善开支带有不同程度的其他目的，但以家长自居的他们心中并没有忘掉自己的社会责任。

第六章　邻里关系与乡村司法判案

这一时期，伴随经济的发展，政治的完善，英国的司法制度也在进步。强大起来的中央政府把权力延伸到遥远的乡村地区，现代司法制度也随即叩响了古老乡村的大门。然而，英国的乡村保守而坚固，由来已久的自治传统，使得现代司法制度在乡村的推行步履维艰。现代司法制度在乡村遇到的最大障碍就是乡村的"人治"传统，即邻里关系和邻里感情在司法判案中起着重要作用。随着现代司法制度的逐步完善，传统的邻里感情在与现代司法体制的对抗、较量中，只能步步后退，渐渐妥协，终被纳入现代法制体系当中。

第一节　乡村社会关系与乡村管理

在这一时期的乡村社会里，亲属关系、邻里关系、庇护关系、雇佣关系等构成了乡村社会关系的网络，这些关系有交叉、有重合，编织成一个完整的乡村社会。在这样的乡村社会中，社会管理的一个主要内容就是司法管理，而司法管理的主要角色是由治安法官与教区警察等来扮演的。

一、乡村社会关系

"近代早期欧洲的大多数人生活在农村，占人口总数的70%—80%，这种状况持续到18世纪都没有发生多大的改变，尽管也有一些独处的农庄和小的居住点，但农村典型的居民区模式是村庄，是乡村共同体（rural communities）。"[1] 所谓的共同体，就是一个集体，这个集体由各家各户组成，纳入该集体的每户居民都是集体中的一分子。这一时期，英国的乡村集体是一个由乡邻们组成的"大家庭"，乡邻们毗邻而居，互相了解，日复一日、年复一年的接触与交往使得邻里关系日笃，相互之间的信任和依赖也随着时间的流逝而加深。人是社会性动物，必须过群居生活，没有人能足不出户，完全依靠自己过活。因此，这一时期英国乡村共同体中的每一个人既生活在"小家"里，又生活在"大家"中。乡村集体是一个"熟人"集体，是一个内部成员间关系密切的集体。乡村集体给个人提供安全感与归属感，而个人在享有集体利益的同时，也必须为维护集体内部团结、邻里和睦做贡献。

英国的乡村文化由来已久，幽美怡人的景色、简单自在的生活是英国乡村民众一直以来的骄傲。即使到了这一时期，英国的农业人口依然占据绝大多数，大部分的英国人还是居住在乡村里。相对于城市的喧嚣和纷扰，乡村社会安静而祥和，但乡村社会也有人际关系、矛盾纠纷、犯罪事件等一系列问题需要处理，乡村的祥和只是表面现象，其内部的关系与矛

---

[1] 里夏德·范迪尔门：《欧洲近代生活：村庄与城市》，王亚平译，北京：东方出版社2004年版，第6页。

盾也是非常复杂的。

劳伦斯·斯通曾说过:"对于现代早期家庭的松散性,怎样强调也不过分,无论是从夫妻关系还是从父母与子女关系来说都是如此。"[1] 松散的家庭结构源于家庭成员之间感情的淡漠,而人口高死亡率和流行已久的"放养"习俗是造成这种淡漠感情的主要原因。

这一时期,英国的人口死亡率非常高,"黑死病"曾肆虐整个欧洲,伦敦曾在17世纪爆发多次大规模鼠疫,而远离城市的乡村,由于医疗卫生条件较差,也有多次更为严重的疫病爆发。除了让人闻之色变的"黑死病"之外,人们还要忍受天花、痢疾的折磨,而对于普通乡村妇女来说,生育也是一件痛苦而危险的事情,稍有疏忽就可能因此失去生命。"据统计,在1348年黑死病流行前夕,英格兰和威尔士的总人口在四五百万之间;而到了1377年,由于瘟疫不断,人口下降为250万。1525年时,英格兰的总人口(不包括威尔士)仍然不足226万。"[2] 在当时,人们对死亡普遍感到恐惧却又无可奈何,在疾病面前,生命显得脆弱而微不足道,对于下层百姓更是如此。对于年老父母、同辈兄弟姊妹甚至自己亲生儿女的死亡,普通百姓只能坦然面对,并继续生活下去。所以,这一时期的人们对于自己亲属的死亡,不如今天的人们这般悲痛,这从当时高居不下的再婚率就可见一斑。如果家庭配偶一方死亡,另一方出于现实与精神上的考虑往往会选择再婚。据统计,在当时的教区结婚登记册中,往往有25%左右的人是再婚者,而在17世纪50年代登记结婚的曼彻斯特居民中,三分之一的夫妇有一方曾有过婚史。高死亡率和高再婚率使夫妻婚姻的持续时

---

[1] Lawrence Stone, *The Family, Sex and Marriage in England 1500-1800*, New York: Abridged Ediition, Harper and Row Publishers, 1977, p. 66.

[2] 肯尼思·摩根主编:《牛津英国通史》,第240页。

间较短，大大削弱了夫妻双方之间的感情。

这一时期的高死亡率也影响到了父母与子女之间的感情。由于婴儿的夭折率相当高，这就使得父母还未来得及与子女建立感情，子女就离开了父母。子女与父母相处时间愈长，感情就愈深，然而很多可怜的婴儿尚在咿呀学语阶段就永远地离开了父母，这就导致了深厚的亲子关系甚至比夫妻关系还难维持。再加上流行已久的"放养"习俗，存在于这一时期英国社会的近乎冷酷的亲子关系也就合乎情理了。

在西方农业社会流行这样一种传统：子女在10多岁的时候要离开父母，去别人家里当用人或学徒，这就是所谓的"放养"（forstering out）习俗，目的是让子女学习安身立命的技艺。在这一时期的英国，有三分之二的家庭里都生活着用人或入住的学徒。例如，"牧师乔斯林分别安排长子和两个女儿到伦敦去做学徒和充当女仆，3个孩子离家时的年龄分别仅有15、14和13岁。"[1]在当时，这些家庭中的主人不仅要为用人和学徒提供衣、食、住的条件，还负有教导、管教他们的责任，这样一来，佣人和学徒在新的家庭中得到了更多的物质支持和精神依靠，日复一日、年复一年的朝夕相处，使得主仆之间产生了类似亲情的感情，而血脉相连的父母与子女间由于时间和空间上的长期远离，却导致了感情上的陌生和疏远。

关于英国社会转型时期的家庭关系学界已有研究，虽然出现了反对劳伦斯·斯通观点的声音，如埃里克·卡尔森在对城市及乡村的婚姻状况进行研究后说："爱是至高无上的"；麦克法兰也认为爱始终是英国婚姻的基础；琳达·波洛克甚至提出"几乎所有的孩子都是父母所疼爱的"的观

---

[1] 安德烈·比尔基埃等主编：《家庭史》（第二卷），袁树仁等译，北京：三联书店1998年版，第53页。

点。[1] 但是，笔者仍然倾向于斯通的观点，即：这一时期英国的家庭关系相当冷漠，家庭成员间缺乏必要的沟通与关爱。

也许正是因为这种令人失望的冷淡的亲属关系，才迫使人们另寻安慰，把感情更多地寄托在周围的邻居身上，也更加用心地经营和维护邻里关系，进而促使邻里关系在人们日常生活中发挥着重要作用。

与这一时期冷漠的家庭关系相反，英国乡村的邻里关系显得友好而亲密。俗话说"远亲不如近邻"，邻居在乡村居民一生的生活中都扮演着重要角色。在物质生活和精神生活都比较匮乏的乡村，邻居实际上成为物质上互通有无、精神上互相安慰的重要人物。邻里间相互交友、结婚，一起做礼拜、参加宴会、参加节日庆典，日常生活中一点一滴的接触交往，使得邻居间的感情日笃，相互间都有一种信任感和依赖感。

在对这一时期保留下来的私人日记的研究中，我们发现，邻里关系在人们日常生活中的作用常常胜于亲属关系。有一名叫作亚当·艾尔的普通乡村居民，他和妻子只拜访过最直接的亲属岳父和堂兄，其他的日常生活都只是和邻居们有关。当遭遇家庭经济困难时，他向邻居借钱，同时也会在必要时资助邻居；他还帮邻居剪羊毛，积极参与教区事务，调解邻居间的争端，努力和周围的邻居们保持良好的关系。[2] "麦克法兰在考察17世纪神父乔斯林（Jocelyn）的日记后也指出，除核心家庭外，乔斯林的生活里几乎没有有效的亲属群体。近代早期英国的个人实际上与其亲属相隔离。"[3]

---

[1] 傅新球：变迁还是延续——欧美学者关于英国社会转型时期的家庭史研究，《世界历史》2006年第2期。
[2] Keith Wrightson, *English Society 1580-1680*, pp. 152-154.
[3] 金彩云：中世纪晚期至近代早期英国私人社会交往探析，《史学理论研究》2010年第2期。

这一时期，英国乡村居民的亲属意识淡薄，相互之间住得较远，交往甚少。由于空间上的距离，乡村居民和亲属的联系不如和邻居的联系频繁、方便，因此像证人、遗嘱执行人、监护人等重要角色通常由熟悉的邻居来担任，甚至对于终身伴侣的选择，乡村居民也倾向于知根知底的邻居。杰里米·博尔顿在对圣·萨文奥（St. Sarven）教区居民的配偶居住地进行研究后发现，圣·萨文奥教区居民的1822名配偶中，有1514名是圣·萨文奥的当地人，约占配偶总数的83.1%，来自伦敦和毗邻教区的配偶数为253人，占配偶总数的13.9%，仅有3%的配偶是来自更远教区的外乡人。[1] 劳伦斯·斯通在对兰开斯特郡6个村庄的研究中也发现，那些在出生地结婚的新郎们，大概有三分之二是从他们自己的村庄中挑选新娘，从10英里范围内挑选新娘的占到了总数的90%，而从20英里范围内挑选新娘的比率就显得微不足道了。[2] 由此可见，这一时期的乡村居民在选择婚姻伴侣时，绝大多数还是选择同在一个村庄或教区内的人。人们普遍认为与自己的乡亲邻里结为夫妇更加安全可靠，双方当事人以及其他家庭成员都比较熟悉，知根知底，这样的婚姻更长久。结婚是一件人生大事，而死亡也是神圣而庄严的过程。村民们不仅在选择人生伴侣时首先考虑邻居，在选择遗嘱监护人时，也会优先考虑自己的邻居。基思·赖特森在研究1500—1700年间特林村（Terling）的70件债务时发现，17%的债务活动是在亲属中缔结的，而多达67%的债务活动则是在邻居之间缔结的。另外，他还分析了该时期特林村保留下来的192份遗嘱。在这些遗嘱中，有71%的遗嘱指定了监护人，在这些监护人中有45%是亲属，剩下

---

[1] Jeremy Boulton, *Neighbourhood and Society—A London Suburb in the Seventeenth Century*, Cambridge: Cambridge University Press, 2005, p.235.
[2] Lawrence Stone, *The Family, Sex and Marriage in England 1500-1800*, pp.50-51.

的则是非亲属，而非亲属的监护人通常是朋友或者邻居。[1]

家庭亲属关系的冷漠使得邻里感情的地位更加重要，相比距离遥远、缺乏联络的亲属们，近在咫尺、经常碰面的邻居们更显得亲近。在这一时期的英国乡村中，邻居之间在经济上互帮互助，在生活上互通有无，来自邻居的关心与安慰，帮助人们克服孤独感，增强归属感，是一剂重要的情感良药。邻里之间在闲暇时经常聚在一起聊天，邻居们或向别人吐露内心想法，或倾听旁人的烦恼困惑，并为之出谋划策，这些点滴的交流与沟通日积月累起来，使邻里之间感情越来越好，相互之间的信任与依赖也越来越强。

这一时期，英国家庭亲属关系的淡漠迫使人们把感情更多地放在邻居身上，更加用心地经营邻里感情。"夫妻之间、父母与子女之间的感情并不比邻里之间的感情更密切。"[2] 由此可见邻居在人们生活中的重要性，邻里关系在人们心目中的特殊地位。对于生活在乡村共同体中的村民们来说，没有和睦的邻里关系，没有互帮互助的邻居们的日子简直如噩梦般无法想象。邻居——这一简单而亲切的称谓，在这一时期英国乡村居民心目中有着不可代替的特殊作用。

"邻里关系"不像亲属关系那样有明确的定义，它是一个稍显模糊的概念，但在这一时期的英国乡村社会，这个概念广泛地被人们接受、使用并重视。"事实上，正如米尔德里德·坎贝尔曾强调的，'良好的邻里关系'是一种美德，是在考量某个人在社区内的社会和道德规范时被排在首

---

[1] David Cressy, Kinship and Kin Interaction in Early Modern England, *Past and Present*, 1986, No. 113.
[2] 刘贵华：探家庭之变迁 究情感之流变——劳伦斯·斯通的《1500—1800年英国家庭、性与婚姻》，《武汉大学学报》2003年第6期。

要位置的因素"。[1]

邻里关系在诸多救济与帮助方面的作用是显而易见的,"例如,在现代早期英国的乡村里,存在着很多连最基本的耕作工具——犁都没有的贫穷的居民,推断起来他们向自己的邻居借用这些劳动用具"。[2] 从这一时期的许多私人日记里,我们可以发现,当地社区里个人的借款与贷款往往发生在邻里之间,人们在遇到经济危机时倾向于求助自己的邻居。由于这一时期的英国乡村还不存在先进的银行业务设施,那些手里有闲钱的人们也愿意把钱借给自己的邻居,并坚信当他们需要钱的时候邻居们也会慷慨解囊。[3] 从埃塞克斯郡的拉尔夫·乔斯林的日记中便可窥见一二。根据乔斯林的日记记录,1651年12月19日,他借给一名叫扬的人3镑,扬当时急需钱去付地租,10天后,扬还给乔斯林3镑10便士。乔斯林还曾借给一个名叫凯普林的人1镑10便士。在乔斯林的日记中,类似这样琐碎的借钱、还钱记录非常多。直到1652年1月23日,乔斯林写道:"我没有钱了,不得不去向别人借钱。"但是起初他没有借到钱,不过,乔斯林相信"上帝会给予奖赏",最终他意外地得到了一位约曼和其他几个人的借款,以便他偿还自己的一部分债务。[4]

这一时期,英国乡村的村民们都是保守的利己主义者,但这并不否认他们有救济他人的可能。事实上,帮助邻居是一件"利他亦利己"的事情,何乐而不为呢？在残酷的现实面前,在生活的困难面前,乡村邻居们自觉而迅速地抱成一团,希望以集体的力量求得个人的生存与发展。

---

[1] Keith Wrightson, *English Society 1580-1680*, p. 59.
[2] Ibid, p. 60.
[3] Ibid.
[4] Ibid, pp. 60-61.

在这一时期的英国乡村社会里，似乎有一双看不见的手在指引着所有的村民，人们自觉自愿地向"某一行为规范"靠拢，向人们约定俗成的标准原则看齐。在乡村居民的眼中，一位邻居至少应和平而和睦地与周围人共处，认识到他的义务，不应无故增添社区的负担。当地的治安法官还经常收到关于那些让人嫌恶的"坏邻居"诉状，无非就是某位邻里喜欢吵架，辱骂了自己的邻居，散布了恶毒的谣言，引起了普遍的麻烦，再或者是某位邻人酗酒、懒惰，虐待妻子和孩子，藏匿可疑的陌生人，或者是使教区承担了不必要的花费等等，诸如此类。[1] 在乡村居民的眼里，这些行为都是可耻的、不道德的，是应该受到惩罚的。在人们的心目中，普遍有一个"好邻居"和"坏邻居"的标准，虽然没有具体的法律条文和乡规村约去明确规定何为"好"何为"坏"，但祖祖辈辈流传下来的习惯与观念，深入每个乡村居民的意识深处，人们在日常生活中自然而然地受到这些传统观念的影响，譬如"承认自己有义务在邻里需要帮助时给予任何方式的援助和支持，而且应愿意接受邻里作为行为的一个参照标准，并且愿意与他们建立融洽的关系"。[2]

"睦邻"观念在这一时期的乡村社会中也是深入人心的，虽然没有明文规定村民们应该如何约束自己，如何与自己的邻居相处，但是，友好、和睦、不争吵、不欺骗等关键词一直存在于每位村民心中，这些词语是"睦邻"的条件。"睦邻"是针对居住地毗邻的同属一个乡村或教区的人们而言的，"睦邻"有着深刻的内涵，它不仅表明了同一教区或村庄的居民对于日常生活中的人际交往、人与人之间的权利义务关系达成了某种程度

---

[1] Keith Wrightson, *English Society 1580-1680*, p. 62.
[2] Ibid, p. 62.

的共识,而且它表明了一种平等相待、互帮互助的甚至可以忽略财产和地位差别的平行的人际关系。[1]

在这一时期英国乡村居民的心目中,"邻居"也是某种意义上的"亲人",邻里关系网是每位村民都用心经营并悉心维护的重要人际关系网络,邻里关系对乡村居民一生的生活都有着深远影响。

在这一时期的乡村社会中,庇护关系同样具有着重要的意义。英国的庇护制度由来已久。在中世纪以前,庇护制度是以附庸制的形式出现的,等到了都铎王朝时期和斯图亚特王朝早期,以个人为中心的庇护制度才被正式确立下来。庇护制是一种以个人恩赐为手段来维持政府运行的非正式制度。在这一时期的英国,庇护制度广泛存在于中央与地方社会。

在王国中央,庇护制度的核心是国王,位于其下的权力集团分别是王室宫廷、枢密院和议会。国王是权力的中心,因此也是庇护关系链条的中心,国王依据其下三大权力集团的特点和需求,分配庇护资源。地方庇护制度与中央庇护制度有所不同,而且变化较大。这一时期英国的地方庇护关系与这一时期的官职变化密不可分。A.G.R. 史密斯提出了他对这一时期英国地方政府官职的看法:当我们讨论伊丽莎白时期的地方政府时,一方面要强调郡督和治安法官的越来越重要的作用,另一方面又要注意到郡长相对受到了限制,郡长的权力在中世纪晚期就开始削弱,而在整个16世纪的发展过程中,已经衰落。[2] 郡督虽是郡的最高权力拥有者,而身处其下的治安法官却是地方政府中的关键人物。

这一时期英国地方权力结构的特点是:由枢密院派出的郡督成为地方

---

[1] Keith Wrightson, *English Society 1580-1680*, p. 59.
[2] Alan G. M. Smith, *English Social History*, London: Penguin Books, 1986, p. 85.

最高行政长官，但其往往没有精力总揽全部的地方事务，而由国王直接任命的治安法官成为地方权力的中坚力量，教区官员由治安法官任命，是治安法官的左膀右臂，协助其维持地方秩序，处理地方事务。这种阶梯型的权力分配与从上到下的地方庇护制度大致平行。名义上治安法官受到国王的庇护，因为治安法官是由国王任命的。但实际上，随着地方乡绅地位的逐步提高，乡绅早已在地方结成了广泛的关系网络。乡绅生于地方，长于地方，熟悉乡规，熟悉邻里，且本身具有较高的素质和一定的经济实力，这些条件使得乡绅最有可能担当起治安法官这一地方实际统治者的职责，而地方基层官员如教区官员又是直接在治安法官的管理之下。因此，在地方上形成了相对独立的个人庇护网。以乡绅为主体的庇护制度在地方上的作用广泛且巨大，乡绅不单单庇护其下的教区官员，自己的亲属、家庭甚至邻里都在他的庇护网之内。这种微妙而又复杂的庇护关系在很大程度上影响着这一时期英国乡村中的社会政治生活。

二、乡村司法体系与执法者

在这一时期的英国存在着两大基本执法力量，分别是枢密院与巡回法庭，治安法官与季审法庭。理论上，枢密院法官对地方政府拥有最高管辖权和绝对领导权，但是与欧洲大陆的其他国家如法国、西班牙相比，英国的官僚机构很不完备，既没有常备军，又没有警察部队，直到17世纪英国依然缺少强大的中央政府，这就导致了枢密院与巡回法庭对地方影响的相对薄弱，枢密院法官的审判力量根本无法遍及整个英格兰地区。事实上，高高在上的枢密院法官与巡回法庭很少参与地方性案件的审理，而把这一重要权力交给了治安法官。

在英国，治安法官是一个古老的官职，它起源于12世纪末的治安维持官。经过几个世纪的发展，治安法官的力量逐渐蓬勃壮大，但直到爱德华三世在位时期《治安法官法》的颁布，才使治安法官完全取代了治安维持官。具体规定是：英格兰的每个郡都将委派一名贵族、郡中三或四名最有声望者及一些熟知法律者保护和平。随后治安法官的司法权确立下来，季审法庭亦成为定制。

在这之后，治安法官的人选逐渐放宽，不只局限在贵族阶层内，毕竟身份地位并不是唯一的标准，在治安法官的选任原则上还有其他更重要的要求。对于治安法官的任职资格，除了有财产方面的限制外，在住宅方面，还要求申请者"一般需在申请的特定地方方圆15英里以内生活或工作。有一定的社区知识，关注社区问题，对所申请担任治安法官社区的历史、文化、现状有一定的了解。一般需要在该地区居住至少12个月以上。"[1]在资格和品质方面，除了要求申请者有一定的理解和沟通能力，有较好的逻辑推理能力等一些基本的判案能力外，还特别强调申请者要具有良好的性格和品性，"能与人和睦相处，受到社区居民和工作同行的普遍认可。"[2]这样细化的要求并非苛刻，治安法官的使命决定了他们不同于一般的政府官员，他们是中央与地方联系的桥梁，他们起着加固、沟通中央与地方关系的重要作用，他们既要有为政府效力、为地方服务的热忱，同时还需具备能把这种热忱投入实践的能力——了解、熟悉自己所管理地区的人与事。因此，要求治安法官的申请者在该地区至少居住12个月以上并对当地的历史、文化、现状有一定的了解并非苛求。

治安法官虽然是无薪的非朝廷官员，但却是中央与地方连接的桥梁，他们拥有双重身份，既是中央政策在地方上的执行者，同时又是地方利益

---

[1] 刘显娅：司法的大众化与平民化——英国治安法官制度管窥，《北方法学》2008年第5期。
[2] 同上。

的代表者，地方意见的反映者。对上，治安法官肩负王室使命，对国王忠心耿耿，为国王鞍前马后；对下，治安法官又是乡邻们的好朋友，心系左邻右舍，处理乡村事务，维持乡村秩序。这种双重身份、双重使命决定了被推举出来的治安法官不仅代表国王的权力，更代表普通村民的权利。

在治安法官制度发展的鼎盛时期，治安法官的来源主要是地方乡绅。从英国政府角度出发，让地方乡绅来担此重任，主要是出于以下几点考虑：首先，乡绅本身富足，没有经济顾虑，且作为治安法官的乡绅没有薪金，这就避免了以权谋私、贪污腐化；其次，乡绅熟悉地方情况，对当地风俗习惯了如指掌，更知道该如何恰当处理当地事务，使国王的指令更容易在当地实施；最后，相比贵族，乡绅的身份更独立，对国王更忠诚。而以上三点恰恰也是地方村民愿意推举乡绅为治安法官的原因，因为乡绅富足，衣食无忧，他们本着为当地民众服务的宗旨，自愿担任无薪的治安法官，这就大大降低了官员贪污腐化的概率；况且乡绅们生于地方，长于地方，熟悉当地人的生活习惯与风俗文化，并深谙当地人的处事作风与一些内化于心的处事原则，况且他们还与周围的村民经常往来，彼此了解，在处理具体问题时更能够灵活多变，选用最恰当的方式方法解决村民们的矛盾。正是从以上考虑出发，在治安法官的选择与任命上，英国政府与普通民众达成了前所未有的高度一致，共同把乡绅推向了这个至关重要的位置上。

从诞生之日起，治安法官这个职务就显现出强大的生命力，经过几个世纪的发展，其掌握的权力也愈来愈大。截止到伊丽莎白一世在位末年，英国议会起码颁布了309项法令，以加强和阐释治安法官的地方治安管理和司法职能，使地方上大大小小、方方面面的事务尽归治安法官之手。治安法官成为中央与地方联系的桥梁。治安法官的设立为普通民众参与司法审判打开了一条通路，就像托马斯·斯基姆说的那样："通过公民的参与，业余治安法官制度反映了非司法人员对司法的参与这一英国传统。这种业余治安法官的制度使公民确信法律是自己的法律，而且它是由像自己一样的公民来加以实施的，它并不是专属于律师所有的深不可测的领域。"[1]

托马斯·史密斯在评价这一时期的治安法官制度时曾说："没有哪个国家能够设计出比英国治安法官更明智、美妙、温和的制度，使用这种更为人道的方式来统治人民。"治安法官本身的能力与素质使他们深得民心，而英国政府对治安法官的需要与依赖，也注定了治安法官权力的逐步增强。"14世纪至18世纪，治安法官制度愈加完备，权力愈加广泛，成为地方上实际的主宰。"以至于"整个世纪他们都在体现着令人嫉妒的独特地位"。[2]

总的说来，治安法官的权力是相当大的，都铎王朝时期不断加强治安法官的地方管理职能，使其职权范围大为扩展，深入民众生活的各个方面，治安法官俨然成为国王在地方上的代理人，成为名副其实的"地方王"。在英国地方审理案件的法庭分三个层次，从高到低分别为巡回法庭、季审法庭和即审法庭。巡回法庭由枢密院把持，基本局限在中央。季审法庭是治安法官诞生的产物，由治安法官负责，但一年只有四次开庭机会，远远不能满足需要，这就给了即审法庭存在的理由。即审法庭简单化的模式最适合处理繁琐的乡村案件，几乎所有的案件都首先在即审法庭进行审理，95%—97%的案件交由即审法庭处理。即审法庭没有陪审团的参加，治安法官既充当法官角色，又充当陪审员角色，他们既决定案件的事实问题，又对案件做出判决。

---

[1] 马赛尔·柏宁斯、克莱尔·戴尔：英国的治安法官，李郝译，《法学译丛》1990年第6期。
[2] 顾荣新：12世纪—19世纪英国治安法官的起源与流变，《法律文化研究》2007年第3期。

事实上，治安法官的司法权和行政权还存在着相当大的弹性，他们甚至可以根据自己的主观判断去逮捕罪犯或嫌疑人。因为《治安法官法》明确规定："他们有权根据法律、习俗甚至是自己的判断逮捕、拘留、缉拿、惩处罪犯或嫌疑者；也可以缉拿本郡被发现的没有足够担保的声名狼藉的人和其他需要适时处罚的人。"[1]这种弹性极大的司法行政权给了治安法官发挥能力的更多空间，但同时也隐含着让人"钻空子"的危险因素。以今天的眼光来看待上述治安法官的权力，人们或许无法理解治安法官怎能凭借"习俗"甚至是"自己的判断"来逮捕、拘留、缉拿、惩处罪犯或嫌疑者，而且，上述"声名狼藉的人"和"需要适时处罚的人"的界定也太过模糊。但是，在这一时期的英国，尤其是在远离大城市的英国乡村里，人们遵循流传已久的古老习俗，理所当然肯定习惯的力量，尊重年长而有声望的邻人，并相信那些由乡邻们共同推选出来的手握地方重权的治安法官们就是正义的化身，他们能够做出合理公正的判决。而且，我们应相信治安法官对地方乡村的了解程度，他们的工作要求他们熟悉每位村民。在埃塞克斯郡，一名叫托马斯·卢卡斯的治安法官告诉他的另一位治安法官同事不要去起诉一个盗马嫌疑犯，因为他对这名嫌疑犯非常了解，在过去的12年里这名嫌疑犯一直品行端正，控告他的人反而是一名十足的恶棍。[2]

从理论上来说，地方法庭隶属于巡回法庭，应该严格按照官方法律的规定依法办事，地方上的执法者作为王国官员，更应该效忠国王，完全遵照国王指令办事。官方法律是威严而公正的，但官方法律有时候并不是万

---

[1] 刘显娅：司法的大众化与平民化——英国治安法官制度管窥，《北方法学》2008年第5期。
[2] Alan Macfarlane, *The Justice and Mare'Ale: Law and Disorder in Seventeenth-Century England*, London: Blackwell Press, 1981, p. 81.

能的，尤其放在这一时期的英国乡村中，完全撇弃地方风俗习惯去强硬地推行冷冰冰的法律并不是明智之举。"生于地方、长于地方"的治安法官们深谙此道，作为执法者，作为法律的代言人，他们既尊重法律的严明，又学会了巧妙地变通。实际上，治安法官的这种灵活、变通的处理问题的方法恰恰是他们可以高效管理地方的关键。

第二节 邻里关系在司法判案中的作用

在这一时期英国乡村的社会关系中，邻里关系的作用是非常重要的。村民们出生在同一个村庄里，他们在这里成长、生活、交友、结婚，不少人至死也没有离开过出生地一步。一日一日的见面是时间上的积累，一点一滴的相处是情感上的融合，村民们在一起做礼拜、参加宴会、参加节日庆典，几乎所有的人都被紧密地连结在村庄内，"乡田同井，出入相友，守望相助，疾病相扶持"，居住地的邻近与生活上的交叉重合都在无形之中增强了邻里间的感情。

俗话说"远亲不如近邻"，邻里关系的重要性不仅表现在日常生活中的礼尚往来、互帮互助，例如贫穷的佃农没有劳动工具时，首先想到向自己的邻居借用，在急需用钱时，村民们也首先求助于自己的邻居，当人们遭遇重大变故时，邻里关系更能发挥重要作用。在这一时期的英国乡村社会中，邻里关系与司法判案之间有着微妙而复杂的关系，邻居的作用绝不可小觑，邻居作为报案人、证人和请愿人，在司法判案上起着非常重要的作用。

一、案件的目击者与报案人

"邻居之所以为邻居的首要因素，就在于空间地域上的相邻——无论是连接还是毗邻。'相邻'是一种恰到好处的距离性概念,正是因为相邻,邻居区别于自我和陌生的他人。"[1] 邻居与每一个人既亲密又相离。居住地的邻近,使得邻居有可能成为最熟悉生活在乡村的每个人的人。乡村社会的交际范围狭窄,居民们无论男女老少都互相熟稔,再加上比邻而居,朝夕相见,这就使得村庄里一旦有个风吹草动,消息马上就遍及村庄各个角落。这样的村庄就像公共舞台一样,几乎没有秘密可言,村民们谈论别人家庭生活中最隐秘的细节,任何人的行为习惯都为公众所熟知,这就使得某一家一旦有某种不同寻常的行为,就会立即招来其邻居的议论或怀疑,甚至某位邻居家发出的怪异声响,都会引起村民的警觉。正因为如此,当案件发生时,邻居往往是最先发现者和目击者。

1592年,剑桥郡的凯瑟琳·戴尔举报她的一位已婚女邻居竟然在丈夫外出期间怀孕了,而且为了证实其真实性,她记录下了此后一些特殊事件发生的时间,甚至具体到小时和分钟。[2] 抛开窥探别人隐私的道德责问,凯瑟琳·戴尔尽到了邻居间的"监督、守护"责任,她及时发现了邻居的有悖道德和法律的行为,并记录了相关的证据,而且及时举报给治安法官。

与欧洲大陆的其他国家如西班牙、葡萄牙、法国不同,英国一直缺少正规军队和强大的国家机器,直到这一时期,英国仍然没有常备军和警察部队。由于专业警察力量的缺失,对犯罪嫌疑人的举报和抓捕一直是令统治者头疼的事情。为了有效地逮捕罪犯,维护社会秩序,统治者积极鼓励普通民众参与到抑制犯罪的行动中来。村民们受到统治者的鼓励,乐意成为业余的"窃贼逮捕者",如果一名窃贼落入了法网,那么举报者就能得

---

[1] 王波:邻居的意义,《光华法学》2009年第1期。
[2] Bernard Capp, *When Gossips Meet: Women, Family and Neighborhood in Early Modern England*, Oxford: Oxford University Press, 2003, pp. 282-283.

到40镑的奖金。[1]这对普通民众来说是极大的物质激励,因此,乡村中出现了很多"关心社区秩序问题,积极举报不法分子"的正义村民。甚至犯罪事件的受害人都被寄予希望,希望他们能够在起诉和调查行动中采取积极主动的态度,毫无保留地提供罪犯的各种特征,并一五一十地叙述整个受害过程,以便官方早日抓捕犯罪者。而且,不管是女人还是男人,大家都会配合治安法官辨认可疑的窃贼,或者允许治安法官搜查他们的家。显然,大部分的居民都有着较强的公众责任感,随时准备举报可疑的行为,并督促治安法官采取行动。1594年初,剑桥郡的托马斯·库伯在午夜敲响了当地治安法官的门,宣称她刚才看到"一个流氓和一个妓女在同一张床上"。当治安法官表示不愿意干涉此事时,库伯开始责骂治安法官直到他同意去调查这件事情。[2]

凯瑟琳·戴尔和托马斯·库伯的例子并不是特例,作为英国乡村千千万万普通村民中的一员,她们有着强烈的"社区责任感",有着捍卫村庄道德、维护乡村名誉的愿望。在这一时期的英国乡村里,村庄"是经济共同体、财政共同体、互助共同体、宗教共同体,和平与秩序的保护者(共同体边界内),其居民的公共的和私人的道德的守护人"。[3]村庄共同体的主要功能就是维护公共秩序,而身在其中的每个村民也把维护公共秩序当成自己应尽的义务。村庄治安的好坏、秩序的稳定与否与每个村民休戚相关,村民们对于发生在身边的违反公德、破坏秩序的事件,都会积极地检举揭发,这也就不难解释为什么"起诉通常是由案件的受害者或某位

---

[1] Roy Porter, *English Society in the 18th Century*, p. 140.
[2] Bernard Capp, *When Gossips Meet: Women, Family and Neighborhood in Early Modern England*, p. 282.
[3] 赵文洪:中世纪欧洲村庄的自治,《世界历史》2007年第3期。

邻居发起的"。[1]

维护乡村秩序的主要力量是治安法官和教区警官，但他们并不是职业警察，他们只是没有薪酬的业余"警察"，管理乡村大大小小的琐碎事务往往让他们觉得心有余而力不足。面对这样的问题，类似凯瑟琳·戴尔和托马斯·库伯这样的"热心而仗义"的邻居就非常受欢迎了。村庄是村民的村庄，每一个居住其中的村民在享受乡村共同体提供的安全、文明的居住空间的同时，还应为维持该空间的安全与文明尽一份力。在这一时期的英国乡村，整个乡村就像一个公开的大舞台，狭窄的交际空间使得村民们彼此熟稔，乡村社会就是一个"熟人"社会，村民们在茶余饭后就会谈论家长里短，甚至别人家中最隐私的事情也会成为讨论的话题。在这个几乎没有秘密可言的"熟人"社会里，想要隐匿行踪是非常困难的，更不要说妄想逃过"几乎了解你的一切"邻居们的耳目了。因此那些不善于隐匿行迹的"村庄里的邻居或仆人犯下的小偷小摸的罪行更容易被察觉出来"。[2]每个邻居都是监督者，同时也是被监督者，大家互相监督，共同维护整个乡村秩序的和平。事实上，作为隐性治安力量的邻居在维护乡村秩序、保障乡村安定方面做出了很大的贡献。治安法官在一定程度上也要依赖邻居们的举报、揭发来行使自己的职责。

二、案件审理中的重要证人

在人们的幻想中，这一时期的英国乡村应该是一片安静、祥和的田园风光，家庭和睦、邻里友爱，所有的人都沉醉在清新自然的乡村风光和朴实纯真的村民关系中。然而，真实的乡村全景包括很多方面，"安宁、和

---

[1] Sandra Clark, *Women and Crime in the Street Literature of Early Modern England*, New York: Palgrave Macmillan Press, 2003, p. 45.

[2] Roy Porter, *English Society in the 18th Century*, p. 140.

谐"的确是远离喧嚣的乡村生活的写照,但如果因此就判定乡村是人人向往的"世外桃源"就大错特错了。真实的乡村社会比想象中复杂得多,既有不安定因素,也有败坏风气的行为,乡村社会关系也是相当复杂的。居住在乡村内的居民们在与人打交道时也需要小心翼翼,在做事上也必须三思而后行。正是因为乡村社会是"熟人"社会,是公共的大舞台,人人都是舞台上的表演者,村民们想要隐瞒什么几乎是不可能的,所以,个人名誉在"熟人"社会里尤其重要。人人心里都有一杆秤,村庄里的某户人家的道德品行如何,为人处世怎样以及生活作风等非常隐秘的问题几乎都是公开的话题。邻里们的这些评判和议论在一定程度上形成了一种道德监督,而这样的道德监督颇得治安法官的欣赏。因为在专业法治力量缺失的英国尤其是乡村社会中,取证、审判是一件耗时耗力又非常复杂的工作,当原被告双方互不相让、各执一词、而法庭又缺少强有力的证据时,邻居们的言论通常成为原被告双方胜负的关键筹码。

1600年,托马斯·贝斯特的妻子伊丽莎白在教堂控告威廉·佩恩的女儿格蕾丝偷走了她的手套、围裙和围巾。佩恩一家虽然贫穷,社会地位低,但在当地社区拥有着良好的声誉,而伊丽莎白却有着令人怀疑的私生活,她曾因"在乡村舞会上的淫荡及可耻的行为被起诉到教会法庭",还曾因"侮辱洗礼上的圣物和挑起邻居间的争吵而被控告"。由此可见,伊丽莎白在邻里间的口碑很差。在邻居们的眼中,格蕾丝是个贫穷而纯洁的好姑娘,伊丽莎白却是一个放荡的妇人,邻居们的这些看法在法庭上"足以帮助平息她对格蕾丝的控告"。[1]在这个案件中,格蕾丝到底有没有偷

---

[1] Keith Wrightson, David Levine, *Poverty and Piety in An English Village*, New York: Academic Press, 1979, pp. 120-121.

盗伊丽莎白的那些物品，我们已无从考证，法庭卷档也没有留下足够的证据说明格蕾丝就是被伊丽莎白诬告的。然而，结果却是出身贫寒、社会地位很低但在邻居间拥有好口碑的被告格蕾丝得到了邻居们的支持，而作为原告的伊丽莎白在本次案件审理中没有占到任何优势，反倒被邻居们揭开旧伤疤，无端受到一阵嘲弄。这样的结果令人唏嘘不已，也让我们感叹邻居在这一时期英国乡村案件审理中的重要作用：邻居们的言论是另一方面的证据，在很大程度上会左右法官的审判。1589 年，琼·邦奇因踢打仅有 10 岁的女仆并致其死亡而被控告，在整个案件的审理过程中，琼的邻居们纷纷站出来悉数她之前的残暴行为，这也成为法官判案的依据之一。[1]

邻居之所以能够成为案件审理过程中的重要证人，深得法官的信赖，在于其具有一种被法律认定的对案情的"知情关系"：在法律允许的范围内（除去隐私），邻居往往是居民行为的知情者，这种邻里间的知情关系被法律认定，为法官所用，即"推定居住邻近之人知悉其近邻之事"。[2] 所以，法官们倾向于聆听邻居们的言论，参考邻居们的意见。如果原被告双方各执一词，而又没有明显有效的证据来判断谁是谁非，这种时候来听听无所不知的邻居们的意见似乎是明智的选择。乡村社会的村民们比邻而居，"间阎相望"，来往频繁，最熟悉当事人的莫过于他们那"抬头不见低头见"的邻居们。几十年的相处合作，邻居们可以说是非常了解自己邻居的性格、癖好、人品的人了，建立在这个基础上的判断把误差降到了最小。虽然我们也承认一味地依靠邻居，把邻居的言论当证词，把邻居的看法当证据并不是好的方法，也会有造成冤假错案的隐患。然而，"在大部分的犯罪案件

---

[1] Bernard Capp, *When Gossips Meet: Women, Family and Neighborhood in Early Modern England*, p. 285.
[2] 王波：邻居的意义，《光华法学》2009 年第 1 期。

中，无论罪犯是男是女，邻居们的证言都是一项重要因素。"[1] 在法官的眼中，邻居们对当事人的评价中肯、可信。在治安法官与教区警察等执法者考察乡村居民的品行的时候，他们将与其生活在同一个村庄的邻居当成了可靠度较高的参照系，他们的证明被视为可靠的判案依据。

三、为受控告的邻人请愿

归属感与爱是人们的正常心理需要，个人既是单一的个体，同时又是集体中的个人。每个人都会根据血缘、籍贯、出生地、性格、爱好、宗教信仰等来寻找自己的集体，在此集体中，所有的人都拥有至少一项共同的特点或相似的经历，这个共同的特点或相似的经历把曾经陌生的人们相连在一起，集体所产生的强大能量可以带给每个人一种归属感，而这种归属感是必不可少的，是人人都渴望得到的。

集体也分大小，小的集体可以是一个家庭，由父母子女组成的一个家庭，大的集体可以是一个教堂、一个村庄甚至一个民族，当然也可以无限大，包容下千千万万的成员。在普通人的日常生活中，家庭这个小集体的力量还是起主要作用的，但当生活遭遇变故，受到外来势力欺压，家庭成员被迫走上法庭，需要直面强硬的官方法律的审问时，小家庭的能力就显得过于单薄，根本不足以保护家人免受不公正的伤害，这时就需要一个人数更多、力量更强的团体的庇护。美国实用主义哲学家约翰·杜威的信条"民主始于地方，地方就是邻里共同体"充分说明了邻里这个"大集体"的趋向性和团结性。邻里关系就像一张无形的大网，把邻居们联结起来。这样的关系虽没有血缘关系那么牢固，但邻居们在内部利益不发生冲突的前提下愿意一致对外，共同保护这个圈子内部成员的利益。这样一种齐心

---

[1] Sandra Clark, *Women and Crime in the Street Literature of Early Modern England*, p. 46.

协力、互帮互助的集体,对于这一时期的英国乡村人来说是十分必要的。在这一时期的英国尤其是乡村中,"邻居"就是村民们在遭遇突发事件时想到的第一个大集体,也是村民们求助的主要对象,邻居们表现出来的强大凝聚力和"同仇敌忾"的士气,有时候甚至让治安法官也无可奈何,不得不做出让步。

1631年,居住于萨福隆沃尔登(Saffronart Walden)的素有"好妻子"之称的泰勒因为拒绝领受圣餐仪式而被人起诉,事发后当地25名妇女联合为她请愿,希望法官大人体谅泰勒的难言之隐,从轻处罚。妇女们的努力就是为了泰勒得到她们所认为的可以接受的判决。[1]1623年,布罗姆斯格罗夫(Bromsgrove)的居民们为他们的邻居威廉·弗拉维尔集体向治安法官提交请愿书,他们解释说:"威廉出身善良诚实的家庭,他们的家庭成员中没有一个因违法而被起诉,也没有酗酒的例子,更没有吵架和亵渎神灵的行为发生。据我们了解,他是一个敬畏上帝并能自觉缴纳税款的人。"[2]总之,在邻居们的眼中威廉就是个模范邻居。

"好妻子"泰勒和"模范邻居"威廉只是千千万万个英国村民中的普通一员,日常生活中的他们老老实实,从不惹是生非,但当是非找上门来,他们要面临被审判、被惩罚的厄运时,邻居们便勇敢地站出来,集体向治安法官递交请愿书,为"好邻居"说情,要求治安法官和法律给出一个让人信服的结果。面对这样的集体请愿,再冷酷的治安法官也要好好考虑一下,毕竟这是在乡村,集体请愿的影响力是很大的,现实逼迫治安法官不得不考虑邻居们的想法,有时甚至要向强大的"邻里关系"

---

[1] Bernard Capp, *When Gossips Meet: Women, Family and Neighborhood in Early Modern England*, p. 286.

[2] Keith Wrightson, *English Society 1580-1680*, pp. 61-62.

妥协让步。

　　盛行于 16 世纪至 17 世纪的猎巫运动是一场"白色恐怖"运动，猎巫运动的最大牺牲品是无辜的少女和妇女，在当时的英国，很多妇女都被指控使用巫术，是可怕的女巫。不完善的法律制度导致了很多冤假错案的发生，这些事情使得人们人心惶惶，谈巫色变。然而，我们还应看到虽然"很多妇女都被指控使用过巫术，但大部分指控即使进入了法庭审理程序，也没有定罪，最主要的原因就是来自被指控人的邻居们的请愿和支持"。[1]正是邻居们的齐心协力，才使得指控到了法庭审理阶段又戛然而止。邻居们合力救了被指控为"会使用巫术"的可怜的邻人，这样的相救并不是泛泛的举手之劳，而是深厚邻里感情迸发出的行为。

　　这一时期，英国乡村村民的行为和我们一贯认为的"冷漠的英国人"形象相差甚远，他们在自己邻人遇到麻烦、需要帮助时，并不是一副"事不关己、高高挂起"的冷漠姿态，而是积极地为邻居请愿，以集体的力量来解救邻居。一位女性曾如此赞美邻里："她就像一件温暖的外衣罩在我的身上。"[2] 为自己的邻居请愿，是深厚邻里感情的高度体现，也是邻居们对官方法律和治安法官的最高挑战。

第三节　乡村的法治与司法

　　这一时期是英国历史上重要的社会转型时期，整个社会都发生着剧烈的变化。经济上由原来的农本经济转变为重商经济，政治上王权逐步加

---

[1] Bernard Capp, *When Gossips Meet: Women, Family and Neighborhood in Early Modern England*, p. 287.
[2] 王波：邻居的意义，《光华法学》2009 年第 1 期。

强，这些变化的力量演化成摧枯拉朽之势，从城市蔓延到乡村。然而，英国的田园乡村古已有之，"地方自治"这一传统源自古老的盎格鲁—撒克逊时代，几经变迁仍旧保留下来。即使这一时期的种种变革给全国上下带来了翻天覆地的变化，但"古老的东西"如古老的思想、古老的习惯、古老的规则仍然活跃在这片土地上，活跃在当时人的思想意识领域里。

英国的法律也是古老的，习惯法遵循的是先例，"唯先例是宗"。习惯法精神并未在改革洪流中丧失它的地位。虽然英国政治上的改变必然波及司法领域，现代司法体系已是大势所趋。但远离喧嚣城市的乡村是"牢固而保守"的，现代司法体系若想敲开乡村的大门，必将花费更多的时间和精力。

一、村民对犯罪的认识

作为一种特殊的社会现象，犯罪古已有之，在犯罪学中，犯罪可以被简单界定为触犯法律的行为。与世界上其他地方一样，在英国乡村社会中，判断是非的标准不只有法律，在法律之前，道德一直是人们信守的标准。其实在英国很长一段历史时期内，道德与法律的界限并不明显，甚至到了18世纪人们还认为犯罪与违反道德没有什么区别。

法律和犯罪并不是在一种真空状态下存在的，它们是在一定的意识形态的框架内运作的。犯罪现象的产生有着深刻的社会根源，这一时期的英国社会正处于转型过程之中，社会转型所带来的冲击力也是引起犯罪的重要原因之一。犯罪行为种类繁多，有些行为被认定为犯罪行为，自古以来没有根本性的变化，比如杀人、抢劫等，"杀人偿命"实乃天经地义，自古就是这样。然而，还有些犯罪行为是在一定时期内出现的。在这一时期的英国，按照法律，私自到田间拾穗是犯罪行为，下层民众打猎也是犯罪，这些犯罪行为都是时代的产物。另外，还有一些政府和官方法律认定的犯罪行为，在大众尤其是下层民众眼中并不是犯罪，而是理所应当的行为，譬如上面提到的偷猎、拾穗，还有骚动、走私等。

以走私为例，虽然英国政府把走私定为犯罪，但在当时的很多人心里，走私并不是犯罪。普通大众都喜欢走私来的货物，因为这些货物既便宜又实用，他们认为政府对进口货物征收关税后再让人们以高价去购买是不合理的，走私犯为普通大众做了件好事。因此，走私犯得到了社会上很多人的同情。在当时，沿海城市和某些村庄中的村民都曾参与走私活动。当政府派人来调查时，他们相互隐瞒、相互保护，致使政府的调查工作无法展开。1749年，曾致力于治理整顿南部海岸走私活动的里奇蒙公爵在写给塞西尔爵士的信中讲道："我经常听你说，这个国家的普通人根本不认为走私是犯罪。"[1]

英国政府对偷猎的打击与治理的效果也不尽如人意。在当时，由于野生动物已经成为城市人餐桌上的美味佳肴，捕猎野生动物便成了一个获利丰厚的行当。18世纪，英国一个普通劳动者的年收入约为10镑，而一个猎户每年靠打猎可以收入100镑，是普通劳动者的10倍。有2个偷猎者在2年里挣了1500镑，是一个普通劳动者年收入的150倍。在重利诱惑之下，18世纪80年代，诺福克郡不少于500户参与有组织的偷猎。保罗·郎福德指出，"皇家狩猎场的偷猎者往往是有组织、有秩序地向伦敦市场供货的团伙"。[2]但是，英国政府先后颁布了一系列法令阻止普通民众打猎，切断了他们的这一财路，例如，1671年的法令规定，持有自由土地年收入至少在100镑者和持有公簿土地年收入至少在150镑者，才有资格

---

[1] J. A. Sharpe, *Crime in Early Modern England, 1550-1750*, London: Longman Press, 1984, p. 109.
[2] Paul Longford：《18世纪英国：宪制建构与产业革命》，刘意青、康勤译，北京：外语教学与研究出版社2008年版，第140页。

从事打猎活动，另外包括乡绅在内的其他地位较高的人和他们的儿子、继承人，以及拥有特许权的贵族等都可以打猎。[1]这一法令把广大的村民都排除在外，村民的打猎行为被认定为犯罪，打猎变成了偷猎。然而，在偷猎者看来，他们的行为并不是犯罪，他们认为上帝将动物创造出来是给人们享用的，动物属于所有的人类，并不是上层社会那些富人的私有财产，而打猎也不是专属于贵族的权力。所以，政府派下来制止偷猎的官员在村中处处碰壁，抓捕偷猎者的工作更无法展开。

如果说偷猎是村民们另外的生财之道，是可有可无的冒险方法的话，那么拾穗对于村民尤其是贫困村民来说就有着非同寻常的意义。在英国的乡村中有一种古老的习俗，村民们可以在庄稼收获之后去地里拾穗。对于贫困的村民来说，拾穗是他们得到粮食的重要途径。然而，英国政府否认了这一古老的习俗，剥夺了村民的这一权利。下层贫民非常不满英国政府的该项法令，偷偷拾穗的现象在各个乡村都有发生，政府屡禁不止。另外，在中世纪时，村民从王室森林中收捡残枝、砍伐树木被看作是基本权利，村民们把这些枝叶木材拿回家中，或作燃料使用，或用来修葺篱笆和房屋。可是后来，这项权利也被政府剥夺了。1766年，政府颁布了一项法令，严禁"砍伐、折断、燃烧、破坏树木"，也不准对树木"拔根、剥皮"。[2]对此，村民们感到十分气愤，因为在他们的心目中，这些做法只不过是在行使他们的祖先在远古就已拥有的权利而已。

"汤普森在《18世纪英国民众的道德经济学》一文中指出，几乎在每一个群体行为中都会发现某种合法化的观念，人们通过这一观念来捍卫其

---

[1] J. A. Sharpe, *Crime in Early Modern England, 1550-1750*, p. 125.

[2] John Briggs, Christopher Harrison, Angus McInnes, David Vincent, *Crime and Punishment in England: A Introductory History*, New York: St Martin's Press, 1996, p. 91.

传统的权利和习惯，通常会得到群体更为广泛的支持和认可。"[1] 在乡村人的眼中，走私、偷猎、拾穗以及收捡残枝、砍伐树木就是"合法"的，他们不认为这是犯罪。走私者为普通大众提供了便宜又实用的物品，得到了大多数人的同情和支持。偷猎者认为动物由上帝创造出来，供人类享有，任何人都有打猎的权利。拾穗者则认为拾取已经收获过的土地上残留的麦穗是自食其力、不浪费粮食的行为。砍伐树木者更是理直气壮地认为这是祖先们早在远古时代就已拥有的权利。

在统治阶级眼中，诸如走私、偷猎、拾穗和砍伐树木等是触犯法律的犯罪行为，而在下层民众心中却得到普遍认可，这些犯罪行为被犯罪史家定义为"社会性犯罪"。这一术语虽然在犯罪学界尚存在争议，但它的出现至少表明对"犯罪"的理解是不同的，这种不同存在于统治者与普通民众之间，存在于英国王室与地方乡村之间。

上述的走私、偷猎、拾穗、砍伐树木等"社会性犯罪"，是在一定历史时期才出现的新型犯罪。它们的出现表明了转型时期英国司法方面的某些难题与矛盾。在传统社会中，乡村民众判断是非对错的主要标准是乡规村约和约定俗成的道德准则，而进入转型时期后，法律成为界定犯罪的主要依据。在法律面前，村民们一直享有的某项权利或某种习惯性行为竟然成为了"犯罪"，这是大多数的村民短期内无法接受的。

二、邻里感情对法治的抵制

一幅英国乡村全景包括很多方面，幽美的景色、简单的生活、淳朴的邻里是其中的一面，食不果腹的村民、腐败苛刻的警官、吵架打架是其中的另一面。如果想当然地认为社会关系的主要结构是一种静态的形式，或

---

[1] 郭家宏、许志强：资本主义发展视野下的英国犯罪史研究，《学海》2009 年第 5 期。

者认为社会关系的运转造就了乡村的和谐有序的田园牧歌式的舒适生活，这两种想法都是错误的。恰恰相反，乡村社会所展现出来的这种宁静与均衡是乡村社会关系恒定的动态的产物，而这种动态的动力恰恰来自乡村内部人员之间的冲突。

生活在同一乡村里的村民偶尔有摩擦矛盾、吵架打架的现象是很正常的，邻里间有时候也可能因为鸡毛蒜皮的小事而大打出手。以现代人的眼光来看，出现此类冲突应该有正规的处理途径，如果涉及犯罪，那就必须找有关部门来解决，走法律、法庭这条道路。然而，"将每个罪犯都绳之以法"，"任何罪犯都逃不掉法律的严惩"其实是一种现代意义上的观念。在这一时期的英国尤其是在乡村社会里，村民们并不赞同"所有罪犯都交给法律严惩"这种司法制度的理念。在村庄里，罪犯是否会被起诉，被起诉后如何审判，最后的惩罚方式是什么，是案件当事人关系互动的结果，这其中包括施害人与被害人的关系、邻居们的意见、治安法官和教区警官等地方官员的调解等等。

实际上，表面宁静祥和的乡村内部的人际关系也是错综复杂的：亲属关系，朋友关系，还有无所不在的邻里关系。在乡村"熟人"社会里，人们的交际范围非常狭小，有时候案件的双方当事人就是彼此的邻居，而有时候负责处理案件的治安法官恰好与罪犯熟识。在闭塞的乡村中，盗窃案通常就发生在邻里之间，而发生在货仓或商店中的盗窃案，罪犯往往是仆人、学徒和帮工。萨默塞特郡的一位名叫理查德·伯格斯的人就曾向治安法官举报说，他的仆人竟然在当地其他居民的教唆下偷拿了他两年的粮食和苹果。[1] 这个仆人确实可恶，但他是否会被法庭判罪还要取决于理查

---

[1] J. A. Sharpe, *Crime in Early Modern England, 1550-1750*, p. 103.

德·伯格斯状告他的意愿，当治安法官接触到类似这样的"熟人"作案的案件时，通常会劝说施害者与受害者私下解决。乡亲邻里之间的盗窃案也时有发生，村民偷拿邻居的鸡蛋或蔬菜也不是什么稀奇事。当面对治安法官的责问时，互相熟识的当事人双方都会觉得尴尬，即使受害者非常气愤，但如果他还打算在余下的几十年中和这位曾偷过他家的鸡蛋或蔬菜的邻居继续交往下去，他还是会选择私了，而不是诉诸法庭。这种情况下，法律的威力被迫弱化，邻里感情则上升为主导。而且，作为执法者的治安法官本身就是由当地村民推举上来的，在当地享有较高的威望，是村民们行为规范的楷模和榜样。因此，当乡亲邻里间发生某些有伤风化、伤害感情的事情时，治安法官通常先以邻居的身份进行调解，并尽量把邻里间的矛盾和伤害控制在最小的范围内。如果某个触犯了法律的当事人确实有着难言之隐或特殊情况，作为乡亲邻里又作为执法者的治安法官，通常也会网开一面，给这个"犯了错误"的邻居一个改过自新的机会。

在威尔特郡的一个村庄里，邻居们和联保员在托马斯·莫里斯家里发现了被盗的谷物，托马斯恳求他们"对他和他的孩子好一些，否则他就全完了。"联保员罗伯特·图莫同情他的处境，亲自去找他的邻居们，商量把这件事情隐瞒起来。1636年，埃塞克斯郡的村民约翰·金因偷了8只母鸡而被村警托马斯·罗伯斯抓住，约翰"跪倒在地……希望不要因为几只母鸡而被抓走，因为那是他第一次犯罪"。托马斯充当调解员，与被盗者经过一番商量后，认定这是一起轻微过错，尚不构成犯罪，于是释放了约翰·金。[1] 根据官方法律，偷盗行为是情节较重的犯罪行为，必须严惩不贷，但上面提到的联保员和村警都出于同情怜悯之心，没有走正规的法律

---

[1] Keith Wrightson, *English Society 1580-1680*, p. 165.

途径，而是选择私下调解，并给了罪犯改过自新的机会。

深厚的邻里感情是邻里们抵触法律、法庭的原因之一，再加上这一时期的统治阶级加强地方控制、重用刑罚，更使得村民们团结起来共同抵抗"法律"的统治。"英国的法律体系在18世纪变得越来越严酷，以至于学界把这一时期的法律体系普遍称为'血腥法典'（The Bloody Code）……英国在1688年以前死刑条款不足50条，1750年增至160条，而到了拿破仑战争时期死刑条款已经增加到大约225条之多。"[1] 严酷的法律制度体现着统治阶级的利益，普通大众的传统权利被一点点剥夺。拾穗变成了犯罪，打猎变成了犯罪，连可以逃脱法律制裁的教士特恩权（Benefit of Clergy）也被废止，偷窃5先令的东西就会被判死刑。因此，有人批判道："当其他物品所谓的价值逐步上升变得越来越昂贵时，人的生命却越来越不值钱了。"[2]

一方面是越来越严酷的法律，另一方面是越来越糟糕的生存环境，这些因素都逼迫着普通村民尤其是贫穷村民冒险一搏，走上盗窃的犯罪道路。萨里郡的盗窃罪中有26.5%为盗窃粮食，21.4%为盗窃衣服，9.5%为盗窃家庭日用品，苏塞克斯郡的盗窃罪中的盗窃粮食、盗窃衣服和盗窃家庭日用品的比率分别为29.2%、22.8%和10.1%。[3] 从以上的统计数字可以看出，乡村社会中的犯罪主要还是巨大的生存压力和衣食无着的困境所致。在17世纪和18世纪，有些乡村的小偷还喜欢偷盗木材和羊。偷木材是为了冬天取暖，其中包括树木、别人家的木栅栏和那些已经劈好的薪

---

[1] 郭家宏、许志强：资本主义发展视野下的英国犯罪史研究，《学海》2009年第5期。
[2] 同上。
[3] J.M. Beattie, *Crime and the Courts in England 1660-1800*, New York: Princeton Press, 1986, p. 187.

柴，偷羊的人则是为了换取钱财。在1622—1623年的饥荒年，迈尔克海姆（Michael）地区一个名叫艾格尼丝·斯德蕾的女人因偷盗一只羊被控告，但她声称自己之所以偷羊，是因为"没有食物给她和她的孩子们吃，而他们都快饿死了。"[1] 不管偷盗什么东西，这一时期乡村的盗窃案主要是与人们的生活贫困有关，村民们去偷拿乡亲邻里的鸡蛋、蔬菜甚至是晾在外面的衣服，都是因为衣不蔽体、食不果腹的现实困境所迫。正因为如此，既是乡村执法者又是乡村社会成员的治安法官或教区警官在遇到此类盗窃事件时，首先想到的是调解，而并非诉诸法律手段。同在一个村庄的乡里乡亲毕竟以后还要继续见面，继续交往下去。不论是出于对贫穷村民的同情，还是出于传统的睦邻友好的乡村观念，治安法官都尽量私下解决类似的犯罪案件。

面对统治阶级和严酷法律的步步紧逼，以及转型时期翻天覆地的变革所带来的巨大冲击，再加上现实的生活压力，村民们不满统治者的压榨，不满严酷法律的压迫，齐心协力地抵抗"不公平"的法律，邻里感情所表现出来的强大力量，有时连官方法律都不得不让步。在远离城市的乡村里，法律作为解决纠纷和矛盾的方法得不到广泛的推广，"社区意识和邻里互助的道德体系仍然在发挥着强有力的作用……法律只是最后的、不得已的解决方式。"[2]

在这一时期的英国乡村社会中，治安法官或教区警官包庇罪犯的事情时有发生，有时候即使治安法官想严惩罪犯，其他街坊邻里也会出来说

---

[1] J.H. Porter, Crime in the countryside 1600-1800, in G. E. Mingay ed., *The Unquiet countryside*, New York: Routledge, 1989, p. 17.
[2] 段鸿：近代早期英国的家庭暴力，载向荣主编：《中世纪晚期 & 近代早期欧洲社会转型研究论集》，北京：人民出版社2012年版，第214页。

情，希望治安法官网开一面。大家都生活在同一社区中，低头不见抬头见，为了邻里和睦，也应给罪犯一次改过的机会。所以，这一时期的英国虽已形成一套初步完备的法治体系，但是在具体的执行过程中，并没有严格走法律程序。因为地方上的执法官员如治安法官、教区警官等都是生于地方、长于地方的乡村居民，他们十分注意维护地方自身利益与乡村的团结和睦，他们执法的对象常常就是自己熟悉的邻里甚至朋友，因此，注重邻里感情、网开一面的事情常有发生。在乡村社会的治理中，正式与非正式的处理方式其实是并存的，严苛的法律起着作用，乡村自有的灵活的处理方式也发挥着重要作用。对于轻微犯罪，乡村自有的调解机制往往占据主导地位，只有在调解失败后才会考虑走司法途径。即使犯罪者真被送上法庭，在审理过程中，法官也有可能出于同情和怜悯，寻找法律的纰漏，为罪犯找寻一条生路，给他们一次改过自新的机会。

三、"人治"与"法治"：对抗中的妥协

英国的乡村有着区别于都市的宁静与祥和，乡村居民有着自己的生活：农忙时务农事，闲暇时与亲朋、邻里共度时光，遇到困难纠纷首先想到本区的治安法官或教区警官。乡村生活缓慢而恬静，依靠父辈们留传下来的乡规村约和谐地维持着一切。然而，乡村可以拒绝喧嚣，拒绝浮华，却无法拒绝进步和文明。这一时期的英国正处于上升阶段，经济、政治、军事等各个方面都有着突飞猛进的发展。在这样的大背景下，司法的规范化与制度化已是不可逆转的趋势。进步的"法治"要代替乡村传统的"人治"来管理乡村、惩罚罪犯，但乡村原有的"人治"理念、乡邻情感、和谐互助风尚是根深蒂固的，"法治"在短时期内不但取代不了"人治"，还会受到村民们的集体抵抗。

治安法官、教区警官、乡亲邻里都是实施"人治"的人员，而传统的

第六章　邻里关系与乡村司法判案

邻里感情、睦邻友好的乡邻观念则是推动"人治"实施下去的思想基础。治安法官和教区警官都是由村民选举产生的，是村民中的一分子。当他们成为治安法官或教区警官后，他们的工作也是在村民中展开，他们的工作的完成需要村民的帮助和配合。因此，他们的执法活动其实是与广大村民密切结合在一起的。虽然身为王国官员，他们要效忠国王，树立法律的权威，但作为普通村民，他们又要充分考虑地方利益。这种双重身份使得教区警官和治安法官在处理问题时必须考虑周全，如果他们没有完成国王下达的指令，就会受到官方的惩罚，而如果他们不能令本村村民满意，就会受到当地的非正式惩罚。这样的要求似乎过于苛刻，但令人欣慰的是，教区警官和治安法官大多做得很好。生于地方、长于地方且被本村人推举上来的教区警官和治安法官对当地情况很熟悉，他们不但熟悉各户村民，而且熟悉当地风俗习惯以及处理问题的潜在原则和规矩，他们中的大多数都能严肃认真又不失灵活地处理村民间的纠纷、乡村的各类犯罪案件，因此成为维持地方社会秩序的先锋。

在日常生活中，村民之间、邻里之间总会有些磕磕碰碰，有时难免不为一些矛盾而大打出手，但这些打架事件的性质并不都是恶劣的。1682年，威廉·斯文德尔欠了约翰·海勃斯的钱，当约翰向他要账时，威廉竟然恼羞成怒地把约翰揍了一顿。[1] 在处理类似这样的小问题时，"人治"就显得灵活而简单。通常情况下，接到此类报案的治安法官不会直接走法律程序，而是进行调解，希望双方私下解决。"对一些初犯和轻微犯罪分子，当时的执法官员并没有马上将其交由正式法庭处理，只有当他们不

---

[1] J. S. Cockburn（ed.）, *Crime in England, 1550-1800*, New York: Princeton Press, 1977, pp. 135-136.

听规劝，惹起了众怒，在众多村民的敦促下执法官员才将犯罪分子送上法庭。"[1]事实上，由于这些官员生活在基层，与村民的生活十分贴近，他们在执行法律的过程中常屈服于社会的要求。乡村的治安法官和教区警官一方面对国王负责，执行国王下达的指令，另一方面又要具体问题具体分析，根据本地的实际情况，采取适宜的方法去处理问题。大多数情况下，身为王国官员的治安法官和教区警官都会恪尽职守，履行他们的王国官员义务，但是当国家法令与当地乡村利益发生冲突时，治安法官和教区警官大多数都会不顾严苛法律的规定，偏袒地方乡邻，照顾本村村民的利益。

治安法官与教区警官这种看似矛盾的办事态度，恰好反映了这一时期英国乡村社会管理中的矛盾。一方面是"人治"：村民们认同代代相传的村规乡约，认同固有的风俗习惯和处事原则；人们依赖"低头不见抬头见"的邻居们，尊重村内德高望重的老人，信任有一定经济实力且素质良好的治安法官。村民们习惯按原有的生活方式来生活，按原有的规矩来办事。在这样的管理体制下，治安法官、教区警官和广大村民都成为了乡村管理者，人人都是管理者，同时也是被管理者。村民们都热心乡村事务，乐于调解纠纷、缓和矛盾，帮助治安法官维持乡村秩序。这样的"人治"使得很多纠纷与冲突在私下解决，无需诉诸法庭，也使得本应走上法庭的犯罪案件大事化小、小事化了。"人治"似乎使得整个乡村呈现出一片和谐美好的风景。相对于"人治"，"法治"的治理模式一直不受村民们的欢迎。法律是威严的、冷酷的，法律是超越习俗与感情的，更重要的是法律代表的是统治阶级的利益。寥寥几句法令条文就可以打破数千年的习惯，不允许打猎，不允许拾穗，一下子就搅乱了村民们的生活。

---

[1] 杨松涛：近代早期英国犯罪史学述评，《世界历史》2007年第4期。

对于这一时期英国乡村的村民来说，现代司法制度是个新事物。新事物的出现总会引起恐慌与不安，旧事物也总是会想尽办法压制新事物的成长。村民们担心灵活简便的处事方式会变得生硬而残酷，但现代的司法制度以及规范的审判程序是时代的要求，是大势所趋。村民们不可能一直固守着古老的习惯，不去接受进步的新鲜的事物，法律上的空白和审判程序上的漏洞也不可能永远不被填补。

事实上，随着时间的推移，村民们已经体会到"法治"的益处，更有一些村民敢于拒绝原来的调解方式，要求走正规的法律途径来解决问题。1738年，一名律师的助手塞缪尔·拉文斯克猥亵了律师年仅3岁的女儿，塞缪尔写信恳求律师私下解决此事，并明确提出进行经济方面的赔偿，但律师无法接受单纯的经济赔偿，最终还是起诉了他，最后塞缪尔因企图猥亵幼女被判坐牢一年。[1]

伴随着社会转型，这一时期的英国乡村在悄悄发生着变化，即使这种变化缓慢而细微。但我们应当注意到，一方面受传统邻里感情和乡规村俗的干扰，法律和惩罚的严肃性和正规性大打折扣，另一方面越来越多的人对犯罪行为的容忍度下降了。有学者指出，自16世纪中叶以来，英国乡村的村民在解决矛盾纠纷和处理有关人身受到伤害的案件时，越来越多地倾向于诉诸法庭。虽然乡村的一些传统观念依然在发挥着作用，但"人们不会因此而迷失于对免受惩罚的希望。"[2]

转型时期的英国正处于全面上升时期，司法的完善是政治建设与经济发展的必然要求，也是一个强大国家的必然要求。法律代表着文明与进

---

[1] J. M. Beattie, *Crime and the Courts in England 1660-1800*, pp. 127-128.
[2] Keith Wrightson, *English Society 1580-1680*, p. 167.

步，"法治"代替"人治"是大势所趋，是必然的结果。然而，这也是一个漫长而复杂的过程，在这一时期的英国乡村社会，这样的过程更显漫长。在宁静的英国乡村中，"法治"与"人治"的碰撞与冲突是不可避免的，二者的存在都有合理的理由与意义，即使英国现代化的法治进程再快，也不可能让"法治"完全代替"人治"，英国统治者必须要考虑乡村的特殊性。在英国社会的转型时期，"法治"与"人治"共同管理乡村生活成为了一道独特的风景，二者相互较量、博弈、此消彼长，共同推动乡村的进步，使乡村社会慢慢跟上英国现代化的步伐。最终，乡村生活管理会被纳入现代化的法制体系当中。

第七章 18世纪的政党政治与报刊业

在18世纪的英国政治生活中,辉格党与托利党围绕执政权,展开长期斗争,双方在王权继承、激进运动、议会改革、殖民地、对外战争等问题上针锋相对。但也正是在这种斗争当中,英国的政党政治日益走向成熟。这一时期的英国报刊业,也不可避免地涉入政党政治。在一些重大问题上,在一些重要的历史时刻,报刊业都发挥着越来越大的影响,奠定了报刊业与社会政治生活紧密关系的基础。

第一节 18世纪党争缘起与报刊业的发展

18世纪英国有两大政党,即辉格党和托利党。辉格党与托利党之争始于17世纪后期,产生于"天主教阴谋案"和"排斥危机"中,两个政党在18世纪逐渐发展成为有组织并符合一定规范的政党,为19世纪转型为自由党与保守党做了充分准备,也为现代型政党组织打下基础。英国报刊发行始于 17 世纪中后期，几乎与辉格党和托利党产生于同一时期。1476 年威廉·卡克斯顿将活字印刷术引入英国，当时拥有这项技术的是教会组织，他们用此技术印刷圣经，服务于教会。到 17 世纪中后期，文字印刷品逐渐成为一种定期发行的商品，英国的报刊业成长起来。到 18 世纪，几乎各个党派都有了代表自身利益的报刊。18 世纪报刊指的是一种印刷出品、定期发行和聚焦时事的出版物，包括：报纸（Newspapers）、新闻纸（Essay-sheets）、新闻书（News-book）、时事新闻（Newsletter）、期刊（Journals）和杂志（Magazines）等等。18 世纪英国报刊业发展速度很快，客观上表现为销量的持续增长、名称变得多种多样和读者数量的不断增多，此种现象得益于报刊发行的客观条件不断获得完善。当报刊业发展成为一项新兴产业，并对政治生活产生一定影响时，政府采取多种多样的方式对报刊业进行管理。但不管是秘密发给补贴金，还是提高印花税，或是运用法律手段，甚至是无为而治，都未能阻止报刊发挥服务大众、监管政府的社会职能。

一、党争的缘起

"光荣革命"之后，威廉与玛丽进入英国，下令召开议会。1689 年 1 月 22 日新议会召开，这届议会被称为"协商议会"。议会宣布："詹姆斯二世抛弃了国王和人民之间的原始契约而力图破坏王国宪政……加之他又离开了英国，他目前已经逊位，王位因此空缺。"[1] 这为新君主即位提供了合理的理由。但很多上院贵族和右翼托利党人并不愿承认威廉的王权，希望实行"摄政制"，让詹姆斯二世的长女玛丽做摄政王。辉格党人则希望让玛丽继承王位，让威廉做摄政王。辉格党中的激进人士甚至希望彻底抛

---

[1] 阎照祥：《英国政治制度史》，北京：人民出版社 2012 年版，第 200 页。

弃斯图亚特王朝，让威廉继承王位。玛丽不愿单独为王，威廉也不愿屈居摄政，托利党与辉格党讨价还价之后，选择了一种折中的解决办法，让玛丽与威廉共同登上王位，但要求限制君主的权力。1689年12月16日由协商议会通过、两位君主共同签署的《权利法案》正式生效。《权利法案》颁布了多项条款用于限制君主权力。1694年议会又通过《三年法案》，使议会成为一个常设性的机构，并规定每届议会不得超过三年。

威廉三世不愿就这样放弃君主的权力，即位初期他曾想建立一个两党共存的政府，让两党相互牵制以加强自己的势力。但事与愿违，托利党人不愿支持威廉三世的对外战争，辉格党人却愿意支持他。1694年，威廉三世任命辉格党人组成了首个一党内阁，次年辉格党在议会选举中获得多数支持。许多学者认为这是近代两党制建立的时期。1696年，玛丽女王病故，威廉三世无后，王位由玛丽的妹妹安妮继承，但安妮的儿子早夭，王位后继无人。1701年1月，议会通过《王位继承法》，明确规定英国王位不能传给天主教徒，而应由信奉新教的汉诺威王室的索菲亚及其后裔继承。

1714年安妮女王病逝，近臣博林布鲁克和部分托利党人计划让流亡的弗朗西斯·爱德华回国登基，遭到辉格党人坚决反对。辉格党人在枢密院会议上重申要坚持按照《王位继承法》，支持汉诺威王室继承英国王位。因此新国王乔治一世即位后不顾托利党在议会中占据多数席位的事实，任命辉格党人成立了新王朝的第一届内阁，大部分托利党人被排挤出英国政坛。1715年，辉格党在议会大选中获得多数席位。1716年，辉格党又操纵议会通过了《七年法案》，从此开启了半个多世纪的辉格党寡头统治时期。

部分托利党人不甘心失败，联合詹姆斯分子发动叛乱。政府先一步采取行动，将反政府的主要人物托利党人兰斯顿、波林伯爵以及6名下议院议员逮捕关押，在苏格兰发兵叛乱的詹姆斯分子也被政府军击败。1717年和1722年，部分托利党人再次联合詹姆斯分子阴谋策划叛乱，俱被政府破获。1745年7月，詹姆斯二世的孙子、"年轻的觊觎者"查理·爱德华乘英法开战之机，再次在苏格兰煽动叛乱，由于英国人民的坚决反对最后失败，不得不逃回法国。在这次叛乱中，部分托利党人被诬蔑为詹姆斯分子，受到辉格党的坚决打击。虽然此时辉格党内部已分裂出多个派别，但辉格党乘詹姆斯分子叛乱之机打击托利党人，也使反对派中的辉格党人不敢公开与托利党人联合，从而使辉格党的政治优势得到保持。

  乔治一世与乔治二世时期是辉格党一党长期执政的时期，也是英国内阁制形成和发展的重要时期。内阁制的形成与18世纪初期著名的辉格党首相罗伯特·沃波尔有密切联系。由于新君主来自欧洲大陆的汉诺威地区，对英国事务既不熟悉也缺乏兴趣，并且两位国王经常返回风景秀丽的日耳曼故土，于是在他们离开英国期间就指定一位大臣代其主持政务，此种情况必然会导致王权的削弱和内阁权力的加强。1721年，沃波尔第二次担任首席财政大臣兼国库大臣，全面主持政府工作。沃波尔的执政方式是建立"小内阁"。为了提高行政效率，沃波尔会在内阁会议之前挑选几位重要大臣预先交换意见，久而久之形成了以首席财政大臣为首的领导核心。沃波尔是一名成功的政治家，支持他的人并非只来自一个党派。故在他执政时期，英国的政党斗争可以看作是辉格党政府与反对派的斗争。

  政府反对派不仅包括詹姆斯派和托利党，还包括从辉格党内部分裂出来的辉格党激进派。18世纪30年代中期，代表金融家和大商人的激进辉格党人要求政府对外实行强硬政策，运用对西班牙开战和限制进口等手段来扩大原料产地和商品市场，但沃波尔却主张和平的对外政策，故受到反对派的猛烈抨击。沃波尔是英国历史上第一个运用财政资金为报纸提供津贴，支持政府派报纸与反对派报纸论战的首相，也是第一位因为舆论的反对被辉格党人抛弃而被迫辞职的首相。1742年，在报纸舆论的猛烈攻击和议会的反对声中，沃波尔被迫辞职，这一事件也被视为英国内阁制形成的标志性事件。

18世纪前期，英国除了詹姆斯分子的叛乱外，还有萨谢弗雷尔牧师事件、税制改革、与西班牙的战争以及犹太人入籍法案等一系列政治问题。辉格党在政府中实行寡头统治，托利党虽被排挤出政府，但联合其他党派一起组成了政府反对派，不断给辉格党政府施压。

乔治一世与乔治二世时期王权不断衰落。1746年，乔治二世否决了佩勒姆提出的任命威廉·皮特为国防大臣的提议，佩勒姆带领全体阁员和非阁员大臣集体辞职。乔治二世找不到能控制下院的人，不得不请佩勒姆等人复职。这一事件反映了国王软弱的政治控制力。但雄心勃勃的乔治三世一上台就打破了这一局面。

年轻的国王即位不足半年就准备改组政府。1761年3月，乔治三世任命其老师布特勋爵为国务大臣，布特立即成为政府中最有权势的人物。但布特一上台就激起了舆论的攻击。原因是他一上台就遵照国王的意愿与法国谈判，停止了"七年战争"，此举遭到国内工商业资产阶级的反对；一直为普鲁士提供资金支持的皮特也因此辞职，严重影响了英国的外交政策。同时，他是国王权力的支持者，提倡加强王权，试图改变已建立起来的强大议会与软弱王权的现状。另外，布特遭到攻击的原因还有他是一个苏格兰人，他的伯爵头衔中还冠有不受欢迎的斯图亚特姓氏，这些总让人们不由自主地与天主教和詹姆斯派联系起来。更为甚者，他与国王的母亲还传出绯闻。由于受到太多人的反对，布特不得不在1763年宣布辞职，但他仍然在幕后影响着国家政治。

经过近半个世纪的发展，18世纪中叶的辉格党已经达到权势的顶峰，掌权多年的辉格党内部逐渐分裂成彼此斗争的几个家族势力。人数最多的是以纽卡斯尔公爵为首的"老帮派"（the Old Connection），在政府和议会中占据重要地位。此时党派内部缺乏严谨的组织机构，也没有统一的政党纲领或纪律。故雄心勃勃的新国王即位伊始就采取分化、拉拢等政治手腕削弱辉格党势力，有时甚至采用强硬的措施打击辉格党人。国王强势参与政治导致政坛局势变动频繁。1761年至1770年间英国先后换了6任首相，有3名首相直接或间接迫于乔治三世的压力而辞职，辉格党首相罗金厄姆侯爵直接被他罢免。

雄踞政坛多年的辉格党优势地位丧失，国王权力加强，在国王周围逐渐形成一批支持国王权力的"宫廷党"。1770年诺斯勋爵上台执政，这位被讥为"国王之友"的宫廷党首相与乔治三世一起将国王权力发挥到顶峰。在18世纪中期加强王权的呼声中，在野多年的托利党人也为王权摇旗呐喊。托利党代表人物博林布鲁克提出：统治国家的不应该是政党，而应该是"爱国君主"，在"爱国君主"治理下的政府是"完美政府"，它能更好地推进"社会福祉"，"君主不能为了统治臣民而使得自己成为某一党派的首领，而是应该为了施行统治，更确切地说为了征服所有党派，而成为所有臣民的首脑。"[1] 不足一个世纪之前，托利党与辉格党联合推动了君主立宪制的建立，目的是限制君主权力。但此时对加强君权的呐喊并不代表他们抛弃了信仰原则，否定了"光荣革命"的成果。这或许是在表达对辉格党一党独霸政权的不满，妄图借助王权复兴使托利党东山再起。

北美殖民地独立成为国王权势由盛到衰的转折点。诺斯担任内阁首脑后，对北美殖民地实行不断压制的政策，激起当地人民的反抗，最终导致

---

[1] 刘金源：《现代化与英国社会转型》，北京：三联书店2013年版，第55页。

北美殖民地的独立。英国国内把北美独立归咎于诺斯政府与国王。1782年诺斯内阁在一片反对声中倒台，乔治三世的声誉也跌至谷底。

从诺斯离职到1784年大选，英国经历了被称为"宪政危机"的时代，国内局势动荡不安。前首相罗金厄姆侯爵联合其他党派组阁，但不久后染病身亡。乔治三世看好的谢尔本无法获得议会下院各派的支持，被迫于1783年离开政府。在这之后，诺斯与福克斯联合组成了近代第一个联合内阁：诺斯—福克斯内阁，但该内阁也无法在党派复杂的议会下院获得支持。不久福克斯的"印度改革议案"在议会上院被否决，乔治三世抓住机会解散这届内阁，并任命年仅24岁的小皮特为财政大臣，宣布建立新政府，福克斯等人进入议会下院成为政府反对派。与此同时，国内激进运动兴起，先后发生了一系列政治事件：威尔克斯事件、议会改革运动、反奴隶贸易等等。

小皮特上台后受到政府反对派的嘲弄，认为他是凭借其父亲老皮特的声望登上首相之位的，以福克斯为首的反对派很愿意给他点颜色看看。但小皮特是一位极为出色的政治家，他上台后，依靠国王的支持解散了不支持他的议会下院，在重新大选后赢得了议会下院多数。由于英国当时实行的仍然是《七年法案》，故小皮特之举不符合宪法，这也是反对派攻击他与国王的埋由。但由于取得了人民的支持，国内舆论一边倒，支持小皮特与国王，福克斯领导的反对派没有达到目的。自此以后，英国形成新的宪法惯例，即：内阁失去议会多数支持时可以解散议会，重新选举新的议会。

18世纪后期，政局变动频繁，党派斗争更加复杂，加上各地民间激进运动兴起，出现了许多团体组织，这些组织通过报刊宣传、联名签字向议会递交请愿书等方式参与政治生活，表达他们的利益诉求。这一切使得18世纪英国政坛更加复杂多变，辉格党与托利党内部在不断分化和重新整合。

二、报刊业发展概况

18世纪英国的报刊业发展迅速,具体表现有:销量的不断增长,报刊名称变得多种多样,读者也在逐渐增多。与此同时,促进报刊业发展的客观条件也在不断完善,如印刷机器不断更新、读报场所的建设、邮政事业的发展等等。

18世纪英国报刊业发展的首要标志是报纸销售数量的增长。在17世纪90年代中期以前,英国还没有出现地方报纸。18世纪初,在诺威奇、布里斯托尔和埃克塞特开始出现地方报纸。此后报纸数量日益增多。1719年,伦敦一家报纸抱怨说:"现在,不管是城市、市镇还是乡村,每天都充斥着洪水般的报纸。"[1] 据推算,"18世纪20年代早期有20家地方报纸出现,到18世纪中期超过40家,到1800年,每周有超过70家地方报纸发行。在都城伦敦,1712年有12家报纸发行,18世纪中期有18家报纸发行,包括6家周报、6家每周发行三次的报纸和6家日报。到1783年,伦敦出现9家日报和10家每周发行两次或三次的报纸。18世纪90年代,这一数量增加到14家日报、7家每周发行三次的报纸和2家周报。"[2]

当然,由于当时报业发展的诸多不稳定因素,许多报纸存在时间并不长。乔治·弗林特在18世纪早期曾办过5份报纸,即:《每周评论》(*Weekly Remarks*)、《政治思考》(*Political Reflections*)、《罗宾的终极改变》(*Robin's Last Shift*)、《改变已经发生》(*The Shift Shifted*)、《终极改变》(*Last Shift*),但它们都在很短时间内被政府查禁。在当时,如果要办一份合法报纸,就要到政府相关部门登记注册,并且支付印花税。因此,想要

---

[1] Hannah Barker, *Newspapers, Politics and Public Opinion in Late Eighteenth Century England*, Oxford: Oxford University Press, 1998, p. 111.

[2] Jeremy Black, *The English Press in the Eighteenth Century*, London: Routledge, 2011, p. 14.

第七章　18世纪的政党政治与报刊业

了解18世纪英国报纸发行量的增长情况，查看政府税收记录是一个重要途径。1704年，官方统计到的全年报纸发行量约为230万份。据斯纳德统计，到1712年和1713年间，这一数量约增长到240万份。根据18世纪中期的税收记录，有730万份报纸上有印花（这种印花出现在合法报纸上，作为税收凭证），60年代有报纸940万份，1775年有1260万份。1801年，总共有1640万份印花报纸发行——伦敦的报纸有700万份，地方的报纸有940万份。[1]需要说明的是，18世纪英国政府统计的报纸印花税记录并不那么可信。由于部分史料缺乏和不可信以及各地统计数据的分散，想要收集到准确数据十分困难，再加上当时非法出版的报纸在政府档案中没有记录，所以政府税收只能作为分析报纸发行量的参考。即便如此，这些数据也足够证明报纸发行量的增长。

销量的好坏直接关系到报纸的生存。杰里米·布莱克对一家报纸的财务记录进行过分析，他认为，在伦敦一家报纸要保证每天至少发行1500份，才能实现收支平衡。[2]事实上，一些著名报纸的发行量远远超过这一数字。1778年，《晨邮报》(Morning Post)的编辑亨利·贝特声称该报一天可以卖到5000份；而《匠人》(Craftsman)早在18世纪30年代就曾一度卖到10000份。1779年，据约翰·威廉·冯·阿兴霍尔茨估计，《公众播报》(Public Advertiser)每天卖到3000份到4500份，《每日播报》(Daily Advertiser)可以卖到5000份。[3]

在伦敦报纸发行量不断增长的同时，地方报纸的发行量也毫不逊色。克里斯汀·斐迪南在对《索尔兹伯里报》(Salisbury Journal)的研究中发

---

[1] Hannah Barker, *Newspapers, Politics and Public Opinion in Late Eighteenth Century England*, p. 30.
[2] Ibid, p. 30.
[3] Ibid, p. 32.

现，这份报纸在18世纪30年代创刊时每周只卖200份，但到40年代增长到2000份，80年代增长到4000份。[1]据G.A.克兰菲尔德估计，在18世纪头10年，地方报纸销量基本在100份到200份之间，到18世纪中期增长到1000份到2000份。到18世纪后半期，地方报纸如果只有1000份的销量，在财政上就会显得很拮据。[2]1780年《索尔兹伯里报》已有4000份销量，据《利兹信使报》(Leeds Mercury)的编辑詹姆斯·柏林说，该报在90年代每天能卖到3000份。《切姆斯福德纪事》(Chelmsford Chronicle)是一份比较成功的地方报纸，它的销量是同时期其他地方报纸销量的两倍。

由于史料缺乏，没有一位史家可以得出报纸发行量的准确数字，但认为18世纪英国报纸发行量不断增长是学者们的共识。

18世纪英国到底有多少家报纸，至今仍无定论。不过，通过研究那些有记载的报纸名称，我们可以对18世纪英国报业发展进行简要分析。

在18世纪英国报纸的名称中，我们发现几家名称相似或相同的报纸。创刊于17世纪的《牛津公报》(Oxford Gazette)是政府的支持者，并且垄断了伦敦报业市场。1665年，约瑟夫·威廉姆森为打破《牛津公报》对伦敦报业市场的垄断，让市民获得更多的新闻与知识，创办了《伦敦公报》(London Gazette)(一般简称为《公报》)。《特快邮报》(Flying Post)创刊于1696年，1714年，伦敦出现一家名为《特快-邮报》(Flying-Post)的报纸与《特快邮报》争夺市场。18世纪早期的《匠人》是著名的激进报

---

[1] C.Y. Ferdinand, *Benjamin Collins and the Provincial Newspaper Trade in the Eighteenth Century*, Oxford: Oxford University Press, 1997, pp. 125-128.

[2] Hannah Barker, *Newspapers, Politics and Public Opinion in Late Eighteenth Century England*, p. 14.

纸，以敢于批评政府和为民众说话而闻名，30年代曾一度卖到每天10000份，于是出现一家也叫《匠人》的同名报纸与其竞争。18世纪，英国报业发展处于早期阶段，没有健全的法律作保障。在一些成熟大报占领市场的情况下，为了竞争，或为借其报名吸引读者，甚至盗用其名称以达到赢利目的，出现上述情况就不足为奇了。这都表明了英国报业发展初期的混乱状态。

在18世纪的英国，办报多属于个人行为，报纸创办者乐于将自己的名字加入报名中。《密斯特周报》(Mist's Weekly Journal)就是这样一份报纸，其办报人纳撒尼尔·密斯特将自己的名字融入报名当中。这些人之所以这样做，一是为表明自己是报纸的所有者，再是因为读者在购买报纸时会考虑报纸所有者的个人声望。良好的个人声望不仅能带来广告商的投资，而且能保证销量。但这又会导致另一个后果：报纸经营者的改变会导致报纸经营走入困境。1737年密斯特去世后，《密斯特周报》的经营举步维艰，印刷商约翰·珀泽试图将该报经营下去，但终抵不过后起之秀《常识》(Common-Sense)。同时代的《报童邮报》(Post Boy)由阿贝尔·罗帕创办，1726年阿贝尔·罗帕死后，报纸销量开始下滑。这也说明，在18世纪的英国，"一份报纸经营期的不确定性正如给予它生命的人的不确定性。"[1]

有的时候，通过报名可以判断出报纸的性质。《怀特霍尔报》(Whitehall Journal)是政府的支持者，因为英国政府的核心部门都坐落在怀特霍尔街上，怀特霍尔通常也是英政府的代名词。《天主教报》(Popish Courant)是一家反天主教报纸，从其名称就可看出其激进性质，因为

---

[1] Jeremy Black, *The English Press in the Eighteenth Century*, p. 16.

"Popish"一词是对天主教的蔑称。安德鲁·胡克（Andrew Hooke）创办的《布里斯托尔每周纪闻》（*Bristol Weekly Miscellany*），又称为《奥拉克尔报》（*Oracle*）。从报名中可以看出办报人的心愿，"Misecellany"表示他要提供各方面的信息，"Oracle"则表示他要为读者带来有益的启示，因为"Oracle"指的是希腊神话中的神谕，有时也指能提供宝贵信息的人或书，也可译为"权威"或"智囊"。约瑟夫·利夫赛是一名社会改革家，从他办的报纸《道德改革者》（*Moral Reformer*）中我们能看出他希望改革什么。《穷人维护者》（*Poor Man's Guardian*）这一名称或许能为我们解释，这份不缴纳印花税的非法报纸为什么一天能卖出12000份到15000份。毫无疑问，《淑女们的新娱乐》（*Ladies New Tatler*）则是一份针对妇女们的休闲娱乐报纸。

有些报名带有表示发行日期的词语，《日报》（*Daily Courant*）是一份每天都发行的日报，《晚报》（*Evening Journal*）是一份每周发行三次的晚报，《周三报》（*Wednesday's Journal*）是《密斯特周报》每周三发行的增刊，《周六速递》（*Saturday's Post*）的发行日在星期六。《星期日监督者报》（*Sunday Monitor*）的发行日在周日，虽说这份报纸因违反安息日法律而不合法，但该报的发行却非常成功。

英国报纸常以"太阳"（the Sun）、"星辰"（the Star）、"彗星"（the Comet）和"灯塔"（the Lantern）等来命名，意味着报纸为社会带来启示。而当报纸以"斗士"（Champion）、"仲裁者"（Moderator）、"维护者"（Vindicator）和"卫士"（Sentinel）等来命名时，则意味着报纸以引导和保护人们的财产与权利为责任。许多报纸以赫尔墨斯作为自己的标志，代表正义信息的传播，有些报纸以"上帝之眼"（all seeing eye）为标志，代表自己时刻关注一切事情的发生，以获取最新消息。

第七章 18世纪的政党政治与报刊业

对 18 世纪英国报纸的读者人数很难做出准确估计，但是人数在不断增长则可以肯定。伦敦作为英国的政治、经济和文化中心，也是报刊业发展最兴盛的地区。18 世纪末，伦敦的官员丹尼斯·奥伯莱恩认为伦敦有 250000 位读者，他是根据每份报纸有 10 名读者而做出的推算。这一数字大约占了伦敦人口总数的三分之一。麦克·哈里斯推算出 18 世纪中期伦敦每周能卖出 100000 份报纸，平均每天是 16500 份，如果也按照每份报纸 10 名读者的话，那么当时伦敦城内有四分之一人口读报。到 19 世纪 40 年代的时候，情况已经大为不同，伦敦人口数量增加了两倍，报纸数量增加了五倍，此时的读者人数占总人口数的六分之五。[1]

地方报纸的发行量和读者人数也在不断上涨。18 世纪中期，英国约有 40 家地方报纸发行。如果假设每家报纸每周发行 1000 份的话，那地方上每周总共发行 40000 份报纸。地方读者人数没有伦敦的读者人数多，但假设每份报纸有 5 名读者，那么约有 20 万人在阅读报纸，人数约为总人口（除伦敦之外）的 4%。到了 80 年代，这一比例达到 8%。[2] 由此可以看出，在 18 世纪，英国地方上报纸读者人数较少，大部分读者还是集中在伦敦，因此伦敦是报业发展的中心，也是读者聚集的大市场。地方报纸想要迎头赶上，还需很长一段距离。

关于报纸读者的身份也难以明确划分，不过上流社会的精英人士和不断崛起的中产阶级构成了报纸读者的主要部分，则是毫无疑问的，这主要是由经济原因和识字率所决定的。从 18 世纪英国上层精英人物的日记、信件、回忆录中总能发现他们读报的习惯。不断崛起的中产阶级也通过报

---

[1] Hannah Barker, *Newspapers, Politics and Public Opinion in Late Eighteenth Century England*, p. 4.
[2] Ibid.

纸获得各种各样的信息。通过研究《公众播报》的销量记录可以发现，在1765年到1771年，每当议会召开前后，这份报纸的销量就会猛增，也就是说在议会召开的2月、3月和10月、11月，这家报纸的发行量就会达到一个峰值。[1] 此时，报纸读者中的大部分就是上层精英和中产阶级。

社会下层的民众也会读报。1730年孟德斯鸠在日记中写道："最令人吃惊的不是报纸的数量不受约束，而是劳动者也在读报，瓦匠们在房顶上读着报纸。"[2] "在南兰开夏、德比和诺丁汉的制造业区，几乎每家人都在读《政治纪闻》。"[3] 出版商约翰·塔勒斯说："印刷品变得越来越便宜，以至于每个人都能负担得起。在乡村，所有的人都在读报。一些人甚至以牺牲身体所需要的部分食物为代价去换取有害的思想。"[4]

不过即使到了19世纪中期，仍然有一半的英国人不会写字，大部分下层劳动民众是文盲。而且报纸较高的售价也让这些人望而却步。但"朗读报纸在当时是一种社会性活动而不是个人性活动，许多人经常给其家人或朋友朗读报纸……此外，当时还存在着合伙买报和租报的习惯，这也有助于报纸在下层社会中的传播。"[5] 需要特别说明的一点是，英文的阅读比书写更容易学会，所以实际上具有阅读能力的人要比统计到的人数还要多一些。

以18世纪英国一个普通家庭购买读物的情况为例。拉塞曼家在1746

---

[1] Hannah Barker, *Newspapers, Politics and Public Opinion in Late Eighteenth Century England*, p. 49.
[2] Ibid, p. 50.
[3] Ibid, p. 51.
[4] Ibid.
[5] 张奎勤：18世纪英国报纸业的发展与公共领域的形成，《内蒙古农业大学学报》2005年第3期。

年以后的20年间，大多数年份订阅了报纸，每年的订阅费在4先令到5先令之间。在这份账单快要结束的1765年，订阅了1765年至1766年的报纸总共花了17先令4便士。这个家庭每年的支出在20镑到50镑之间，处于社会中下层水平，所以具有很强的代表性。"18世纪是一个民众阅读兴起的世纪"。[1]

在手工抄写成书的年代，一个手脚麻利的抄写员一年最多只能生产两本书，活字印刷术的传入无疑极大地提高了劳动生产率，促进印刷行业的发展。"18世纪早期，一个师傅加几个学徒的小作坊就已经被较大规模印刷厂代替，例如，汤逊和瓦特的工厂在1730年雇用的工人达到了50人，塞缪尔·里查德的工厂中雇工人数超过40人。"[2] 当然，工厂中的大规模机械化生产使得印刷品不再是稀有产品，让普通民众也能方便接触到。

在18世纪的英国，报纸印刷业的社会平均生产率是每小时印刷250张。与现代印刷技术的生产率相比这显得非常慢，但在当时已经是最快的生产方式了。当时，出版商为了满足市场需求，会印刷那些销量较好的报纸，这可是一项充满风险的选择。因为他必须要承担重复排版（duplicate composition）的费用。这里的composition指的就是活字印刷术。工人必须要在一台以上的机器上排字印刷才能在规定时间内生产出需要的数量。如果只用一台机器，排字只需一次，用两台就需要把同样的排字工作再做一遍。如果多名工人同时开工，那么使用工人的成本也会增加不少。到了地方，情况更加复杂。为了节省成本，出版商往往选择延长时间生产，也就是说光印刷报纸就需要近一周的时间，这样就可以少用工人。但是英国

---

[1] 李斌：18世纪英国民众阅读的兴起，《历史教学》2004年第7期。
[2] 同上。

的道路越来越通畅，邮政事业也越来越发达，当伦敦的报商雇用着四轮大马车将报纸送来的时候，地方的报纸就必须在节约成本还是节约时间上做出选择。

早期的印刷机是木质结构，生产出的报纸不够干净整洁，油墨印子不时出现在报纸上。1800 年的时候，一种叫做斯坦霍普（Stanhope）的印刷机用铁做框架，生产出的报纸页面干净整洁了许多。1814 年，《泰晤士报》的所有者约翰·沃尔特二世买了两台科尼（Koenig）的蒸汽驱动的印刷机，每小时能印刷 1000 张，而且不用重复排版，可以随时随地印刷新的报纸。这远远超出当时其他报纸印刷厂的工作效率。然而，当时这样的机器数量少，价格又极其昂贵，直到 30 年代初期，伦敦其他的印刷商才普遍采用了这一机器。到 19 世纪中叶，技术的更新已经变成出版商适应市场需求的必要条件之一了。

18 世纪的人们总是在一些公共场所读报，如小酒馆、咖啡馆、理发店或者是公共图书馆等地方。18 世纪末，伦敦的咖啡馆有 200 多个，在咖啡馆读报已经成为一种时尚，只要付上 1 便士，任何人都可以喝咖啡、读报和与人聊天，咖啡馆为人们提供了一个信息和新闻的交流空间。中间阶层甚至是政客议员也常常光顾咖啡馆。议员詹姆斯·博斯韦尔经常到咖啡馆吃早餐，他在日记中写道："我在查尔德咖啡馆里吃完早餐后，开始读报纸，并与那里的人进行交谈。"[1]《劳埃德晚间快讯》曾声称："没有报纸，咖啡馆、酒馆和理发店将失去很多顾客。当问店主为什么要提供报纸给顾客的时候，他会这样回答，因为能够吸引更多的人到他店里……成千上万

---

[1] Bob Harris, *Politics and The Rise of Press: Britain and France 1620-1800*, London: Routledge, 1996, p. 18.

的人在这种新奇的、虚幻的媒介的吸引下变成了酒鬼。"[1]当时的一个工匠说:"我去酒馆不是为了喝酒,告诉你先生,我是为了新闻。我没有别的途径得到它,我买不起5便士一份的报纸……所以,我去那里可以听到别人读报纸,并谈论伦敦发生的事情,那是我唯一可以获得新闻的地方。"[2]当时,许多新闻记者和写手也经常去这些地方,听听别人读报,与别人交流,并在那里完成自己的作品。社会史学家特里威廉说:"英国人的言论自由在咖啡馆里最为典型。"而哈贝马斯则将这种现象当作正在形成的公共领域,"所谓公共领域,首先是指我们的社会生活中的一个领域,在这个领域中,像公共意见这样的事物能够形成。"[3]

18世纪图书馆的建设也为读报提供了合适的场所。18世纪英国的图书馆分为两种,流通图书馆和订阅图书馆。流通图书馆最初设立的目的是满足书商处理滞销货物的需求;而订阅图书馆则脱胎于早期的图书俱乐部,订阅图书馆一般是会员制的,会员大多数为中产阶级出身的人。这些图书馆都订购一定数量的报纸供民众阅读。1700年左右还设立了报纸阅览室,专供读者阅读报刊。

早在17世纪80年代,英国就建立起全国范围内的邮政系统,人们可以通过邮政业务订阅报纸。18世纪60年代,英国又在国内建立起收费公路系统,道路的畅通促使邮政业务变得更加迅捷,也更有效率。最初邮政系统还要支付一定的道路费用,但能够获得国家的财政支持。从1785年开始,政府免除了邮政系统的道路通行费,这更加促进了邮政事业的发

---

[1] Hannah Barker, *Newspapers, Politics and Public Opinion in Late Eighteenth Century England*, p. 58.
[2] Ibid, p. 58.
[3] 张奎勤:18世纪英国报纸业的发展与公共领域的形成,《内蒙古农业大学学报》2005年第3期。

展。1760年，从各地邮局寄出的伦敦报纸达100多万份，1782年为300多万份，10年之后这个数字翻了一番，1796年伦敦报纸的年邮递量达到860万份。与此同时，邮局也十分重视定期刊物的邮递。1787年，约翰·帕尔默在邮局中建立了一个独立的办事处，专门处理定期刊物，主要是报纸的流通，有18位专职的职员负责监督各类报纸与时事通讯的集中、整理与流通。

三、政府对报刊业的管理

从18世纪开始，不管是辉格党政府还是托利党政府，都没有放松对报刊业的管理，只是采取的措施时紧时松而已。在安妮女王在位时期，托利党获得宠信，推行严格管理报纸出版的政策。托利党人宣称："如此多的流言蜚语和不敬的谎言，每天都在出版，腐蚀着人群。"[1]1710年至1714年，托利党政府中最主要的成员罗伯特·哈利着手推动第一次印花税法案的通过。虽然哈利推动通过印花税法案的根本原因是为了解决因卷入西班牙王位继承战争而导致的政府财政困难，但作为托利党一员，他同时也在思想上认为自由出版会带来社会秩序混乱，尤其是会让教会陷入危险，所以在他看来这是个一举两得的举措。不过，就在哈利努力推动法案通过的时候，1714年安妮女王去世，一部分托利党人与詹姆斯派的人相勾结，导致托利党在政治斗争中失势，新国王选择了辉格党，所以哈利的法案胎死腹中。

掌握政权后的辉格党支持报刊业的发展，除了因为在托利党执政时期自己呼吁反对预先审查、反对印花税的推行，还有一个不容忽视的客观原因：经过18世纪初期的发展，报纸已如雨后春笋般地兴起。事实上，

---

[1] Jeremy Black, *The English Press in the Eighteenth Century*, p. 10.

1714年以后，人们更多地开始讨论报纸在政治生活中扮演的角色，而不是如何去压制它。意识到报纸在政治生活中的重要作用后，辉格党、托利党、詹姆斯派以及其他一些政治团体纷纷开始寻找支持自己的报纸，或者自己出资创办，或者为报纸提供津贴，以拉拢报纸为自己宣传。这些举措导致了报纸间此起彼伏的激烈论战，政府对报刊业的管理措施也越来越多样化。

辉格党政府对报刊业的管理措施通常有：给予资金补贴、提高或降低印花税、制定法令政策、运用法律手段起诉诽谤政府的报纸等等。有些措施在执行的过程中还有不同的变通形式。

沃波尔是最早利用津贴补助手段来控制报刊的英国首相，反对派称沃波尔政府每年花费在补贴报纸方面的资金达2万镑之巨，这相当于一个步兵团一年的供养费。[1]此种说法并不属实，可能是反对派故意夸大事实，捏造了巨额数字，制造出政府耸人听闻的"真相"。也可能反对派自身并不知道政府用于补贴报纸的资金到底是多少，通过一些手段得出这样的估算结果。因为当时政府为报纸拨款是秘密进行的，没有哪家报纸公开宣称接受了政府拨款。沃波尔利用自己掌管财政部的便利条件，设立了秘密补贴制度，每年拨款5000镑用于支持本党报刊。政府拨款委员会的账单显示，此类专项的总支出超过50000镑，绝大部分是在1729年12月至1736年2月支出的。其中《自由英国报》获赠9115镑，对它赞助的经费累计达22649镑。对《日报》和《双日报》的赞助是8474镑，对《每日公报》的赞助是4422镑。其他亲近政府的报刊，也有数目不等的进项。[2]另有资

---

[1] Jeremy Black, *The English Press in the Eighteenth Century*, p. 148.
[2] 阎照祥：18世纪前期英国报刊监管与党派论争，《史学月刊》2014年第12期。

料表明,《自由英国报》的主要作者威廉·阿诺尔每年可获得政府补助400磅,这一数额远超一名步兵上尉每年182磅的收入。[1] 此后的历届政府都采用这一有效的控制手段。政府给予资金补贴的方式不仅是付给报纸补贴金,还会直接付钱给写手让其写作。拨款委员会的财务记录中显示,从1746年起,政府付给威廉·格思里200磅,1753年起,付给詹姆斯·拉尔夫300磅。[2] 在这之前,这两人在报纸上批评政府,收到补贴金后转而支持政府。

不过,政府的收买行为也不是每次都会成功,当面对同样接受津贴支持的反对派报纸时,政府的资金就很难起到作用,此时,政府会借助行政手段来管理报纸。1723年,汤森子爵写信给首相沃波尔:"现在,这座城市中有很高的声音反对政府。我恐怕在这其中最首要的就是那个非议声最高的名为《真正英国报》(*True Briton*)的报纸了。但我一点也不担心,因为你会采取一些法令政策管理这些写手,让他们的谬论被公之于众。"[3]

政府还设立了专门管理报纸的官员,负责报刊业的监管。1726年政府设立邮政检察官(The Comptroller of the Post Office)负责监督爱尔兰、苏格兰和其他地方的报纸。18世纪英国的报纸可以通过邮政系统被派送到全国各地,类似于《怀特霍尔报》和《詹姆斯街晚邮报》(*St. James's Evening Post*)这样的坚定支持政府的报纸,邮局总是给予优先派送的便利。但如果是遭到政府控告或禁止发行的报纸,邮政部门会得到指示,不派送这类报纸。

政府也会通过提高印花税的方式来提高报纸的售价,报纸售价增长

---

[1] Jeremy Black, *The English Press in the Eighteenth Century*, p. 148.
[2] Ibid.
[3] Ibid, p. 147.

会导致销量的减少。1712年第一份印花税法案颁布之前，一份报纸的售价是1便士。印花税法颁布之后，报纸的售价变成了1.5便士。1725年实行的新印花税让几乎所有报纸都涨价了，卖到2便士一份。但还有几家报纸——《汤顿报》(Taunton Journal)、《日报》(Daily Journal)、《卫报》(Champion)——坚持1.5便士的售价。1757年的印花税让几乎所有报纸的售价变为2.5便士。只有《达灵顿宣传册》(Darlington Pamphlet)卖2便士，后经查明这份报纸逃避了印花税。诺斯勋爵上台之后受到报界的猛烈批判，他将印花税提高以减少报纸的发行量，大部分报纸只有售价3便士才能维持经营。1797年，大部分报纸的售价已经达到3.5便士。《伊普斯威奇公报》(Ipswich Gazette)是一份极其典型的售价随着印花税增长而增长的报纸。1725年这份报纸售价2便士，1757年售价变为2.5便士，1776年涨为3便士，1789年是3.5便士，1792年售价4便士，1797年甚至达到半先令（等于6便士）的售价。[1]有一份报纸上刊登了报纸售价的构成："从1783年开始本报纸售价3便士，交给皮特首相的税是3便士，所以本报售价共6便士。"[2]可见一份报纸的售价中有一半就是交给政府的税收。

根据当时伦敦的物价，一名工人每周租房的费用是1先令，每周用于食物消费的费用是5先令。此外，从1700年至1770年，有手艺的工人每天的收入一直徘徊在2.5先令至3先令之间。地方工人的工资水平则更低，一名没有特殊技能的普通工人在兰卡郡每天只能赚12便士，在牛津是14便士，在伦敦则是24便士。[3]由此可见，一份报纸的售价如果是半个先令

---

[1] Jeremy Black, *The English Press in the Eighteenth Century*, p. 107.
[2] Ibid, p. 108.
[3] Ibid, p. 107.

的话，那么来自工人阶层的购买力怕是几乎没有了。

政府还通过法律手段指控反对派报纸，罪名通常有：传播谎言，煽动教唆，背叛民主自由（这一指控通常是针对詹姆斯派的），暴露国家秘密而导致外交失败，鼓动分裂英国等等。被政府起诉的报纸大都有过激的反政府言论，被起诉后通常会被判暂时停刊。如果是普通小报，停刊就会严重影响报纸的出版发行，销售链断裂的结果就是在激烈竞争的报刊业中被其他报纸排挤掉。即使有些出版商坚持发行，但法庭受政府指示将编辑长期关押，这对报纸的出版也是致命打击。1763年，《监听者报》(Monitor)的编辑就被关在狱中长达8个月，因为证据暂时还没有收集全，而这个编辑很可能被判有罪。[1] 只有类似《匠人》这样的报纸或著名报人密斯特办的报纸才不会怕政府的起诉。因为前者得到政府反对派的额外资助，而后者是著名的报业大亨，自己办了多份报纸，其中一份被起诉停刊没什么大不了的。

反对派报纸面对指控常用的反击理由是：政府在限制言论自由。反对派的报纸说："只有专制政府才会忽略人民，才会阻止人民表达观点"，[2] "出版自由就是民族的自由"，[3] 支持政府的报纸则反驳："那些煽动性的言论比叛乱也好不了多少。"[4] 18世纪上半期长时间控制英国政坛的是辉格党，反对派包括在野的托利党、詹姆斯派和下层民主激进人士。下层民主激进人士常常缺乏办报资金，即使办报也常常会陷入资金短缺的困境，或是因为不缴纳印花税成为非法报纸而被政府取缔，存在时间不长。

---

[1] Jeremy Black, *The English Press in the Eighteenth Century*, p. 159.
[2] *Champion*, 1 May 1740.
[3] *Westminster Journal*, 12 July 1746.
[4] *Whitehall Evening Post*, 30 December 1718.

故 18 世纪上半期，能与政府报纸争锋相抗的只有实力雄厚的托利党报纸和詹姆斯派报纸。因此，这一时期出现了一种奇特的历史现象：支持詹姆斯二世及其后裔的复辟势力和代表贵族地主与大地产所有者利益的托利党保守势力却在大声疾呼"言论自由"。言论自由一般被认为是在资本主义经济发展的背景下，人们不断反抗专制权力控制而争取到的民主自由权之一。由此可见，在 18 世纪上半期的英国，对"言论自由"的追求包含着复杂的政治因素。

还有一个更值得深入讨论的问题："自由"一词在 18 世纪的含义是否就是当代"自由"的含义。J.C.D. 克拉克认为："民主社会的政治词语，尤其是'自由主义'……仍然有待于在将来出现：记述 18 世纪的自由主义，和描写 18 世纪的社会主义或法西斯主义一样，在很大程度上犯了用词错误。"[1] 不仅是现代学者，当时的人们也意识到这一问题的存在。1738 年，玛丽·沃特利·孟塔古夫人写道："为了各种各样的目的，报纸上到处充斥着关于'自由'（Liberty）的长篇大论，却没有人给'自由'一词下个定义。"[2] 伦敦的一家报纸抱怨道："对专业术语的使用及含义没有明确的定义……如果正在打嘴仗的党派能花点精力给一些词语（matters）一个标准的用法，或许就能节约大量的墨水了"。[3] 可见"自由"一词在 18 世纪并没有明确的定义，更不是现代意义上的"自由"，那么政府采取行政或法律手段限制出版和言论也就不能简单归结为对"言论自由"的压制。

其实，在自由资本主义经济日益兴盛的英国，制定法律政令管理那些

---

[1] J.C.D. 克拉克：《1660—1832 年的英国社会》，姜德福译，北京：商务印书馆 2014 年版，第 11 页。
[2] *Nonsense of Common-Sense*, 21 February 1738.
[3] *London Chronicle*, 13 January 1776.

呼吁追求言论自由的报纸并不是最有效的方式。从民众的心理角度来看，对于那些越是敢大胆攻击政府的报纸，人们越是抢着阅读。1819 年《共和者》的主编被逮捕的时候，政府很苦恼地发现，该报的流通量竟然上升了50%。所以，反对派报纸宣称，越是遭到政府起诉查禁的报纸，越能增加其销量，而那些受政府资助的报纸不过是在浪费纸张而已。提高印花税或许能在一段时间内导致报价上涨而限制购买力，但却不是长久之计，只会招来人们对政府更猛烈的抨击。那么，是否就不去管那些反对的声音，任由其自生自灭呢？18 世纪初期，正当萨谢弗雷尔牧师事件引发报界激烈争论的时候，一向站在政府一边发言的著名报刊评论家笛福就曾建议说："嘲笑他，孤立他"，他认为"等他们发完了牢骚，就会安静下来了。"[1] 无为而治的态度正是很多内阁大臣对待反对派报纸的惯用方法，或者说是不愿与那些低等的报纸争辩。就像一个为政府辩护的小册子中所说的："一个为售价仅为 2 便士的小报写稿的人难道有资格对国家的政策指手画脚吗？"[2] 他们希望这些令人讨厌的报纸在出版一段时间后就自动消失。但结果证明，报纸带来的影响力已让政府不能忽视了。《匠人》是第一份发誓要将没有出席下议院会议的议员名字公开的报纸。在 1742 年的时候，这份报纸真的这么做了。结果导致来自德文郡的托利党议员威廉·考特尼在他的住处被群众围攻，责问他"为何不出席下院的会议去履行他的职责。"[3] 1770 年的《新每日报道》(*New Daily Advertiser*) 上刊登了一封匿名信，写信的人自称是"另一个侦探"(Another Spy)，他告诉读者：目前，

---

[1] G. Holmes, *The Trial of Doctor Sacheverell*, London: Routledge, 1973, p. 76.
[2] *Fog's Weekly Journal*, 20 September 1735.
[3] Bob Harris, *A Patriot Press: National Politics and the London Press in the 1740s*, Oxford: Oxford University Press, 1993, p. 28.

买卖政府的职位已经形成一个公开的市场了。[1] 由此可见，报刊的崛起已逐渐构成一支能够监督政府职能的新兴社会力量了。

第二节　18世纪前期报刊业的发展与党争

最初，英国报刊业的发展得益于政党的资助，正是有了来自政党经费的支持，才使得报刊业的发展少了创业初期的种种艰难。但是，由此也带来18世纪早期政党报纸报道的不客观性的问题。随着商业报刊的兴起，越来越多的报纸逐渐在财政上摆脱来自政党的控制，成为社会上独立的舆论力量。

一、政党报刊的兴起

18世纪的政党报刊主要有以下几类：支持辉格党的报纸、支持托利党的报纸、詹姆斯派的报纸，以及一些虽不属于任何党派但也参与党派之争的激进报刊。政党报刊的种类繁多，不过很多报刊存在时间有限，一些情况下政党会为了特定议题专门创办一份报纸与其他报纸论战，议题结束则报纸不再出版；政党给予报纸津贴也常常使报纸的立场转变。政党报纸的发展过程有诸多变数，但从根本上来看，由于有利的环境条件，政党报纸的发展非常迅速。

首先，政党论战的增多促进了政党报纸的发展。当时的一份报纸上刊登了这样一则趣闻：坦普尔的一位绅士在阅读各个党派的报纸时发现，很难从他们的相互指责间做出判断，于是他采用了以下方法：一天，他将观点不同的两派报纸分成两堆分别称重，然后发现正如他所料到的，争论自

---

[1]　*Gazetteer and New Daily Advertiser*, 11 August 1770.

由权（Liberty）的那堆要远远重于另一堆，于是他做出了判断。[1] 由此可见，对一个议题的争论就能涉及很多份报纸。

其次，政党为报纸提供资金支持。为了宣传政党思想，控制舆论，政党往往会出资控制一些报纸为其宣传。《匠人》是一份长期受到政府反对派资助的报纸。"我免费附送一份我们的报纸给你，希望你能尽可能的将其传播开来。如果你那里有供人们读报的咖啡馆，或者你能送过去，请把咖啡馆的名字给我，要么你告诉我谁可以保管这些报纸以供人们阅读，我将免费给他们送一些我们的报纸"。[2] 由此看出，受到资助的报纸根本不用担心购买力，有了来自政党经费的支持就不用考虑市场规律的影响。来自政党的资金是非常重要的，甚至直接关系到报纸能否继续发行下去。《日报》(Daily Courant)和《自由英国报》(Free Briton)这两份报纸就是典型的接受政党资助的报纸。1735年，这两份报纸不得不暂时停刊，因为辉格党政府要将赞助费付给另一份新兴起的报纸——《每日公报》(Daily Gazetteer)。

第三，激进报纸在政党报纸的论战中趁势发展起来。并不是所有的报纸都愿意受到党派的控制和影响。有些激进报刊为了表明自身的立场和气节，会发表评论讽刺那些接受津贴的写手和报纸。"这些格拉布街（Grub-Street）文人的言行，就像瑞士一样，从来没有真正加入任何一方联盟。他们明智地选择了中立。但他们私底下却会接受利益的收买，也不去辨别收买他们的动机是什么。"[3] 报纸刊登出这样的评论来表明自己的立场，也讽刺那些接受资金支持的写手虚伪的中立态度。《匠人》是著名的激进报纸，

---

[1] *Reading Mercury*, 8 January 1770.
[2] *Craftsman*, 20 October 1733.
[3] *Grub Street Journal*, 12 August 1731.

18世纪初，这份报纸接受过来自反对党的资金支持，以对抗政府的报纸，但后期摆脱政党控制单独发展成为著名的激进派报纸。《匠人》曾公布了一些接受政府津贴的报纸的名字，分别有"《英国报》(*British Journal*)、《日报》(*Daily Courant*)、《特快邮报》、《自由不列颠报》(*Free Briton*)、《质疑者报》(*Hyp Doctor*)、《伦敦报》(*London Journal*)、《每周纪闻》(*Weekly Register*)"。[1] 此举非常大胆，但也体现出激进派报纸不与接受政府资助的报纸为伍的坚定立场，同时也说明报纸接受政党资助在当时是众所周知的情况。

《匠人》曾公开指责政府抛弃了辉格党的优良传统，而政府不得不做出回应。在此过程中，政府发现通过与《匠人》的辩论可以更有效地将政府的施政理念传递出去，特别是在涉及外交政策、国家秘密和国王的特权等一些重要议题的时候。其实，政党或政府出资资助报纸为其宣传并不是长久之计，因为随着报刊业的发展，越来越多的报纸出现，人们根本无暇顾及每份报纸的政治立场。激进报刊生存于政党报刊论战的夹缝中，寻求有利时机迅速发展起来。最后，各政党会发现与其自己出资办报，反而不如拉拢一些有名的报纸为其宣传，这也预示着政党办的报纸将会走向衰落。

第四，政党报刊的兴起还得益于报纸自身的积极努力。对议会召开情况的报道恐怕是最重要的一项政治报道了。1642年，任何人对外报道议会的辩论及投票情况都是对下院特权的破坏。不过从18世纪初起，报纸就已经可以经常性地报道议会的新闻了。最初，记者被禁止进入议会，但旁听者一直半合法地存在着，不过在投票的时候必须退出。此时，报纸上出现了对议会辩论情况的报道，不过发言人的名字是假的。1773年，记者被

---

[1] *Craftsman*, 31 July 1731.

允许进入旁听席，但不允许做笔录，记者只能偷偷地用笔记下要点。议员们当然能够公开记录，不过法令规定不准交给记者或在报刊上发行。1783年，记者被允许在议会中记录，但这项工作却十分辛苦。议会召开的那些天，记者们每天都要在清晨四、五点钟的时候赶到议会大厅门口，排队等候进入。议会中并没有设立专门的记者席，法令规定禁止任何人侵占议员的位置和活动空间。于是，记者只好站在旁边或议员们的身后。在记录过程中，他们常常被周围巨大的吵闹声干扰，根本听不清议员的发言。更有甚者，当时一个重要的议题常常要辩论十几个小时，记者记录的辛苦程度可想而知。不过，幸好有些议员愿意提供帮助，将自己的笔记或发言稿借给记者，皮特和福克斯就常常给记者提供这样的帮助。

第五，政府的支持也是报刊发展的重要条件。《牛津公报》是政府支持下的报纸。英国外交档案显示，外交部一直在有规律地为这份报纸提供有关外交方面的新闻。[1]1769年，南方国务大臣（Secretary of State Southern Department）韦茅斯勋爵呼吁外交部要为《牛津公报》提供新闻材料，因为这份政府报纸的名誉正在下降，而且在其他报纸的排挤下销量也越来越坏。[2] 政府有大臣专门管理报纸的出版和发行，有些政府派报纸的记者和写手本人也可以就任这一职务。

最后，政党报刊的兴起还因为针对同一政治议题，各派都有不同的看法，常常在报纸上刊登辩论或积极寻求民众的支持。而且18世纪的英国国内外纷争不断，一连串政治事件频繁发生，这也为报刊提供了丰富的素材和讨论空间。

---

[1] Jeremy Black, *The English Press in the Eighteenth Century*, p. 93.
[2] Ibid.

第七章　18世纪的政党政治与报刊业

政党报刊的兴起表现在数量繁多，各党派都有支持自己的报纸。18世纪上半期，支持辉格党政府的报纸数量相对较多，究其原因是辉格党为执政党，并且首席财政大臣沃波尔重视对报刊的控制力量。支持辉格党政府的报纸有:《日报》(Daily Courant)、《特快邮报》、《观察家》(Observator)、《布里斯托尔邮报》(Bristol Postman)、《纽卡斯尔报》(Newcastle Courant)等。支持托利党的报纸有:《报童邮报》、《信使报》(Heraclitus Ridens)、《详闻报》(Rehearsal)等。支持或同情詹姆斯派的报纸有:《诺威奇公报》(Norwich Gazette)、《每周报道》(Weekly Courant)、《有产者报》(Freeholder's Journal)等。激进报刊有《每周播报》(Weekly Journal)、《匠人》、《纽卡斯尔报》(Newcastle Journal)等。不过报纸的党派界限也不是绝对分明的，《每周播报》就一度支持过詹姆斯派的活动。

二、报刊对党争的参与

17世纪晚期，伦敦城内有几家报纸旗帜鲜明地支持各个党派。支持辉格党的报纸有《日报》、《特快邮报》、《观察家》，支持托利党的报纸有《信使报》、《详闻报》。报纸是影响舆论的重要宣传工具，自然受到政党的重视。1710年，有人写信给约翰·弗尼，希望他继续给位于白金汉郡的斯托尼·斯特拉福（Stony Stratford）的一家咖啡馆派送伦敦的报纸，因为隔壁的咖啡馆提供的报纸是由他的政敌送来的。[1]

《王位继承法》颁布后，汉诺威王室获得英国王位的继承权，辉格党坚定支持这一法案，而部分保守的托利党人则对詹姆斯二世及其后裔表示了支持或同情。18世纪早期，托利党的报纸上曾刊登过这样的文字：我们要保

---

[1] H. T. Dickinson, *The Politics of the People in Eighteenth-Century Britain*, Basingstoke, 1995, p. 23.

持詹姆斯精神，点燃民众对抗政府的激情，激励所有好国民。[1]事实上，早期的詹姆斯派并不像后来因为策划了各种阴谋叛乱事件而变得臭名昭著，而且他们的口号灵活多变，主要目的就是激起英国民众对汉诺威国王的反对。在部分保守的托利党人眼中，斯图亚特王朝后裔确实比汉诺威王室更优先拥有王位继承权。有些托利党人同情詹姆斯派只是为了与现有的辉格党政府作对，表达被排挤出政府的不满，并不是真正想要恢复斯图亚特王朝。

1709年，一个名叫亨利·萨谢弗雷尔的牧师由于在布道的时候宣称不接受汉诺威君主的继承权，而被辉格党政府起诉，称他质疑了"光荣革命"的合法性。这一事件激起民众的反对。当政府在威斯敏斯特法庭审判萨谢弗雷尔的时候，反对的人群包围了法庭，最后政府只是判处三年内禁止萨谢弗雷尔布道。这一较轻的惩罚被视作牧师的胜利，刊登有关这一事件报道的报纸发行了近10万份，[2]还有数不清的小册子、宣传纸等。托利党将这一事件视为打击辉格党的大好机会，乘机在报上刊文攻击辉格党，称他们为了追求权力却威胁到了教会与国家的统治。[3]在几个月后的议会大选中，许多辉格党议员因此事件丢了席位。《诺威奇公报》报道了这样一幕：得意洋洋的托利党候选人抬着查理一世、安妮王后以及萨谢弗雷尔的画像绕城庆祝。[4]然而事件很快就发生了转向，1717年、1722年詹姆斯派的叛乱阴谋相继被破获，由于与詹姆斯派有联系，托利党在民众中的声誉骤降。

1745年，詹姆斯派再次发动叛乱，叛军还在普雷斯顿潘斯（Pres-

---

[1] Kathleen Wilson, *The Sense of the People: Politics, Culture and Imperialism in England, 1715-1785*, Cambridge: Cambridge University Press, 1995, p. 112.
[2] G. Holmes, *The Trial of Doctor Sacheverell*, London: Routledge, 1973, p. 75.
[3] Hannah Barker, *Newspapers, Politics and Public Opinion in Late Eighteenth Century England*, p. 30.
[4] Ibid.

tonpans）击败了国王的军队。然而，詹姆斯派的胜利并没有让英国民众抛弃汉诺威的君主，伦敦的报纸都坚定地站在国王身后支持他。《伦敦便士报》（Penny London）和《大众报》（General Advertiser）两份报纸的头版上刊登着这样的口号："不要天主教"、"不要觊觎者"、"不要专制政权"、"不要奴隶制"、"不要法国统治"（No Wooden Shoes）。[1] 还有一份报纸大声呼吁："每一位真正的英国人都举起手来放在胸前，问一问自己，如果他处于专制暴君的统治之下，是否还能享受自由和财产？现在这样一位觊觎者一旦坐上王位，我们一定会受到专制的统治。但上帝是不会让那样一个天主教专制国王来统治我们的。"[2] 这些报纸代表了当时大部分英国民众的意志，詹姆斯派的复辟行径不得人心。辉格党一直是汉诺威君主王位继承权坚定的支持者，而部分托利党人由于曾经支持、同情詹姆斯派，被辉格党报纸称为"想要阴谋颠覆现有政体的托利—詹姆斯派（Tory-Jacobite）"。[3] 18世纪上半期，辉格党历届政府都以托利党人（实际是其中的少数人）参与詹姆斯派叛乱为由，一再打击托利党，将他们排斥在政府之外。

虽然辉格党保持一党独占政府统治的优势地位，但詹姆斯派、托利党与部分反对派议员构成了政府的反对派，沃波尔领导下的辉格党政府面对着众多反对势力。1733年，沃波尔提议废除土地税（Land Tax），对烟草和酒派加税收，这一行动引发民众对政府的猛烈批判。《伍斯特周报》（Weekly Worcester Journal）称：王国的全体人民都在高喊着"不要税收，要自由和财产！"[4] 支持政府的报纸《伦敦报》（London Journal）为了辟谣

---

[1] Bob Harris, *A Patriot Press: National Politics and the London Press in the 1740s*, p. 193.
[2] *Felix Farley's Bristol Journal*, 7 September 1745.
[3] Hannah Barker, *Newspapers, Politics and Public Opinion in Late Eighteenth Century England*, p. 132.
[4] *Weekly Worcester Journal*, 12 October 1733.

称:"没有一位先生会创办煽动性的报纸来欺骗和激怒民众,也很少有人说反对政府的话。"[1]但托利党的报纸可不是这样说的,《诺威奇公报》称反税收法案的活动已经传遍全国,当地的议员们正在努力争取反对法案的选票。[2]事实上,沃波尔的这一政策损害了资产阶级商人和企业主的利益,反对他的人占了大多数。《纽卡斯尔报》报道了当地主要的商人和经销商们举行的集体会议:在会上他们点燃了204根蜡烛(这一数字是当地议员在议会中对法案投反对票的票数),以纪念这些令人尊敬的爱国者们,他们为了本地区的自由,为了商业的繁荣,坚定地站在反对法案的这一边。[3]苏塞克斯赖伊(Rye)地区的居民向他们在下议院的代表议员寄去了陈情信,要他们不要投票支持税收法案。当伦敦的《日报》极力为政府辩护,并试图诋毁商人们的反对行为时,这份报纸被愤怒的民众当众焚毁了。

民众的反对让沃波尔不得不撤销这份法案,政府的声誉也受到很大影响。许多曾投票支持法案的议员发现他们很难再获得民众支持。《伦敦晚邮报》(*London Evening Post*)称:"尽管当初你们自负地宣称有很多朋友支持这项法案……尽管在你们微不足道的选区里,你们通过贿赂获得了选票,但是这个国家大部分的民众是理智的,他们没有被你们带坏,他们投票选出的代表,清楚地向你们展示了民众在反对税收法案和其他一些有害法案时的理智。"[4]

与西班牙的战争是辉格党政府面临的又一严重挑战。1738年来自伦

---

[1] Paul Langford, *The Excise Crisis: Society and Politics in the Age of Walpole*, Oxford: Oxford University Press, 1975, p. 48.
[2] *Gloucester Journal*, 16 January 1733.
[3] Hannah Barker, *Newspapers, Politics and Public Opinion in Late Eighteenth Century England*, p. 137.
[4] Ibid, p. 138.

敦、布里斯托尔、格拉斯哥和利物浦的请愿书递交到了议会，与此相伴随的还有经过精心策划的、铺天盖地的报纸和小册子，一致要求政府对西班牙采取强硬措施，因为西班牙严重影响了英国的海外贸易。而沃波尔政府则奉行和平的外交政策，拒绝对西班牙开战。著名的激进报刊《匠人》为这次战争摇旗呐喊："现在普遍要求开战，要向西班牙人复仇，让他们偿还我们过去的损失，让我们的民族荣誉感得到满足，除此之外，还要充分保证未来我们贸易与航海的安全。这个国家的绅士们和农场主们为和平的外交政策感到悲哀，祈祷着能有一场光荣而强有力的战争。商人们承受的已经够多了，他们也急切地盼望着一场战争，为了他们祖国未来的利益，他们已经准备好牺牲当前的利益了。"[1] 许多地方报纸也加入了对西班牙开战的呼吁中。面对此种情况，沃波尔政府不得不对西班牙宣战。

在对西班牙的战争中，英国海军上将弗农屡次取得胜利，成为炙手可热的民族英雄，报刊上充满了对他的赞誉之词。不久后，弗农将军的一封信成了反对沃波尔政府的导火索。1741年英国进攻古巴的计划流产，据《每日邮报》(Daily Post) 的报道称：弗农将军来信说，只要他得到足够的补给，他就有信心为祖国赢得利益和荣耀，但当他到达古巴的时候，他发现严重缺乏物资供给。[2] 于是国内舆论一致指责政府的援助不利是行动失败的原因。这一次没有报纸为沃波尔辩护了，伦敦城的报纸纷纷指责他，叫他下台。《伍斯特周报》说英国现在的状况就像一只在风云变幻的大海中航行的船只，而沃波尔是一名不称职的舵手。[3] 沃波尔递交辞呈后并没

---

[1] Hannah Barker, *Newspapers, Politics and Public Opinion in Late Eighteenth Century England*, p. 139.
[2] *Daily Post*, 17 December 1741.
[3] *Weekly Worcester*, 26 March 1742.

有平息报刊的愤怒，"一位在内阁供职了20年的伟大的内阁大臣，在犯下大错毁掉他的国家后还能允许他辞职吗？也不用质问他执政时期浪费的巨额经费，就让他安心自在地享受他的巨额财富和堂皇的宫殿吗？"[1]地方报纸也与伦敦城的报纸一道呼吁给沃波尔惩罚，《诺威奇公报》、《约克报》（*York Courant*）、《斯坦福报》（*Stamford Mercury*）等报纸都对没有给沃波尔惩罚而感到愤怒。

1753年，"犹太人入籍法案"（Jewish Naturalisation Bill）这一问题再次引发了报界对政府政策的大讨论，各方势力加入论战，报纸引导着舆论对这一法案的强烈反对之声，使这一法案像前几年的税收法案一样再次被撤销。

"犹太人入籍法案"首先在议会中得到顺利通过。而且这一法案是被收录在法令汇编当中的，是有章可循的成文法，非是新颖独创；并且法案也没有给犹太人提供优惠待遇，设立的入籍条件是非常中立与客观的。但这一法案一经通过，立即在社会上引起广泛讨论与反对，《伦敦晚邮报》带头批判政府，称一旦让犹太人入籍，那么犹太商人就会极力掠夺公众以增加其财富，这就鼓舞了犹太资本家投机倒把的恶行。[2]这一指控只是来自对犹太商人的传统偏见，但这份报纸上的另一篇文章则杞人忧天地表示了犹太商人会对国家体制构成破坏："当内阁大臣发现犹太人的财富近在咫尺，那他就会从独立的下议院的监督中获得解放，他会随心所欲地收买大多数议员，要不然就把他们打发回家，还会派犹太检察官去监督他们。"[3]

---

[1] C. A. Granfield, The 'London Evening Post', 1727-1744, A Study in the Development of the Political Press, *The Historical Journal*, 1963, 6（1）, pp. 20-37.
[2] Hannah Barker, *Newspapers, Politics and Public Opinion in Late Eighteenth Century England*, p. 142.
[3] Ibid, p. 142.

还有的报纸担心让"犹太人入籍法案"通过会导致"来自欧洲各个国家的、越来越多的犹太人向我国涌入,这些不断增长的人口会要求更多的财富、权力和对政治的更大影响力。"[1]地方报纸也纷纷加入对这一法案的指责中。《剑桥新闻》(Cambridge Journal)用刻薄的语言形容犹太人:"最野蛮的人,如果你收容他们、善待他们,他们反而会生出更多的怨恨与残暴。"[2]对犹太人的攻击是种族偏见,没有理性可言,攻击犹太人的言论随着报纸的派送被传播到全国各地,甚至一些地方发生了游行示威和暴力冲突。当政府采取行动解决纷争,维护社会秩序时,反对派则趁机纷纷指责政府侵犯了公民的基本权利。

有些报纸还刊发文章,呼吁议员在下次投票时给这一法案投反对票,许多议员在报纸上发文称他们发誓反对法案的通过,之前投赞成票的议员也纷纷转变了态度。佩勒姆政府成为众矢之的,他们发现,如果再坚持推动这一法案,那么下院支持他们的人会变得非常少,于是不得不撤销法案。哈德威克伯爵被迫承认:"虽然大多数的人被误导了,但是在一个自由的国度,如果是被大多数人反对的,那就不要再坚持了。"[3]在随后的大选中,佩勒姆内阁倒台,纽卡斯尔公爵带领的另一辉格党派别组阁。当初,佩勒姆以带领内阁大臣集体辞职的方式,迫使乔治二世任命他提议的威廉·皮特担任国防大臣,现在明知公众被别有用心的人士所误导,做出不明智的批判,却无能为力。这充分表明,报刊的舆论影响力甚至大过国

---

[1] G. A. Cranfield, The 'London Evening Post' and the Jew Bill of 1753, *The Historical Journal*, 1965, 8(1), pp. 16-30.
[2] G. A. Cranfield, *The Development of the Provincial Newspaper, 1700-1760*, Oxford: Oxford University Press, 1962, p. 38.
[3] Hannah Barker, *Newspapers, Politics and Public Opinion in Late Eighteenth Century England*, p. 144.

王对政府的影响力。不理智的公众被误导，说明此时民众的政治素质还不高，也无法辨别党派斗争与国家政务的关系，极易被政府反对派利用。

以纽卡斯尔公爵为首的辉格党政府仅执政两年后，就又一次体会到了报纸带来的舆论力量，因为丢失了摩纳哥，他们被轰下了台。丢失摩纳哥的消息刚刚传来的时候，政府派的报纸对这一事件小心谨慎地做了报道，并试图将责任推给海军将领拜恩。但很快反对派报纸对此做出回应，并指责政府的失职。《伦敦晚邮报》再次带头将政府逼入绝境："不列颠的人民，摩纳哥的丢失要责怪掌握权力的那些人，他们与国不忠、玩忽职守、软弱无能。"[1]《监听者报》、《公报》之类的激进报纸纷纷响应。反对派攻击政府的报纸传遍整个王国。《索尔兹伯里报》(*Salisbury Journal*)报道了这样一件发生在迪韦齐斯（Devizes）的群体事件，"人们抬着一幅经过精心打扮的、丑化英雄（指拜恩）的肖像画来到位于哈曼高地的绞刑台，他们砍下画像的头并将画像在人群中间焚烧，人们高声叫喊着反对懦弱无能的政府，反对我们自由的祸害。"[2] 一封封来自各个选区的请愿书和发给下院议员的指示信飞向伦敦，让议员们不要支持政府，并要求处置相关人士，报纸连篇累牍地报道了这一切。最终，这一事件以拜恩被判死刑、纽卡斯尔被迫辞职而收场。

18世纪前期的政党报纸体现出积极参与政治的态度，同时也表现出十分强大的公众舆论引导力。虽然在参与过程中有些报纸表现出不理智与冲动行为，但也总是打着"爱国者"的旗帜。报纸对政治问题的报道有助于鼓励民众的政治参与意识，培养爱国精神。同时也应看出，此时民众的

---

[1] Kathleen Wilson, *The Sense of the People: Politics, Culture and Imperialism in England, 1715-1785*, p. 183.
[2] Ibid.

政治素质不高，对政治事务的辨别能力不足，容易被其他党派利用。

三、政党报刊的衰落与商业报刊的兴起

詹姆斯派的报纸在整个18世纪对政府进行猛烈攻击，他们的首要目的就是推翻政府，推翻现有的政体，不承认汉诺威国王的继承权，恢复詹姆斯二世及其后裔的继承权。即使是在国家处于战争的情况下，这一派的报纸也没有停止攻击政府。"反对者们——詹姆斯派、外国大使、激进主义者们为报纸提供材料，公开国家秘密，例如海军的备战情况等，这些信息无疑会引发叛乱"。[1] 从根本上来说，政府对詹姆斯派报纸的压制是因为意识形态的不同，是为了维护"光荣革命"的成果，为了促进资本主义发展而采取的必要管理手段。托利党的目的不是推翻现有的政体，他们对辉格党政府发起攻击是想把他们赶下台，重新掌握政权，从本质上说是在野党对执政党的攻击。而辉格党内部也不是铁板一块，由于在一些问题上不能达成共识，辉格党内部也产生了分裂，新辉格党人攻击老辉格党人丢失了进取精神，已经不是真正的辉格党人了。

为了维护国家稳定，保护外交政策，政府禁止这些反对派报纸随意报道和评论外交信息。在与这些报纸的斗争中，政府采取了多种手段措施压制"言论自由"。面对此种情形，反对派奋起反击，甚至詹姆斯派、托利党和激进派的报纸还联合起来共同抵制政府。所以，当民众发现政府总是在"犯错误"，当民众被洪水般呼吁"言论自由"的报纸淹没时，这无形中暗示了政府是不受欢迎的。倘若此时政府采用法律手段或者加入强制力，如威尔克斯事件中那样，又或是在报纸上刊登文章反驳大众，如税制改革中试图诋毁请愿的商人那样，那么反对派的报纸就更加有理由反对政

---

[1] Jeremy Black, *The English Press in the Eighteenth Century*, p. 155.

府了。他们总是将政府塑造成专制政府，呼吁人们抵制政府的强权。于是那些为政府辩护的报刊发现，想要吸引读者越来越难了，担心再为政府辩护下去会影响自己的销量。50年代末，纽卡斯尔地区的一位报人约翰·布鲁尔表达了自己对出版界和辉格党官员的不满，他说自己被迫参与到罗金厄姆伯爵领导下的辉格党与反对派报纸的论战中，在处理这些问题的时候自己感到很生气和犹豫不定。[1]

报纸不再支持政府，并不代表就会支持政府反对派，反对派报纸的销量也没有因为支持政府的报纸衰落而一路高歌猛进，报刊业的发展出现了新情况。

18世纪英国报纸的销量在不断增长，销量的增加意味着报纸财政状况变好，如果不需要依靠来自政党的津贴就能经营下去，谁还会接受政党的控制？1793年《早间播报》的利润达6000镑，这一数额远远多于靠贩卖政治忠诚而取得的报酬，这份报纸价值40000镑，[2]没有哪个政党愿意出这么多钱来控制一份报纸。需要进一步说明的是，现代学者对18世纪的政党是否真的有能力完全控制日益崛起的报刊业这一问题提出质疑。学者们的意见更倾向于认为政党只是在几个重要的议题或专题上来控制报刊，笔者觉得这更加接近事实真相。既然这样，那么一份报纸是否完全处于一个政党的控制下就很难定义，所以对政党报纸的研究可以更多集中在报纸的政治立场和政治观点上。

除了有强烈政治目的的詹姆斯派报纸靠着津贴的支持，坚持不懈地想要推翻政府、改变政体外，政党报纸的发展面临困境，除了转变经营方式

---

[1] Jeremy Black, *The English Press in the Eighteenth Century*, p. 143.
[2] Ibid, p. 150.

外没有更好的突破办法，而得益于政党报刊间的论战日益兴起的商业报纸更加速了这一过程。

摆脱政党控制的报刊成为独立报刊，报刊经营就要靠纯粹的商业手段。18世纪末，英国著名报人斯图亚特有独特的经营理念，他认为：广告不仅增加财政收入，又可吸引读者，增进发行；而发行增加，又可吸引更多广告，广告在报业经营中具有双重作用。这正是现代报业经济学的基本原理。[1] 这些独立的商业报纸与政党报纸相比有如下特征：不受党派控制，不接受政府津贴，在经济上保持独立，能够自由发声。"独立报纸的出现使报纸逐渐摆脱仅仅作为新闻转发媒介的职能定位，而成为具有独立见解的舆论工具，并逐步成为监督国家政策制定与执行、社会总体发展不可忽视的力量，新闻界成为了社会的'第四等级'"。[2]

18世纪独立商业报刊的兴起有着良好的客观环境。资本主义经济发展、识字率提升、政党报刊衰落等都是商业报刊发展的促进因素。

商业报纸的兴起首先表现为广告数量增多。

17世纪，英国的报纸上很少看到广告，进入18世纪后，报纸上广告的数量越来越多。《伦敦新闻报》（*London Mercury*）在1688年12月22日的那一期中仅刊登有1则广告。《晚邮报》在1711年1月4日的那一期上刊登了7则广告，占据了报纸四分之一的版面。《纽卡斯尔报》在1725年9月25日的那一期上刊登了22则广告，占据版面的37%。[3] 虽然每家报纸的情况并不一样，但刊登广告数量的总体趋势是不断上涨的。

---

[1] 孙宝国：《18世纪以前欧洲文字传媒与社会发展研究》，东北师范大学博士学位论文，2005年，第89页。
[2] 雷波：《18世纪英国出版管制研究》，河南大学硕士学位论文，2010年，第33页。
[3] Jeremy Black, *The English Press in the Eighteenth Century*, p. 52.

报纸对广告会收取一定费用,《日报》称：如果广告保持在适当的长度,而且不要求给予优先权,也没有附加其他条件,每则收取费用为 2 先令。[1] 当然,如果有特殊要求则要酌情增加费用。登报的广告需要交纳一定数额的广告税。1712 年,一则广告要缴纳的税是 1 先令,1757 年变为 2 先令,到 1789 年则增加到 3 先令。虽然广告要缴纳的税收在不断上涨,但广告的数量依然在不断增多。

广告的内容逐渐变得丰富起来。最早的时候只有书商刊登广告售卖新书,后来广告种类增多,主要有商业信息类、政治类、公益类和私人广告类等等。《利兹信使报》在 1738 年 5 月 11 日那一期刊登了一则卖万灵药（a cure-all）的广告,卖药人是达菲（Daffey）,宣传他的药是"长生不老药"（Daffey's Elixiz）,能包治百病。《雷丁快讯》（*Reading Mercury*）在 1771 年 8 月 19 日登载了这样一则广告："在即将到来的冬天,埃德蒙·柏克先生在罗金汉姆侯爵的审核下将出版一本政治小册子,据我们所知,题目为《关于政党联盟的计划》（A Plan for the Coalition of Parties）。"[2] 1776 年,这份报纸刊登了一则为亨利·哈特利拉选票的广告,呼吁人们支持这位先生当选议员。[3] 1739 年 4 月 7 日,埃塞克斯管理慈善用度的地方官员在《科尔切斯特报》（*Colchester Journal*）上刊登广告称,布里斯托尔教堂从次年开始,将通过在报纸上刊登广告的方式来出售土地。从此以后,慈善团体将通过在报纸上登广告的形式发布会议召开的消息。[4] 在报纸上登广告的方式要比手工发散传单更有效率,也更加节约时间。到后来,即使是那些

---

[1] Jeremy Black, *The English Press in the Eighteenth Century*, p. 62.
[2] *Reading Mercury*, 19 August 1771.
[3] *Reading Mercury*, 11 January 1776.
[4] E. C. Black, *The Association, British Extraparliamentary Political Organization 1769-1796*, Cambridge: Cambridge University Press, Mass, 1963, p. 270.

靠政府津贴支持经营的报纸，也会刊登广告获得一些收入。

商业报纸的兴起也表现为关注各类商业信息。

18世纪是英国资本主义经济大发展的时期，对商业信息的关注代表了这个时代的特征，这在报纸中体现得尤为明显。

1732年，《诺威奇报》(Norwich Mercury)上刊登了这样一则新闻："这则消息来自纽卡斯尔，当前，诺森伯兰郡的先生们非常关注本国谷物的进口问题，这关系到供养我们的国民，关系到国家公众的利益；如果允许谷物进口，我们的损失将会很大……因此，我们起草了一份关于修改进口国外谷物的法律的请愿书将呈送议会。但考虑到法律的修改与否关乎大家的切身利益和朋友们的共同利益，故我们将先举行一个会议以协调大家的意见，采取合适的方法达成对上述问题的共识。"[1] 从这则新闻中不仅可以看出18世纪的英国商人如何积极争取自身的利益，同时也看出农业资本主义化的迹象，商人们极力保护国内市场，抵制国外农产品进入国内市场参与竞争，反映了这一时期英国国内农业资本主义经济的发展。

在18世纪的英国报纸中经常可以看到对农业信息的报道。谷物交易所（Bear Key）是位于伦敦的大型谷物交易市场，报纸总是密切关注着这里的谷物价格变化。英国的交易市场遍布全国各地，随着资本主义经济的发展，商人对信息的需求越来越大，1723年，《纽卡斯尔周报》(Newcastle Weekly Mercury)报道了伦敦谷物交易所的谷物交易信息，而《雷丁快讯》则给读者分别提供了雷丁、贝辛斯托克和伦敦谷物交易所（Reading, Basingstoke and Bear Key）共三家交易市场的信息。[2] 读者可以自行对比谷

---

[1] *Norwich Mercury*, 29 January 1732.
[2] *Newcastle Weekly Mercury*, 21 Febrary 1723. *Reading Mercury*, 2 September 1723.

物价格的高低和走势。《圣詹姆斯纪闻》（St. James's Chronicle）每月都刊登关于农业的报道，并以此为本报特色。

除了农业，报纸还格外关注新机器的发明和推广。1766年，一个旨在鼓励发展新机器、新技术和新商业的社会组织在报上刊登一则信息称，谁能提供最有效率的切萝卜机器，就给他20镑的奖励。[1]"来自诺丁汉的消息称，一名技艺娴熟的技工刚刚发明了一台机器，只用一名10岁的小女孩操作就可以纺纱……这台机器制造简单，操作方便，是约克郡亚麻和羊毛手工场不可错过的产品。"[2]报纸上的广告十分有利于新机器的推广和使用，不仅如此，报纸还声称："每一个从事商业经营活动的英国人都有权利使用最好的工具，这是天赋人权，也是法律赋予的权利。一个无知而愚昧的民族不论何时剥夺人们的这项权利，都会成为自身不公和愚蠢的受害者。"[3]这是报纸从思想观念方面入手，呼吁人们重视对机器的使用，使人们改变传统的农业社会生产观，对资本主义经济发展起到重要的推动作用。

海外贸易的持续发展是18世纪英国资本主义经济发展的重要特色，1698—1775年，英国进出口贸易增长了500%到600%，[4]故商人们对港口、船舶的信息需求量也急剧上升。1737年，《每日新闻》宣布设立"港口消息"一栏，专门提供关于阿姆斯特丹、利物浦、朴次茅斯、布里斯托尔、南安普顿等这些港口的船只到港离港信息。[5]《达林顿宣传册》上经常刊登有船只航行路线的信息。《纽卡斯尔报》上刊登着船长姓名、船只吨位和航行路线。1740年冬，《约克郡报》刊登了在汉柏（Humber：英国东部的

---

[1] Berrow's Worcester Journal, 16 January 1766.
[2] Darlington Pamphlet, 30 October 1772.
[3] Leeds Intelligencer, 6 December 1791.
[4] 萧国亮、隋福民编著：《世界经济史》，北京：北京大学出版社2013年版，第127页。
[5] Daily Gazetteer, 11 October 1737.

一个河流入海口）因浮冰搁浅的船只名单。报上关于船只的信息有一些是船长自己提供的，希望招揽到生意。不过，对于提供虚假信息的人，报纸也会进行谴责，《纽卡斯尔报》称："船只的拥有人请注意，提供不实信息的行为将受到谴责，希望你们将来不会被别的人所骗。"[1] 在战争年代，报纸上总能看到船只遭到劫掠的信息，商人们损失惨重。每当有船只准备出海贸易的时候，酒馆或咖啡馆里就有人会打赌，赌这只船能否平安返回。

商业报纸的兴起还表现为对民生问题的关注。

这一时期，农业的资本主义化导致了小农生产者大量破产。"我们镇周围有两条收费的道路，大农场主赶着6匹马拉的、装满谷物的车子，轮子有16英寸，只用1天时间就能赶到交易市场，过路费是3便士。普通农民赶着3匹马拉的、装满谷物的车子，轮子也窄很多，要用4天才能到达交易市场，从另一条收费的道路通过，过路费要5先令。如果大农场主雇用马匹和仆人每天花费10先令的话，普通农民雇用这些则要花费7先令，如果普通农民想要运来和大农场主一样多的粮食，每天的花费则不少于22先令加9便士。这对于普通农民来说是过于沉重的负担，他们不愿再来市场做交易了，逼迫他们不得不将土地让给大农场主。"[2] 报纸上的这则报道深刻地反映了当时英国普通农民的生存困境，小农生产在资本主义大农场生产的打击下几近崩溃。当时的人们已经认识到这一问题的存在，但在资本主义经济强势发展的势头下却显得十分无奈。

从1750年至1850年，英国的小麦产量增长了225%，大麦增长了68%，[3] 农业生产迅速跃居到欧洲的领先地位，为工业化发展打下坚实基

---

[1] *Newcastle Chronicle*, 24 March 1787.
[2] *Oxford Gazette*, 1 June 1767.
[3] 萧国亮、隋福民编著：《世界经济史》，第129页。

础。但与之相对应的是谷物价格的不断上涨和普通工人的工资在长时间内没有较大提高。18世纪40年代发生的粮食骚乱和因此引发的国内对粮食问题的讨论，让人们意识到资本家的贪婪。一份报纸这样说："目前粮食的价格居高不下，有一部分原因是个人的贪婪所致，这一点毫无疑问。我们建议采取法律手段限制粮价，要比目前一些人提议的保守建议更有效。"[1]

报纸刊登文章揭露市场不公会引起政府的注意。《利兹报》(Leeds Intelligencer) 在1767年刊登了一些文章责备当地政府对粮食市场的监管不力。市长随后设立规章条例进行管理，要求面包师在烤制面包的时候，不论面包的大小和形状，一律按照规定使用优质的面粉，并且要保证面包的重量。[2]牛津的一份报纸刊文质疑市场价格的不统一问题。"在纽伯里（Newbury）集市上，有位先生卖的上好牛肉是每磅3.5便士，但在另一家集市上，同样的牛肉要卖5便士，这两个集市仅仅相距17英里，为什么价格却不同？"[3]在对这些问题的揭露过程中，报纸充分发挥了社会监督功能，对民生问题的关注正是报纸代表民意的最好表现。

报纸还十分关注普通人的生活。《谢菲尔德播报》(Sheffield Advertiser) 上有这样的报道：想要长期解决害虫的问题，一定要保护好鸟巢；不要给猪喝不干净的水。[4]修建收费公路、运河、桥梁等与民众切身利益相关的信息都会在报纸上刊登出来，引发民众的讨论。臭名昭著的强盗被抓住的新闻报道让许多人可以放心睡个好觉。市长也在报纸上发表讲话，呼吁本市居民联合抵制犯罪行为，做个奉公守法的好公民。报纸上

---

[1] *St. James's Chronicle*, 7 January 1796.
[2] *Leeds Intelligencer*, 25 Novenmb 1766.
[3] *Oxford Gazette*, 11 May 1767.
[4] *Sheffield Advertiser*, 23 April 1790.

刊登的消息越来越贴近人民生活，人们喜闻乐见的一切话题都能在报纸上找到，例如体育赛事、音乐会、连载小说和诸如热气球飞行之类的冒险活动等等。报纸内容逐渐变得丰富多彩，丰富了民众生活，有利于社会的发展。商业报纸的发展促使报纸的社会功能真正得以实现。

18世纪英国的商业报刊不仅具有资本主义性质的行业特征，还有促进资本主义经济发展的社会作用。更为重要的是商业报刊对民生问题的关注，让人们在经济大发展的时代背景下不会忽视普通人民的利益，重视普通人民的生活。

第三节　18世纪后期政党政治与报刊业

1760年10月，乔治三世继位，他给英国政坛带来了不一样的气氛。首先，作为汉诺威王朝的第三位君主，他从小生活在英国，对英国的文化环境有深刻了解，对英国政坛深感兴趣；其次，作为一名年轻的、雄心勃勃的国王，他上台伊始就致力于加强国王权力，一意孤行地任命布特为首相。布特下台后与辉格党首相作斗争，导致内阁频繁更换，诺斯时期则形成了势力强大的宫廷党；再次，在他的打击下，占据英国政坛半个世纪的辉格党人逐渐式微，而长久被排挤在政坛之外的托利党人乘势崛起，开创了托利党独霸政坛的时代；最后，在他执政时期，英国经历了前所未有的一系列政治危机事件：威尔克斯事件、北美殖民地战争、法国大革命带来的影响等。报刊在这一时期中扮演了越来越重要的作用。

一、威尔克斯事件与报刊业

乔治三世一上台，任命他的老师布特勋爵为首席财政大臣，结果遭到公众的坚决反对。1762年6月，以《北不列颠人》(*North Briton*)为主力掀起了一场反对布特的报界论战,在接下来的时间里,伦敦的报纸充满了对这位首相的冷嘲热讽和反对声音。前首相罗伯特·沃波尔的儿子霍勒斯·沃波尔说:"我父亲做首相20年中受到的批评也不及布特做首相20天中受到的批评多。"[1]一些报纸上刊登插图和讽刺画,发表读者的来信,以各种方式批判布特首相,一周内至少有400份不同的出版物是批评他的。[2]地方报纸也不例外,《巴思报》(Boddely's Bath Journal)宣称,仅就布特的苏格兰人身份来说,就足够招致激烈的抨击了,"苏格兰人……就是这样一种象征,与之相关的每件事都是坏的和令人憎恶的。"[3]

面对此种情况,布特决定以彼之道还彼之身,他立即着手创办了两份报纸——《不列颠人报》(Briton)与《旁听者报》(Auditor)——为其辩护,以期扭转舆论。这两份报纸在政府资金的资助下为布特辩护,也有别家报纸转载这两份报纸刊登的内容,可惜收效甚微。布特还专门雇佣写手写文章为他辩护,拉尔夫·卡特维尔和约翰·坎贝尔就是布特雇来的写手,这两人除了在上面两份专为布特辩护的报纸上发文章外,还为别家报纸供稿,拉尔夫给《公报》写文章,约翰也给《伦敦报》(London Chronicle)供稿,希望能在其他报纸上为布特开辟辩护的阵地。但是,反对他的报纸力量更为强大,1763年,布特不得不在一片反对声中宣布辞职,退居幕后继续对政坛施加影响。

来自艾尔斯伯里(Aylesbury)的下议院议员约翰·威尔克斯在反对布特首相的过程中发挥了重要作用。《北不列颠人》是威尔克斯在1762年6

---

[1] Hannah Barker, *Newspapers, Politics and Public Opinion in Late Eighteenth Century England*, p. 150.
[2] Ibid, p. 150.
[3] *Boddely's Bath Journal*, 28 June 1762.

月创办的,该报成为当时伦敦城内抨击布特政府的反对派报纸大军中最著名的报纸之一。布特下台后不久,在英国爆发了以威尔克斯为核心的激进运动,再一次向世人昭示了报刊在政治生活中重要的影响力。

威尔克斯一直反对国王和布特对法国实行和平的外交政策,1763年4月19日,乔治三世喜气洋洋地在议会两院宣布《巴黎和约》顺利签订。4天后,引发全国范围内的威尔克斯事件的导火索——《北不列颠人》第45期发行了。这期报纸狠狠地讽刺挖苦了国王与政府,谴责政府诱使国王"用他神圣的名字签署了最可恶的议案,发表了最不合理的对外宣言"。文章攻击"现政府常常用'国王的特权'来表明他们行为的合法性",但认为"国王的特权是宪法赋予的,不是盲目的恩惠和偏爱","像英国这样的国家,如果人民被压迫,那么人民的自由精神会随着人们受迫害程度的加深而逐渐增强。"[1]这样的言论让乔治三世极为震怒,他认为这是煽动人们反对政府。格伦维尔首相立即下发了逮捕令,要求搜查犯有反动叛逆罪的《北不列颠人》第45期的作者、出版商与印刷商。于是,威尔克斯被逮捕。5月3日,法庭对威尔克斯进行了审判,他出庭做了自我辩护,慷慨激昂地宣称:"自由是我人生最重要的信念,不幸的是,国王选错了他的政府,他的政府腐败、傲慢、违背宪法、破坏自由……因此我有一个艰巨的任务,那就是维护自由!"[2]大厅内外的人群爆发出"自由!自由!威尔克斯万岁!"的高呼,"威尔克斯与自由"的呼声不胫而走。由于证据不足以及威尔克斯作为议员享有人身保护权,很快就被判无罪释放。

威尔克斯被释放后决定反击政府,首先,他起诉了4名国家官员,称

---

[1] 李强:《威尔克斯事件研究》,陕西师范大学硕士学位论文,2010年,第25页。
[2] 同上书,第26页。

他们犯了错误逮捕罪；接着对几位国务大臣提起诉讼，控告他们非法闯入他的房间，破坏了他的私人财物；还计划等议会开会的时候要在下院申诉被侵犯的议员特权。其次，威尔克斯深知报刊的力量，他动用自己在伦敦报刊界的人脉关系，这些人有：《伦敦报》(*London Courant*)的约翰·阿尔蒙、《公报》(*Gazetteer*)的罗杰·汤普森、《米德尔塞克斯报》(*Middlesex Journal*)的卡斯伯特·肖、《公众播报》的亨利·桑普森·伍德福尔，他们都是伦敦著名的报人，积极支持威尔克斯对言论出版自由的追求。这些人对报纸出版发行的流程极为熟悉，也知道怎样将手中有利的材料出版发行并迅速传播。正是在这些人的帮助下，威尔克斯在狱中还可以为报纸供稿，他把被捕与被关押的细节、自己在法庭上的讲话以及自己受到的迫害详细写出来，呼吁人们反抗政府的不公。

　　威尔克斯事件发生后，国内政治势力反应不一。在乔治三世的打击下，此时的辉格党正逐渐失势，而且党内也已产生分裂，各派间缺乏紧密联系与合作。由于新君主势力强大，一心想要加强王权，许多辉格党人的党派观念已变得淡薄，党员不再忠于党派信念，而是追随党派领袖，或是尽力讨好国王。托利党此时正逐渐崛起，重新进入政坛，也希望能获得新君的欢心和支持。于是大多数议员纷纷谴责威尔克斯过于放肆，政府反对派进退两难，保持沉默。但民众和新兴的中产阶级却将威尔克斯视作自由的象征，一直夹在政府派报纸和反政府党派报纸中的激进报纸终于获得发展机会。《伍斯特周报》视威尔克斯为英雄，"真相与正义打破了首相的铁权"，视他的遭遇为"全体英国人的遭遇，维护自己的房屋与个人的人身安全就取决于这一次的对抗了"。[1]《伦敦晚邮报》全文

---

[1] *Berrow's Worcester Journal*, 2 June 1763.

刊载了威尔克斯在法庭上为自己做的辩护,并评论称他是"这个国家真正自由的大胆维护者"。[1]

政府一面指示法庭将威尔克斯的诉讼压到年底,一方面四处搜罗可以起诉他的一切证据,终于发现他的《论妇女》(Essay on Woman)一书是下流作品,诽谤了主教格洛斯特。于是在 11 月 15 日即议会开会的第一天,上下两院同时投票宣布《北不列颠人》与《论妇女》犯了诽谤言论罪。针对威尔克斯的议员特权,下院在 23 日的会议中通过了"议员享有的特权不适用于写作和出版诽谤性言论"的决议。下议院与王座法庭在威尔克斯缺席的情况下分别做出剥夺其议员资格、驱逐出下议院和犯有诽谤罪、剥夺一切权利的判决。威尔克斯刚入议会时是站在皮特、坦普尔等辉格党人这边的,此时,他的这些朋友不再维护他。皮特得知他的《论妇女》一书的内容后公开谴责了他,坦普尔则保持着沉默。

事情的发展并未结束。1767 年底,在法国流亡的威尔克斯决定回国参加 1768 年的议会大选,这一令人震惊的消息被《公众播报》率先披露,传遍英国。他首先回到伦敦参加选举,刚经过大变动的内阁大臣们对威尔克斯的态度不一,却也没有人愿意冒着损害个人名誉的危险给他制造障碍。《伦敦报》说:"许多政府官员都不愿意对这个乡绅采取任何行动了,否则会带来更多的麻烦。"[2] 在伦敦败选之后,他来到米德尔塞克斯参加竞选,结果顺利当选。政府用亵渎不敬和诽谤的罪名将他关押在王座监狱中,却导致了震惊全国的"圣乔治广场屠杀事件"。报纸纷纷强烈谴责政府的暴行,《公报》称:"手无寸铁的群众中,热爱乔治国王的、支持自由

---

[1] *London Evening Post*, 14 May 1763.
[2] 李强:《威尔克斯事件研究》,第 36 页。

的或仅仅是出于好奇之心来围观的人被杀害了。"[1] 报纸公开声援威尔克斯，他的头像出现在许多报纸上，威尔克斯的人气大涨。此时，议会决定重新选举，结果威尔克斯再次当选。议会宣布威尔克斯当选无效，进行补缺选举，结果依然一样。

议会中的政府派与反对派就此事件展开激烈辩论，政府派称威尔克斯不具备选举资格，应该直接指定威尔克斯的竞争对手为议员；反对派则认为让得票数额少的候选人当选违反法律，是对选民权利的侵犯。激进报刊则指责议会反复进行选举的行为是对宪法的嘲讽，是专制政府的做法。《公众播报》评论道："如果公众自由的保障从根基就被动摇，如果权力的法案遭到侵犯，如果公民选举的自由被少数几个腐败之人破坏，那么我敢保证专制的统治已经来临，除了我们脖子上的绳套，一切都已消失。"[2]

威尔克斯事件发展至此，已与最初的情况有了根本不同。作为皮特等人的支持者，他起初选择维护辉格党的利益。但《北不列颠人》第45期发表之后的一系列事件让他脱离了党派之间的斗争，成为言论出版自由与新兴中产阶级利益的代表人。他与政府的斗争促进了社会上激进运动的发展，提高了人们的政治觉悟，流亡后回国参选，则将斗争引向英国议会选举制度的问题上，大大加强了人们对这一问题的关注与重视。威尔克斯争取的不只是自由，还有对国王特权的压制和政府不法行为的控诉，以及对议会腐败的揭示。他在全国范围内传播着这些思想，促进了激进运动的开展以及人们对议会改革的呼声。报界在威尔克斯事件中扮演的角色也让政府意识到报纸带来的舆论压力，让政府更加不敢忽视舆论的影响力。

---

[1] *Gazetteer*, 21 May 1768.
[2] *Public Advertiser*, 27 May 1768.

二、北美殖民地独立战争与报刊业

几乎与威尔克斯事件同时发生的是北美殖民地的独立运动,这场独立运动可分为三个阶段,从1764年至1774年,英国试图对美洲殖民地征税,结果引发美洲殖民地的反抗,从1774年到1775年,英国政府就美洲殖民地代表权与主权问题展开激烈争论,1775年之后,斗争恶化成战争,终于导致北美殖民地的独立。北美殖民地主权问题的争论与英国国内民众对议会改革的呼吁交织在一起,引发民众对政治权利更深刻的思考,而这一切都在英国国内激烈的报刊舆论之争中都有所体现。

1764年《巴黎和约》的签订结束了英法"七年战争",但英国也因此背负了14亿镑的巨额债务,于是政府就想将部分债务分摊给北美殖民地。1764年,英国议会下院通过《美洲岁入法案》(俗称《糖税法》)开始向美洲殖民地征税;第二年又通过《驻军法案》,要殖民地为当地驻军提供给养;一年后,臭名昭著的《印花税法案》被通过,引发美洲殖民地的普遍反抗。波士顿发生骚乱,各殖民地联合起来抵制英国商品的进口和销售。英国商人将陈情书递交到议会,要求取消对美洲殖民地的征税,以免给他们带来更大的损失;殖民大臣也表示如果继续征税的话,可能将美洲民众推向英国的敌人——法国或西班牙一边。在内外一致的反对声中,《印花税法案》被取消了。但好景不长,1767年财政大臣查尔斯·汤森提议向美洲殖民地征收进口税,这就是著名的《汤森法案》。法案一出,殖民地议会与英国总督之间的关系日益紧张。1770年,乔治二世任命诺斯出任首相,新政府对美洲殖民地采取了严厉的压制措施,北美殖民地的斗争形势愈演愈烈。

由于殖民地民众的联合抵制,《汤森法案》执行不力,而且还引起普遍的不满,严重影响了英国商人在美洲殖民地的利益。诺斯上台后着手修改这一法案，他撤销了5项关税，却将3便士的茶税保留下来，作为英国对美洲殖民地主权的象征。辉格党著名政论家埃德蒙·柏克评价此项措施得不偿失，既丢了利益，还落得一身骂名。因为早在《印花税法案》导致冲突的时候，对美洲殖民地是否具有课税权的问题已引发过激烈的争论。皮特一派的辉格党人认为美洲殖民地在议会下院没有代表权，所以英国对美洲殖民地没有课税权，因为"无代表不纳税"是英国宪法的原则；但以格伦维尔为代表的另一派辉格党人则认为议会的每个成员都是美洲殖民地利益的实际代表，不一定要选民直接选出。这是对英国宪法原则问题的争论，美洲殖民地民众认为他们在英国议会下院没有代表，所以不应该纳税，所以即使3便士的茶税都是对他们的剥削与侮辱，美洲殖民地对英国的不满情绪日益高涨。

1773年，东印度公司的茶叶滞销，政府为了挽救东印度公司，授予它对美洲茶叶销售的垄断权，此举让美洲殖民地本土的茶叶商人受到致命打击。1773年底，"波士顿倾茶事件"成为美洲殖民地与宗主国英国矛盾爆发的导火索。消息传回英国国内，国王和诺斯大为震怒，全国舆论也一致要求对美洲殖民地采取强硬措施。《公报》报道了伦敦有产阶级对这一事件的暴怒，他们将美洲人与臭名昭著的詹姆斯派相提并论："先前是法国支持下的斯图亚特的查尔斯，现在又是塞缪尔·亚当斯领导的一帮匪徒，都来与我们伟大的不列颠作对。"[1] 从1774年到1775年是双方僵持的一年，英国国内的舆论环境也十分不利于和解。1775年初，英国召开议会，最终决定对北美殖民地动用武力。

在对美洲殖民地开战一事上，英国国内舆论扮演了极为重要的角色，

---

[1] Hannah Barker, *Newspapers, Politics and English Society 1695-1855*, p. 158.

甚至可以说加速了战争的到来。"英国的官商、贱民的政客、歹徒、骗子也和正派的人一道，都成了高尚的人，成了爱国者；'为他们并不去打的战争，高声地请战。'……老百姓，也'犯了骄狂'，'为他们永远掌不上的残暴统治摇旗呐喊'。举国上下都是对美洲的喊'打'声。"[1]听听那些人的谩骂声："美洲人是暴徒、是胆小鬼、是忘恩负义的不肖子，美洲人是背叛祖国、投靠敌人（美洲寻求了法国的支持）的下贱货。"[2]1776年，英军占领了约克镇（New York）的消息传回国内，众多报纸欢欣鼓舞，布里斯托尔的一家报纸说："本市以及周边的城镇都弥漫着欢乐的气氛……广场上的人群高声喊着'天佑吾王'，百姓的热情前所未见。"[3]当然，战败消息的传来则会让众多报纸群起而攻击政府。1784年，菲利普·约克无不遗憾地说："公开的争论与反对性的演说让我们失去了美洲，如果当初公开的越少，说不定事情会得到更好的处理"。[4]

北美殖民地人民早就认识到在英国崛起的报刊界力量可以引导舆论，给政府施压。当威尔克斯事件正轰轰烈烈地演进时，本杰明·富兰克林正好在伦敦访问，并见证了舆论对政府的猛烈攻击。他在日记中写下了对这一事件的看法，并写下评论说："如果国王品德不良，而威尔克斯拥有好的品德，那么，乔治三世会被迫退位的。"[5]于是，当北美殖民地形势日益恶化之时，美洲议会（American Congress）就目标明确地计划在英国国内开展一次舆论之战，希望改变公众对北美殖民地的看法，博取同情。美洲议会在伦敦设立机构，有组织地向报纸提供重要稿件。故在1775年，殖民

---

[1] 埃德蒙·柏克:《美洲三书》，缪哲译，北京：商务印书馆2005年版，第14页。
[2] 同上。
[3] Hannah Barker, *Newspapers, Politics and English Society 1695-1855*, p. 157.
[4] Jeremy Black, *The English Press in the Eighteenth Century*, p. 140.
[5] 李强:《威尔克斯事件研究》，第38页。

地议会写给国王的陈情书——《武装起来的必要及理由的陈诉》、殖民地对英国民众的呼吁——《十二个殖民地写给大英帝国居民》，以及著名的奥利弗·布兰奇陈情书等与殖民地有关的一切消息在报纸上铺天盖地地刊登出来，并随着报纸传播到英国各地。

尽管支持美洲殖民地的人数一直没有占据多数，但在英美开战期间，英国国内舆论界还是存在两种相互对抗的声音。19世纪初最著名的反政府激进报刊代表人物威廉·科贝特在自传中写下过这样的回忆："小时候，有一次父亲带着我去韦希尔（Weyhill）旅行，一大群商人、农场主正坐在一起吃晚饭的时候，邮局的人带着报纸来了，报上刊登着英军在长岛打败美军的夸张的报道。伦敦来的一个人扯过凳子放在桌上，然后站在那里开始为众人大声地读报。中间有人反对他，人群开始陷入争吵中，父亲带着我换到另一家旅店，我们与另一群对此事有着相同看法的人一起吃了晚餐。"[1] 这种现象不能不说明报刊的影响力非常强大，而且即使是战争时期，英国国内的言论还是相当自由的。

当英国在美洲殖民地战场上连吃败仗、英国的宿敌法国和西班牙卷入战争的时候，英国国内舆论变得更加偏激与愤怒。商人们担心要缴纳巨额的税收，毕竟与美洲殖民地开战已经让他们失去很多利益了。战争的巨额花销把人们的怒火引向诺斯任用的战争物资承包商身上，报纸指责这些人贪婪、腐败，甚至称这场战争就是这些贪婪的人别有用心引发的。许多人认为苏格兰人在这场战争中获得了好处，《公众播报》称："这些贪得无厌的苏格兰人在与英国人争夺利益。"[2]《伦敦晚邮报》说："税收如此之高，用

---

[1] Kathleen Wilson, *The Sense of the People: Politics, Culture and Imperialism in England, 1715-1785*, p. 237.
[2] Hannah Barker, *Newspapers, Politics and English Society 1695-1855*, p. 158.

来支持卑鄙的政府大臣们的地位,用来继续一场前所未有的、流血最多、花费最高、最不可行的战争。"[1]1781年末,康华利在约克镇的投降让国内反对派加紧了对政府的批判。1782年3月,诺斯内阁在一片反对声中倒台。

与北美殖民地矛盾的激化让国王与政府饱受争议。最终北美殖民地独立,乔治三世和诺斯政府的声誉降到最低点。英国报刊在这一事件中表现了极大热情,前期鼓吹战争,后期则将战败的结果归咎于政府,导致诺斯内阁倒台。报刊的这种表现正是国内新兴资产阶级利益的反映,不论开战还是停战,目的都是促进资本主义经济的发展。同时还要看到,虽然与北美殖民地处于交战状态,英国国内还是出现支持美洲殖民地的言论,说明英国具有相对宽松的言论环境。

三、法国大革命与英国报刊业

诺斯内阁倒台后,英国政坛又换了罗金厄姆侯爵、谢尔本伯爵和诺斯—福克斯联合组阁共三届内阁,但均存在时间不长。1783年,乔治三世借"印度改革议案"在上院被否决之机,宣布解散联合内阁,并任命年仅24岁的小皮特为首席财政大臣,组建新的政府。

倒台后的诺斯、福克斯以及波特兰公爵等在下议院组成了政府反对派,经常给小皮特政府找麻烦。于是,在乔治三世的支持下,小皮特宣布解散议会,重新进行大选。当时英国实行的是《七年法案》,议会解散的时候与规定的议会到届年限还差三年。故福克斯以法律为依据,对解散议会这一做法进行了猛烈抨击,他声称为了维护议会,为了维护人民,要坚决反对权力过大的国王和接受他贿赂的议会。但他的反对并没有引发民众的支持,人们反而认为这是自私的贵族反对派在向国王及其政府挑

---

[1] Hannah Barker, *Newspapers, Politics and English Society 1695-1855*, p. 158.

战。报纸自动站到国王和小皮特这边，为他们宣传造势，《伦敦公报》刊登了 200 多篇文章支持国王解散议会的行动，有 53500 个签名的请愿书被递交到议会，反对诺斯—福克斯的联合内阁。[1]《伦敦邮报》称："现在进行的这场政治博弈正是国王和人民与虚伪的民意代表即所谓的下议院之间的斗争，人民已经见证了米德尔塞克斯的选举、北美殖民地的战争和发生在这个国家的一切事件。现在形势已经转变，国王与人民站在一起反对虚伪的下院。"[2]《公众播报》宣称："内阁大臣们在下议院以外的其他地方已经找不到任何支持了。"史蒂芬·克罗夫特给菲茨威廉勋爵写信称："反对福克斯先生的呼声已经格外高涨了，我看到你所代表的人民正在反对他们自己"。[3] 地方报纸也在支持国王和小皮特，《肯特公报》(Kentish Gazette) 写道："胆大妄为的集团派系竟然试图反对国王的权威，颠覆我们光荣的制度，但感谢这些真正的爱国者们的努力，挫败了他们可恶的阴谋，现在每个英国人都满意地看到皮特与自由已占据了最高地位。"[4] 小皮特解散议会之举构成了新的宪法惯例：内阁得不到议会多数支持的时候可以提请国王解散议会，重新进行议会大选。

小皮特上台后，英国面临着许多问题，首先，威尔克斯事件促进了激进运动的发展，中产阶级通过多种形式的运动对政府施加影响；其次，美洲独立运动引发人们对国内议会制度问题的探讨，各地纷纷要求实行议会改革；第三，18 世纪末英国还兴起了全国范围内的废除黑奴贸易运动，这一运动与激进运动相互影响，给政府带来不小的压力；最后，福克斯等人

---

[1] Hannah Barker, *Newspapers, Politics and English Society 1695-1855*, p. 169.
[2] Ibid.
[3] Ibid.
[4] *Kenish Gazette*, 6 March 1784.

虽然没有保住内阁中的地位，但他们下台后在伦敦成立了具有政党属性的俱乐部，其他城市纷纷效仿，建立了不少政党性质的俱乐部，这些组织成为政府反对派的重要领导力量。但是，所有这一切纷争都随着法国大革命的爆发发生了重要转变。

1789年6月，法国大革命爆发的消息传来，压制了英国国内各派的争吵声，报纸纷纷将注意力转向法国大革命。绝大多数人称赞法国大革命，不仅不再仇恨这一宿敌，还为它按照英国宪政的模式建立了政府而感到欣慰。报纸连篇累牍地报道法国大革命的情况，《世界报》（World）称："他们以我们的宪政为模板建立政府……英格兰这个名字值得尊敬！"[1]《晨邮报》说："英国人一直没有得到尊重与羡慕，现在世界上最重要的革命爆发了，英国人的方式产生了影响，每一个明智的和追求自由的国度再也不会无视这一影响了。"[2] 但这种欢乐的气氛并没有持续多久。1792年，法国大革命向人们无法预料的方向转变：巴黎宣布成立革命自治政府，实行共和政体；1000多名政治犯被处决，绝大多数是地主贵族或牧师；采用一人一票的办法选出了一个全国代表大会。1793年1月，路易十六被处死，几个月后王后也被送上断头台；同年，法国对外宣战，让人们彻底看清了这一激进革命带来的后果，许多国家开始担心自己国内是不是也会发生这样的革命。

法国大革命爆发以后，英国国内逐渐分化为几派意见，首先，同情支持法国大革命的人认为，人生来就具有一些基本的、不可剥夺的权利，政府要保障这样的人权，公民有权利通过民主的方式选择自己的政府。其次，以辉格党政论家埃德蒙·柏克为代表的保守派认为，权威来源于风

---

[1] *World*, 20 July 1789.
[2] *Morning Post*, 21 July 1789.

格、惯例与经验,而并非被统治者的公开认同;政府的根本任务是保障社会秩序,那些让人激动不已的理论是不可能用来指导实际统治的。再次,国内有产者对法国爆发的革命感到深恶痛绝,他们认为个人财产安全不但是国家财富的基础,也是国家稳定的基础,只有受过良好教育的有产阶级才应该获得选票,而那些穷人因所受教育的局限,思虑不周,极易受到雅各宾激进主义者的蛊惑。与此同时,从1792年开始,英国的城镇建立起一些名为"通讯协会"(Corresponding Societies)的激进组织。这种组织的目的是反对英国政府和议会中的腐败,并推动议会进行改革。这些组织彼此互通消息,更为重要的是吸引了许多工人加入,在法国大革命爆发之后还组织支持法国的全国代表大会。1793年后,英法两国处于交战状态,这些组织的活动让英国政府深感不安。

国内各政治派别也在法国大革命的影响下开始分裂重组。先是在1791年,同属辉格党的福克斯与柏克在下议院公开辩论后分道扬镳。接着在1792年,查尔斯·格雷领导一批激进的辉格党人组成"人民之友会"。他们认为尊重人民权利就是爱好自由,并提议进行议会改革。"人民之友会"还在地方上设立了许多分会组织。地方上的辉格党也产生分裂。威廉·温德姆是一名资深的辉格党议员,他所代表的诺威奇市有许多纺织工人十分迷恋法国革命传播的理论。他认为:"人民之友会的目标或许在某种程度上是蛮吸引人的。尽管如此,那些追求彻底推翻现行制度的人士还在支持议会的改革。英国是一个伟大的国家……今天所获得的辉煌成就使我们成为世人所钦羡的对象。此时如果接受改革,则所有这些美好的一切有失去之虞,而且很可能陷入万劫不复之境。"[1]于是,1793年初,温德姆带领一些

---

[1] 艾瑞克·伊凡斯:《英国的政党1783—1867》,吴梦峰译,台湾:梦田出版股份有限公司2000年版,第48页。

人与激进派分开，组成了一个 30 人左右的保守辉格党，并发誓以维护宪法与稳定为最高目标。

福克斯虽然尽力维护辉格党的团结，却也无力阻止分裂的步伐。福克斯本人逐渐向激进派靠拢，波特兰公爵则选择与温德姆一道维护宪法与稳定。保守的辉格党人维护宪法与稳定的目标与政府不谋而合，面对此种局面，小皮特政府也重新进行了改组。1794 年 7 月，小皮特任命波特兰公爵为内政部长，温德姆以及另外 4 名保守辉格党人也进入内阁。在新成立的内阁中，13 位内阁部长中就有 6 位原为小皮特政府的反对者。最终，有近 80 名旧辉格党党员加入小皮特的托利党政府。这一次政治力量的重新洗牌，也体现了法国大革命对英国政府权力构成造成的巨大影响。

政党派别的斗争清晰呈现在支持或反对他们观点的报刊上，这一时期的报刊上充满了政党斗争掀起的舆论大战，与此同时，从威尔克斯时期兴起的激进报刊也在政党重组中得到充分发展，成为异军突起的一支可以影响政治的舆论力量。

首先，在法国大革命爆发后报界异口同声赞誉革命的声音中响起了另一种声音。既然我们的制度得到别的国家的认可，那我们更要改革我们的制度以让它不断完善，变得更加民主与自由。于是呼吁议会改革的声音复又兴起。《肯特公报》上有这样的评论："伟大的不列颠民族的有产者们，法国革命给了我们一个极好的例证以推动我们在自己的国家中兴起一场改革。曾几何时，欧洲大陆上因为实行可耻的专制统治的国家遭到我们鄙视，现在他宣称天赋人权，并准备在一个更广泛的基础上建立自由。但想到我们以世袭的自由权为荣，却还存在着限制公众意志和权利的法律体系，我感到非常难受"。[1]

---

[1] *Kentish Gazette*, 15 October 1789.

当法国大革命形势恶化之后，特别是1793年路易十六被处决，几个月后法国对英国宣战后，英国国内舆论界纷纷转向，谴责法国。最具代表性的就是《肯特公报》，不久前还高度赞扬法国大革命，呼吁在国内进行改革，现在则完全转变了态度，将法国革命者称为"那帮毫无人性的屠夫"！[1] 激进报刊《设菲尔德纪闻》(Sheffield Register)称法王之死是对英国政体的污蔑，再也没有比这更令人吃惊的了。[2] 法国大革命形势的不断恶化，让英国舆论界越来越趋向保守。1792年，约翰·里夫斯建立了"保护自由与财产者协会"(Association for Preserving Liberty and Property)，以对抗共和派与平等派。里夫斯将他的协会与信念刊登在各大城市的报纸上，这些报纸又将他的观点带到乡村，几个月内这个协会的分会发展到了2000多家。

类似这样的组织在全国各地都有，这些组织本质上是保守的，以维护现有制度为目的。在英国国内保持稳定与和平是有产者的共同愿望，哪里提倡革命，哪里就会引起他们的恐慌。以维护现有制度为目的的协会可以统称为"忠诚协会"(Loyal Association)，他们自发组织起来，采取灵活多样的行动抵制改革运动，如在报纸上刊发文章，鼓励人们起诉呼吁改革运动的出版商和报人，劝说地方法官不要给那些允许激进组织在内开会或提供激进报纸的酒馆和咖啡馆颁发营业执照等等。《晚邮报》极力称赞这些自主行动："这些伟大的、有益的、好心的、忠诚的以及勤奋的活动有且只有一个目的，那就是为了维护祖国的利益。他们联合起来保护了共有的和私有的财产，不至于被那些提倡共和制度的强盗们所掠夺……"[3] 保守派的报纸攻击激进派报纸是叛国者，受到法国大革命瘟疫的感染。《设菲尔

---

[1] Hannah Barker, *Newspapers, Politics and English Society 1695-1855*, p. 179.
[2] Ibid.
[3] Ibid, p. 182.

德报》(Sheffield Courant)将提倡改革的人描述为:"害虫……人类中的恶魔,煽动性组织的成员……与他们的雅各宾朋友一道向不列颠宣战。"[1] 保守派报纸不断丑化法国大革命,将其描述为无政府主义的、充满暴力的、没有道德原则的一大群暴民统治着独裁军事政府等等。《泰晤士报》(The Times)上登载了这样一组对比图片:被革命摧毁的法国一片狼藉,悲惨的人民受到误导,没有来自道德精神上的曙光或宗教启示上的火花给予他们希望;与其相对的是英国,繁荣富强,人们生活愉快,它的制度受到周围国家的羡慕与赞扬。[2]

英国国内大部分人都被保守派的报纸说服,任何方面的改革都被压制,激进运动陷入低潮。1794 年,小皮特政府趁着激进运动受到攻击的时候,颁布了《煽动性集会法案》(Seditious Meeting Bill),此项法案限制了人民自由集会的权利,但在下院却以绝对优势的票数获得通过,福克斯等人的反对力量显得十分微弱。虽然大部分议员选择支持小皮特,但仍然有一小部分反对派议员认为小皮特政府的行动损害了英国人的自由,他们支持福克斯与法国进行协商谈判,同时也支持格雷伯爵的议会改革运动。不过,小皮特在反对格雷议会改革的提案时在下院做了一番演讲:"心怀宪法中已不复存在的一些信条的人,他们只是利用议会改革当作迈向自己观点实现的第一步而已……他们的政治信条只不过完全剽窃自法国雅各宾激进共和主义者所主张的畸形制度……那高傲、肤浅、放肆的哲学理论,其荒唐的程度远超任何最有政治远见者所能想象,呈现的罪恶亦属空前。"[3] 这一番讲话点燃了国内好战者的情绪,他们在爱国精神的鼓舞下武装起来。

---

[1] Hannah Barker, *Newspapers, Politics and English Society 1695-1855*, p. 183.
[2] *The Times*, 9 January 1793.
[3] 艾瑞克·伊凡斯:《英国的政党 1783—1867》,第 52 页。

《伦敦报》报道称："宣布战争以来……政府收到了居住在海岸边（尤其是对岸就是法国的地区）上的居民寄来的大量信件，信中他们称已经武装起来预备随时抵御法国的入侵。在这种敌对状态下，他们请求政府给予他们武器和军用装备的资助。"[1]

一些激进报纸却在此时对政府的战争提出不合时宜的批评意见。《纽瓦克先驱报》(Newark Herald)说："战争在进行，鲜血直流，花费无数金钱，赋税加倍，债务激增，贸易停滞，破产不断，穷人救助不了穷人了。"[2]《剑桥新闻报》(Cambridge Intelligencer)也称这场"毫无结果的、冲动的、令人憎恶的战争"花费了巨额资金，指责内阁大臣们对整个国家造成了破坏，"剥夺了一些人们与生俱来的权利"。[3]

但反战的声音并不是时代的潮流，保守派报纸攻击激进报纸是联合了雅各宾共和主义的叛国者。当霍雷肖·纳尔逊将军率领英国海军击败法国军队时，对军事胜利的庆贺声盖过了反对战争的声音，之前攻击战争花费巨大的报纸也改变了立场，转而称赞英国海军的勇敢和对祖国的忠诚。在卡普登（Camperdown）战役之后，《早间播报》(Morning Chronicle)称："尽管我们反对过这场灾难，谴责过开战的失策，但目睹战争的胜利让我们觉得自豪与愉悦，虽然政府不够称职，但我们勇敢的海军挽救了国家。"[4] 海军上将豪在布雷斯特将法国舰队击败的消息传到国内时，《太阳报》(Sun)这样报道："尤托克西特（Uttoxeter）的居民举杯庆贺，'祝愿政府早日砍掉叛乱之根源'。"[5]

---

[1] Hannah Barker, *Newspapers, Politics and English Society 1695-1855*, p. 186.
[2] Ibid, p. 180.
[3] Ibid.
[4] *Morning Chronicle*, 5 December 1792.
[5] Hannah Barker, *Newspapers, Politics and English Society 1695-1855*, p. 186.

结 语

在转型时期的英国社会，各个社会阶层都经历着不断的演变。作为社会权力精英的贵族首当其冲，正如劳伦斯·斯通所言，在17世纪内战之前，贵族阶层经历了危机。但在度过这段危机之后，尤其是到了"光荣革命"之后，贵族阶层迎来了辉煌时代——贵族世纪。通过不断扩大自己拥有的地产，贵族日益成为大地主，在19世纪中叶第一次工业革命完成前，庞大的地产就是一笔巨额财富。但他们并未止步于此，在采矿、修筑运河、修建港口、金属冶炼、海外贸易等经济生活中都能见到贵族们的活跃身影。可以说，广袤的土地与多样化的经济活动奠定了贵族富裕的牢固基础，也使他们能够较为轻松地处理债务问题。经历了内战阵痛的贵族阶层，充分利用王政复辟尤其是"光荣革命"带来的有利时机，牢牢地控制着国家的政治生活，他们把持着从中央到地方的重要官职，坐镇议会上院，控制议会下院，把持军队高级军官的职务，他们还通过控制教职推荐权来控制国教会。随着时代的进步，贵族们不再是粗鲁不堪的赳赳武夫，他们的文化教育水平逐步提高,他们的文化品位不断提升,他们不只参与文化活动,还充当文化活动的庇护人与赞助人,他们的文化品位在很大程度上影响着这一时期英国的文化生活。由于上述原因,贵族阶层在转型时期的英国社会结构中仍然占据着十分重要的地位,他们依旧拥有着其他社会阶层无法企及的优势。

与贵族阶层不同,教士阶层是转型时期变化较大的阶层之一。宗教改革不仅使得天主教教士失去了以前拥有的权力与地位,其地位一落千丈,就连国教会教士也从高高的神权等级上掉落下来。在一段时间里,基层教士的生活甚至都出现了问题,安妮女王津贴的实施就是为了解决这个问题。但是,宗教改革也为国教会教士开辟了另一片天地。随着宗教改革后的国教会成为英国国家机构的一部分,国教会教士在履行神职之外,又担负起基层社会的管理责任,国教会的基层教区成为社会管理的基层单位,在这一时期的英国社会管理中发挥着重要作用。国教会的教士们在牧养教徒心灵、缓解社会矛盾、改善社会道德、从事社会慈善等事业中,发挥着其他社会阶层无法企及的作用。与此同时,国教会教士也从过去的神权等级向现代教职集团演变。

在这一时期的英国社会重构过程中,社会上层的稳定在很大程度上影响甚至决定着整个社会的稳定,决定着社会转型的顺利进行。但是,社会中间阶层的崛起是一个不容否认的事实。在这种情况下,如何实现传统社会精英与新兴社会精英之间的和谐共处,尽最大可能减少他们之间的矛盾与冲突,就显得十分重要。在议会权力至上的情况下,议会下院地位与权力、议会下院议员的选举、议会下院议员的地位,就成为衡量这一问题解决情况的一个风向标。虽然这一时期贵族仍然在一定程度上控制着议会下院,但他们注意将新兴的社会精英纳入到以议会为中心的权力体系中来,扩大统治基础。在这种情况下，议会下院议员成为社会权力精英的重要身份标志之一。议会下院选举制度的发展，议会下院议员社会构成的变化，成为转型时期英国社会重构的重要内容。

在转型时期英国权力精英的重构过程中，庇护制度发挥着重要作用，直至其被现代选举制度、文官制度、政党制度等制度所取代。通过政治纽带、经济纽带、社会纽带的联系，权力精英与王权之间建立了相互依赖、和谐共处的共生关系。庇护制度下的议会选举，充分反映了权力精英在议会中的重构与布局。在权力精英的重构过程中，地方因素不容忽视，无论是贵族，抑或是乡绅地主，还是城市精英，都将自己所在的地方社会视为自身权力的根基所在，精心加以经营，他们深知，失去了地方根基，他们的地位就有可能陷入不稳定的状态。当然，作为回报，他们在很多涉及地方社会的事情上，为地方社会发声，是地方利益的代言人。

在这一时期的英国社会，农业经济仍然占据主要地位，乡村社会仍然是英国社会的重要基础，乡村社会的稳定与发展，极大地影响着整个英国社会的发展步伐。因此，乡村社会治理就显得十分重要。为此，英国统治阶级除了重视地方社会精英在乡村社会治理中的作用外，还积极推进乡村社会治理的法制化进程。但是，传统乡村社会的亲情关系、邻里关系基础深厚，在乡村社会治理中的地位难以动摇。这一点在乡村司法判案中表现得十分明显。虽说随着时代的发展，人治终究要让位于法治，但在转型时期的乡村社会治理中，兼顾亲情关系、邻里关系与法治，有利于缓和社会矛盾，有利于社会转型的平稳进行。

在转型时期的英国社会，由于社会结构的重构、社会利益的调整与再分配，不可避免地会产生矛盾与冲突，同时思想舆论界、统治集团、政党、各个社会阶层也对社会问题的出现及其治理，纷纷发表自己的主张。

这些呼声、主张甚至抗议的声音通过舆论的渠道会反映出来,小册子和报刊遂应运而生。因此,18世纪的英国报刊业发展与政治生活、政党政治有着不可脱离的关系。在社会矛盾的揭示、社会舆论的传播、社会问题的演化过程中,都有报刊业参与其中。可以说,报刊业的发展在一定程度上也是转型时期英国社会重构和社会关系调整的重要见证之一。

参考文献

中文文献：

阿萨·勃里格斯:《英国社会史》,陈叔平等译,北京:中国人民大学出版社1991年版。

爱德华·汤普逊:《共有的习惯》,沈汉、王加丰译,上海:上海人民出版社2002年版。

埃德蒙·柏克:《美洲三书》,缪哲译,北京:商务印书馆2005年版。

艾瑞克·伊凡斯:《英国的政党1783—1867》,吴梦峰译,台湾:梦田出版股份有限公司2000年版。

艾瑞克·霍布斯鲍姆:《革命的年代·1789—1848》,王章辉等译,南京:江苏人民出版社1999年版。

安·比尔基埃等主编:《家庭史》,第二卷:现代化的冲击,袁树仁等译,北京:三联书店1998年版。

彼得·伯克:《历史学与社会理论》,姚朋等译,上海:上海人民出版社2001年版。

彼德·布劳:《社会生活中的交换和权力》,孙非、张黎勤译,北京:华夏出版社1988年版。

G.R.波特编:《新编剑桥世界近代史》,第一卷,文艺复兴(1493—1520年),中国社会科学院世界历史研究所组译，北京：中国社会科学出版社1988年版。

伯纳德·曼德维尔：《蜜蜂的寓言》，肖津译，北京：中国社会科学出版社2002年版。

蔡骐：《英国宗教改革研究》，长沙：湖南师范大学出版社1997年版。

陈力丹：《世界新闻传播史》，上海：上海交通大学出版社2002年版。

陈晓律、于文杰、陈日华：《英国发展的历史轨迹》，南京：南京大学出版社2009年版。

陈晓律主编：《英国研究》，第4辑，南京：南京大学出版社2012年版。

陈祖洲：《通向自由之路——英国自由主义发展史研究》，南京：南京大学出版社2012年版。

程汉大：《英国政治制度史》，北京：中国社会科学出版社1995年版。

费尔南·布罗代尔：《15至18世纪的物质文明、经济和资本主义》（三卷本），顾良等译，北京：三联书店1992、1993年版。

弗·培根：《培根论说文集》，水天同译，北京：商务印书馆1988年版。

A. 古德温编：《新编剑桥世界近代史》，第八卷，美国革命与法国革命：1763—1793年，中国社会科学院世界历史研究所组译，北京：中国社会科学出版社1999年版。

郭方：《英国近代国家的形成》，北京：商务印书馆2007年版。

哈维·马修：《19世纪英国：危机与变革》，韩敏中译，北京：外语教学与研究出版社2007年版。

姜德福：《社会变迁中的贵族》，北京：商务印书馆2004年版。

蒋孟引：《英国史》，北京：中国社会科学出版社1988年版。

杰里米·帕克斯曼：《英国人》，严维明译，上海：上海译文出版社2000年版。

卡洛·M. 奇波拉主编：《欧洲经济史》，第二卷：十六和十七世纪，贝昱等译，北京：商务印书馆1988年版。

J.C.D. 克拉克：《1660—1832年的英国社会》，姜德福译，北京：商务印书馆2014年版。

C.W. 克劳利编：《新编剑桥世界近代史》，第九卷：动乱年代的战争与和平：1793—1830年，中国社会科学院世界历史研究所组译，北京：中国社会科学出版社1999年版。

肯尼思·O. 摩根主编：《牛津英国通史》，王觉非等译，北京：商务印书馆1993年版。

奎多·德·拉吉罗：《欧洲自由主义史》，杨军译，长春：吉林人民出版社2001年版。

兰福德：《18世纪英国：宪制建构与产业革命》，刘意青、康勤译，北京：外语教学与研究出版社 2008 年版。

雷伊:《经济-社会史:历史研究的新方向》,下编,张日元编译,北京:商务印书馆 2002 年版。

闵东潮:《国际妇女运动:1789—1989》,郑州:河南人民出版社 1991 年版。

里夏德·范迪尔门著:《欧洲近代生活》,王亚平译,北京:东方出版社 2004 年版。

J.D. 林赛编:《新编剑桥世界近代史》,第七卷,旧制度:1713—1763,中国社会科学院世界历史研究所组译,北京:中国社会科学出版社 1999 年版。

刘城:《英国中世纪教会研究》,北京:首都师范大学出版社 1996 年版。

刘成:《英国现代转型与工党重铸》,北京:三联书店 2013 年版。

刘建飞:《英国议会》,北京:华夏出版社 2002 年版。

刘金源:《现代化与英国社会转型》,北京:三联书店 2013 年版。

刘显娅:《英国治安法官研究——以 17—19 世纪治安法官的嬗变为线索》,上海:华东政法大学博士学位论文 2008 年。

刘新成:《英国都铎王朝议会研究》,北京:首都师范大学出版社 1995 年版。

伦斯基:《权力与特权:社会分层的理论》,关信平等译,杭州:浙江人民出版社 1988 年版。

罗伊斯顿·派克编:《被遗忘的苦难——英国工业革命的人文实录》,蔡师雄等译,福州:福建人民出版社 1983 年版。

马克思、恩格斯:《马克思恩格斯全集》,第一卷,中央编译局译,北京:人民出版社 1972 年版。

马克思、恩格斯:《马克思恩格斯全集》,第八卷,中央编译局译,北京:人民出版社 1972 年版。

尼科尔斯·波朗查斯:《政治权力与社会阶级》,叶林等译,北京:中国社会科学出版社 1982 年版。

欧阳明:《外国新闻传播业史稿》,武汉:武汉大学出版社 2006 年版。

佩里·安德森:《绝对主义国家的系谱》,刘北成、龚晓庄译,上海:上海人民出版社 2001 年版。

钱乘旦、陈晓律:《在传统与变革之间——英国文化模式溯源》,杭州:浙江人民出版社 1991 年版。

钱乘旦、高岱主编:《英国史新探:全球视野与文化转向》,北京:北京大学出版社 2011 年版。

乔治·柯尔:《费边社会主义》,夏遇南译,北京:商务印书馆 1984 年版。

沈汉、刘新成:《英国议会政治史》,南京:南京大学出版社 1991 年版。

沈汉:《英国土地制度史》,上海:学林出版社 2005 年版。
沈固朝:《欧洲书报检查制度的兴衰》,南京:南京大学出版社 1999 年版。
舒小昀:《分化与整合:1688—1783 年英国社会结构分析》,南京:南京大学出版社 2003 年版。
斯特莱切:《伊丽莎白女王和埃塞克斯伯爵》,戴子钦译,北京:三联书店 1986 年版。
孙宝国:《18 世纪以前欧洲文字传媒与社会发展研究》,长春:东北师范大学博士学位论文 2005 年。
E.P. 汤普森:《英国工人阶级的形成》,钱乘旦等译,南京:译林出版社 2001 年版。
唐亚明、王凌洁:《英国传媒体制》,广州:南方日报出版社 2007 年版。
托克维尔:《论美国的民主》,董果良译,北京:商务印书馆 1996 年版。
王晋新、姜德福:《现代早期英国社会变迁》,上海:上海三联书店 2008 年版。
王佐良、何其莘:《英国文艺复兴时期文学史》,北京:外语教学与研究出版社 1996 年版。
威尔·杜兰:《世界文明史》,第六、七、九卷,幼狮文化公司译,北京:东方出版社 1998 年版。
维尔纳·桑巴特:《奢侈与资本主义》,王燕平等译,上海:上海人民出版社 2000 年版。
R.B. 沃纳姆编:《新编剑桥世界近代史》,第三卷,反宗教改革运动和价格革命:1559—1610 年,中国社会科学院世界历史研究所组译,北京:中国社会科学出版社 1999 年版。
西达·斯考切波编:《历史社会学的视野与方法》,封积文等译,上海:上海人民出版社 2007 年版。
向荣主编:《中世纪晚期 & 近代早期欧洲社会转型研究论集》,北京:人民出版社 2012 年版。
许洁明:《十七世纪的英国社会》,北京:中国社会科学出版社 2004 年版。
亚当·斯密:《国民财富的性质和原因的研究》,下卷,郭大力、王亚南译,北京:商务印书馆 1974 年版。
阎照祥:《英国政党政治史》,北京:中国社会科学出版社 1993 年版。
阎照祥:《英国政治制度史》,北京:人民出版社 1999 年版。
阎照祥:《英国贵族史》,北京:人民出版社 2000 年版。
阎照祥:《英国史》,北京:人民出版社 2003 年版。
阎照祥:《英国近代贵族体制研究》,北京:人民出版社 2006 年版。
裔昭印:《西方妇女史》,北京:商务印书馆 2009 年版。

尹虹:《十六、十七世纪前期英国流民问题研究》,北京：中国社会科学出版社 2003 年版。
于文杰:《英国文明与世界历史》,北京：三联书店 2013 年版。

英文文献:

Berrow's Worcester Journal, 2 June 1763.
Berrow's Worcester Journal, 16 January 1766.
Boddely's Bath Journal, 28 June 1762.
Champion, 1 May 1740.
Craftsman, 31 July 1731.
Craftsman, 20 October 1733.
Daily Gazetteer, 11 October 1737.
Daily Post, 17 December 1741.
Darlington Pamphlet, 30 October 1772.
Felix Farley's Bristol Journal, 7 September 1745.
Fog's Weekly Journal, 20 September 1735.
Gazetteer, 21 May 1768.
Gazetteer and New Daily Advertiser, 11 August 1770.
Gloucester Journal, 16 January 1733.
Grub Street Journal, 12 August 1731.
Kenish Gazette, 6 March 1784.
Kentish Gazette, 15 October 1789.
Leeds Intelligencer, 25 Novenber 1766.
Leeds Intelligencer, 6 December 1791.
London Chronicle, 13 January 1776.
London Evening Post, 14 May 1763.
Morning Chronicle, 5 December 1792.
Morning Post, 21 July 1789.
Newcastle Chronicle, 24 March 1787.
Newcastle Weekly Mercury, 21 Febrary 1723.
Nonsense of Common-Sense, 21 February 1738.

Norwich Mercury, 29 January 1732.
Oxford Gazette, 1 June 1767.
Oxford Gazette, 11 May 1767.
Public Advertiser, 27 May 1768.
Reading Mercury, 8 January 1770.
Reading Mercury, 19 August 1771.
Reading Mercury, 11 January 1776.
Sheffield Advertiser, 23 April 1790.
St. James's Chronicle, 7 January 1796.
The Times, 9 January 1793.
Weekly Worcester Journal, 12 October 1733.
Weekly Worcester, 26 March 1742.
Westminster Journal, 12 July 1746.
Whitehall Evening Post, 30 December 1718.
World, 20 July 1789.
A. Barber & E. G. Barber, *European Social Class*: *Stability and Change*, New York: The MacMillan Company, 1965.
Adam Badeau, *Aristocracy in England*, Harper & Brothers, 1886.
A. F. Pollard, *Evolution of Parliament*, London: Markworth Press, 1976.
A. Goodwin, ed., *The European Nobility in the Eighteenth Century*: *Studies of the Nobilities of the Major European States in the Pre-Reform Era*, London: Adam and Charles Black, 1953.
A. L. Beier, *The First Modern Society*: *Essays in English History in Honour of L. Stone*, Cambridge, 1989.
Alastair Maclachlan, *The Rise and Fall of Revolutionary England*: *An Essay on the Fabrication of Seventeenth-Century History*, London: MacMillan Press Ltd., 1996.
A. L. Rowse, *The England of Elizabeth*: *The Structure of Society*, London: Macmillan, 1951.
Alan G. M. Smith, *English Social History*, London: Penguin Books, 1986.
Alan Macfarlane, *The Justice and the Mare's Ale*: *Law and Disorder in Seventeenth-Century England*, Blackwell Press, 1981.
Amanda Vikery, *The Gentleman's Daughter*: *Women's Lives in Georgian England*, London: Yale University Press, 1988.

参考文献

Amanda Vickery, *Women, Privilege and Power: British Politics, 1750 to the Present*, Stanford University Press, 2001.

Ann Bermingham, ed., *The Consumption of Culture, 1600-1800: Image, Object, Text*, London, 1995.

Ann Hughs, *The Cause of the English Civil War*, London: Macmillan, 1991.

Arno J. Mayer, *The Persistence of the Old Regime: Europe to the Great War*, Croom Helm, 1981.

A. S. Turberville, *The House of Lords in the Eighteenth Century*, Oxford, 1927.

B. A. Holderness, *Pre-Industrial England: Economy and Society 1500-1750*, London: J. M. Dent & Sons Ltd., 1976.

Barbara English, *The Great Landowners of East Yorkshire 1530-1910*, New York: Harvester Wheatsheaf, 1990.

Barry Coward, *The Stuart Age: England, 1603-1714*, London & New York: Longman, 1994.

B. Coward, *Social Change and Continuity: England 1550-1750*, Revised Edition, London & New York: Longman, 1997.

Bernard Capp, *When Gossips Meet: Women, Family and Neighbourhood in Early Modern England*, Oxford University Press, 2003.

B. Kemp, *King and Commons 1660-1832*, London: Macmillan, 1957.

Bob Harris, *A Patriot Press: National Politics and the London Press in the 1740s*, Oxford: Oxford University Press, 1993.

Bob Harris, *Politics and The Rise of Press: Britain and France 1620-1800*, London: Routledge, 1996.

Bonnie S. Anderson and Judith P. Zinsser, *A History of Their Own: Women in Europe from Prehistory to the Present*, New York: Harper & Row, Publisher, 1988.

C. Carlton, *Archbishop William Laud*, London: Routledge, 1987.

C. G. A. Clay, *Economic Expansion and Social Change: England 1500-1700*, 2 Vols., Cambridge University Press, 1984.

Charles Seymour, *Electoral Reform in England and Wales: The Development and Operation of the Parliamentary Franchise, 1832-1885*, Kessinger Publishing, 1915.

Charles Wilson, *England's Apprenticeship 1603-1763*, London: Longman, 1979.

Clive Emsley, *Crime and Society in England, 1750-1900*, London: Longman Press, 2010.

Clyve Jones, *A Short History of Parliament: England, Great Britain, the United Kingdom,*

Ireland and Scotland, the Boydell Press, 2009.

Colin Platt, *Medieval England: A Social History and Archaeology From the Conquest to 1600 AD*, London & New York: Routledge, 1994.

C.Y. Ferdinand, *Benjamin Collins and the Provincial Newspaper Trade in the Eighteenth Century*, Oxford: Oxford University Press, 1997.

D. A. Spaeth, *Parsons and Parishioners: Lay-Clerical Conflict and Popular Piety in Wiltshire Villages 1660-1740*, Providence: University of Brown, 1985.

David C. Douglas ed., *English Historical Documents*, Vols. Ⅴ, Ⅵ, Ⅶ, London & New York: Routledge, 1967.

David Cannadine, *The Decline and Fall of the British Aristocracy*, New Haven: Yale University Press, 1990.

David Goodway, *London Chartism 1838-1848*, Cambridge University Press, 1982.

David Howarth, *Lord Arundel and His Circle*, New Haven, 1985.

D. Lieven, *The Aristocracy in Europe, 1815-1914*, London: MacMillan, 1992.

D. Loades, *John Dudley, Duke of Northumberland 1504-1553*, Oxford: Clarendon Press, 1997.

D. MacCulloch, *Thomas Cranmer : A Life*, New Haven: Yale University Press, 1996.

D. MacCulloch, *The Later Reformation in England 1547-1603*, New York: Palgrave, 2001.

D. M. Barratt, *Conditions of the Parish Clergy from the Reformation to 1660 in the Dioceses of Oxford*, Oxford: University of Oxford, 1950.

D. McClatchey, *Oxfordshire Clergy 1777-1869: A Study of the Establishment Church and the role of its Clergy in local Society*, Oxford: Oxford University Press, 1960.

D. M. Palliser, *The Age of Elizabeth: England under the Later Tudors 1547-1603*, London & New York: Longman, 1983.

Drew D. Gray, *Crime, Prosecution and Social Relations—The Summary Courts of the City of London in the Late Eighteenth Century*, Palgrave Macmillan, 2009.

D. Spaeth, *The Church in an Age of Danger: Parsons and Parishioners 1660-1740*, Cambridge: Cambridge University Press, 2000.

D. W. Hayton, *The History of Parliament: The House of Commons, 1690-1715*, vol. I, Cambridge: Cambridge Press, 2002.

E. B. Frye and E. Miller, *Historical Studies of the English Parliament*, Cambridge: Cambridge University Press, 1970.

E. Carpenter, *The Protestant Bishop: Being the Life of Henry Compton 1632-1713 Bishop of London*, London: Longmans, 1956.

E. C. Black, *The Association. British Extraparliamentary Political Organization 1769-1796*, Cambridge: Cambridge University Press, 1963.

E. Cruickshanks, J. Black, *The Jacobite Challenge*, Edinburgh: Humanities Press, 1988.

Edward Thompson, *Whigs and Hunters: The Origin of the Black Act*, Breviary Stuff Publications, 2013.

E. H. Pearce, *The Sons of the Clergy 1655-1904*, London : John Murray, 1904.

E. J. Evans, *The Great Reform Act of 1832*, London & New York, 1983.

Eleanor Gordon and Nair Gwyneth, *Public Lives: Women, Family and Society in Victorian Britain*, Yale University Press, 2003.

E. N. Williams, *The Eighteenth Century Constitution*, Cambridge: Cambridge University Press, 1977.

F. Heal, *Prelates and Princes: A Study of the Economic and Society Position of the Tudor Episcopate*, Cambridge: Cambridge University Press, 1980.

F. J. Fisher, ed., *Essays in the Economic and Social History of Tudor and Stuart England*, Cambridge, 1961.

F. M. L. Thompson, *English Landed Society in the Nineteenth Century*, Routledge, 1963.

F. Pottle, ed., *Boswell's London Journal, 1762-1763*, London: Harborough Publishing Co. Ltd., 1950.

François Crouzet, *The Victorian Economy*, Methuen, 1982.

Frank K. Prochaska, *Women and Philanthropy in Nineteenth-Century England*, Clarendon Press, 1980.

F. W. Matiland, *The Constitutional History of England*, Cambridge: Cambridge University Press, 1975.

G. E. Mingay, *English Landed Society in the Eighteenth Century*, London, 1963.

G. E. Mingay, *The Gentry: The Rise and Fall of a Ruling Class*, London, 1976.

G. E. Mingay, ed., *The Unquiet countryside*, New York: Routledge, 1989.

G. Holmes, *Britain after the Glorious Revolution 1689-1714*, London: Macmillan Press, 1969.

G. Holmes, *The Trial of Doctor Sacheverell*, London: Routledge, 1973.

G. M. Trevelyan, *English Social History*, Longman, 1978.

G. R. Elton, *Studies in Tudor and Stuart Politics and Government*, Vol.2, Cambridge:

Cambridge University Press, 1974-1983.

Hannah Barker, *Newspapers, Politics and Public Opinion in Late Eighteenth Century England*, Oxford: Oxford University Press, 1998.

Hannah Barker, *Newspapers, Politics and English Society 1695-1855*, London: Longman, 2000.

H. D. Dikinson, *Bolingbroke*, London: Constable, 1979.

H. Kamen, *European Society 1500-1700*, London: Hutchinson & Company Ltd., 1984.

H. Miller, *Henry VIII and the English Nobility*, Oxford: Basil Blackwell Ltd., 1986.

H. M. Scott, *The European Nobilities in the Seventeenth and Eighteenth Century*, Vol.1, West Europe, London, 1995.

H. Parish, *Clerical Marriage and the English Reformation*, Aldershot Hants: Ashgate, 2000.

H. T. Dickinson, *The Politics of the People in Eighteenth-Century Britain*, Basingstoke, 1995.

H. Zmora, *Monarchy, Aristocracy and the State in Europe 1300-1800*, London: Routledge, 2001.

I. Jennings, *Party Politics*, Cambridge: Cambridge University Press, 1961.

J. A. Sharpe, *Early Modern England: A Social History 1550-1760*, London: Edward Arnold, 1987.

J. A. Sharpe, *Crime in Early Modern England, 1550-1750*, Longman Group Ltd., 1999.

James Fitzjames Stephen, *A History of the Criminal law of England*, Macmillan, 1883.

J. Black, *Historical Atlas of Britain: The End of the Middle Ages to the Georgian Era*, Sutton Publishing Ltd., 2000.

J. Cannon, *Parliamentary Reform 1640-1832*, Cambridge: Cambridge University Press, 1982.

J. Cannon, *Aristocratic Century: The Peerage of Eighteenth Century England*, Cambridge: Cambridge University Press, 1984.

J. C. D. Clark, *English Society 1660-1832: Religion, Ideology and Politics during the Ancien Regime*, Cambridge University Press, 2000.

Jeremy Black, *Historical Atlas of Britain: The End of the Middle Ages to the Georgian Era*, Sutton Publishing Ltd., 2000.

Jeremy Black, *The English Press in the Eighteenth Century*, London: Routledge, 2011.

Jeremy Boulton, *Neighbourhood and Society—A London Suburb in the Seventeenth*

Century, Cambridge: Cambridge University Press, 2005.

Jeremy Gregory and John Stevenson, *The Routledge Companion to Britain in the Eighteenth Century 1688-1820*, London and New York: Routledge, 2007.

J. G. A. Pocock, ed., *Three British Revolutions: 1641, 1688, 1776*, Princeton: Princeton University Press, 1980.

J. H. Primus, *Richard Greenham: Portrait of an Elizabethan Pastor*, Macon: Mercer University Press, 1998.

J. M. Beattie, *Crime and the Courts in England, 1660-1800*, Princeton, 1986.

Joan R. Kent, *The English Village Constable: A Social and Administrative Study, 1580-1642*, Oxford University Press, 1986.

John Briggs, Christopher Harrison, Angus McInnes, David Vincent, *Crime and Punishment in England: A Introductory History*, New York: St Martin's Press, 1996.

John Brewer and John Styles, eds., *An Ungovernable People: the English and their law in the Seventeenth and Eighteenth Centuries*, Han Chen Xun Press, 1983.

John Guy, ed., *The Tudor Monarchy*, London and New York: Arnold, 1997.

Jonathan Dewald, *The European Nobility 1400-1800*, Cambridge University Press, 1996.

J. P. Cooper, ed., *The New Cambridge Modern History*, Vol. IV, *The Decline of Spain and the Thirty Years War 1609-48/59*, London & New York: Cambridge University Press, 1971.

J. P. Kenyon, ed., *The Stuart Constitution: Documents and Commentary*, Cambridge: Cambridge University Press, 1980.

J. Pruett, *The Parish Clergy under the Later Stuarts*, Urbana: Illinois University Press, 1978.

J. R. Lander, *Crown and Nobility, 1450-1509*, London: Edward Arnold Ltd., 1997.

J. S. Cockburn, ed., *Crime in England, 1550-1800*, Princeton University Press, 1977.

J. S. Chamberlain, *Accommodating High Churchmen: The Clergy of Sussex 1700-45*, Chicago: Illinois University Press, 1997.

J. Thrisk, *The Agrarian History of England and Wales*, Vol.4, 1500-1640, Cambridge, 1967.

J. V. Beckett, *The Aristocracy in England 1660-1914*, Oxford: Basil Blackwell, 1986.

J. Walsh, C. Haydon, S. Taylor, *The Church of England, 1689-1833, From Toleration to Tractarianism*, Cambridge: Cambridge University Press, 1993.

J. Ward, *English Noblewomen in the Later Middle Ages*, London & New York: Longman, 1992.

Kathleen Wilson, *The Sense of the People: Politics, Culture and Imperialism in England, 1715-1785*, Cambridge: Cambridge University Press, 1995.

Katrina Honeyman, *Women, Gender and Industrialisation in England 1700-1870*, Macmillan Press, 2000.

K. B. McFarlane, *The Nobility of Later Medieval England*, Oxford: Clarendon Press, 1973.

K. D. Reynolds, *Aristocratic Women and Political Society in Victorian Britain*, Clarendon Press, 1998.

Keith Thomas, *Man and the Natural World: Changing Attitudes in England, 1500-1800*, Harmondsworth, 1984.

Keith Wrightson, David Levine, *Poverty and Piety in An English Village*, New York: Academic Press, 1979.

Keith Wrightson, *English Society 1580-1680*, Routledge, Taylor & Francis Group, 2003.

Kevin Sharpe, ed., *Faction and Parliament: Essays on Early Stuart History*, Oxford: Clarendon Press, 1978.

K. Fincham, *Prelate as Pastor: The Episcopate of James I*, Oxford: Oxford University Press, 1990.

K. Fincham, *The Early Stuart Church 1603-1642*, Standford: Standford University Press, 1993.

K. Mertes, *The English Noble Household, 1250-1600: Good Governance and Politic Rule*, Oxford: Basil Blackwell Ltd., 1988.

Lawrence James, *Aristocrats Power, Grace and Decadence: Britain's great ruling class from 1066 to the present*, London: ABACUS, 2010.

L. Bonfield, etc. ed., *The World We Have Gained: Histories of Population and Social Structure: Essays Presented to Peter Laslett on His Seventith Birthday*, Oxford: Basil Blackwell Ltd., 1986.

L. Davison, *Stilling the Grumbling Hive: The Response to Social and Economic Problems in England, 1689-1750*, London: Stroud, 1972.

Lewis Charles Bernard Seaman, *Victorian England: Aspects of English and Imperialist History 1877-1901*, Routledge, 1973.

L. Namier and J. Brooke, *The History of Parliament: The House of Commons, 1754-1790*, vol. I, London: Secker Warburg Press, 1964.

Lord Longford, *The House of Lords*, London: Collins, 1988.

参考文献

L. Stone, *Social Change and Revolution in England 1540-1640*, London, 1965.

L. Stone, *The Crisis of the Aristocracy 1558-1641*, Abridged Edition, Oxford: Oxford University Press, 1967.

L. Stone, *The Family, Sex and Marriage in England 1500-1800*, Abridged Edition, New York: Harper and Row Publishers, 1979.

L. Stone & J. C. F. Stone, *An Open Elite? England 1540-1880*, Oxford: Clarendon Press, 1984.

M. A. A. Thompson, *Constitutional History of England 1642-1801*, London: Macmillan Press, 1938.

M. A. R. Graves, *The Tudor Parliaments: Crown, Lords and Commons, 1485-1603*, Longman, 1985.

M. Bowker, *The Henrician Reformation: The Diocese of Lincoln under John Longland, 1521-1547*, Cambridge: Cambridge University Press, 1981.

M. Dowling, *Fisher of Men: A Life of John Fisher*, New York: Palgrave Macmillan, 1999.

M. Jeanne Peterson, *Family, Love and Work in the Lives of Victorian Gentlewomen*, Indiana University Press, 1989.

Michael Reed, *The Georgian Triumph 1700-1830*, London: Routledge and Kegan Paul, 1983.

M. L. Bush, *The European Nobility*, Vol.1 noble privilege, Manchester: Manchester University Press, 1983.

M. L. Bush, *The English Aristocracy: A Comparative Synthesis*, Manchester: Manchester University Press, 1984.

M. L. Bush, ed., *Social Orders and Social Classes in Europe since 1500: Studies in Social Stratification*, London & New York: Longman, 1992.

M. S. Anderson, *European In the Eighteenth Century 1713-1783*, Second Edition, New York: Longman Group Ltd., 1976.

M. Skeeters, *Community and Clergy: Bristol and the Reformation, 1530-1570*, Oxford: Oxford University Press, 1993.

N. Landau, *The Justices of the Peace 1679-1760*, Berkeley: California University Press, 1984.

Paul Langford, *The Excise Crisis: Society and Politics in the Age of Walpole*, Oxford: Oxford University Press, 1975.

Paul Langford, *Public Life and the Propertied Englishman*, Oxford: Oxford University Press, 1991.

355

P. D. G. Thomas, *The House of Commons in the Eighteenth Century*, Oxford: Clarendon Press, 1971.
P. Heath, *The English Parish Clergy on the Reformation*, London: Routledge, 1969.
P. Hembry, *The Bishops of Bath and Wells 1540-1640*, London: Athlone Press, 1967.
Philip Carter, *Men and the Emergence of Polite Society, Britain 1660-1800*, Edinburgh: Pearson Education Ltd., 2001.
P. Kriedte, *Peasants, Landlords and Merchant Capitalists 1500-1800*, Cambridge, 1993.
P. Marshall, *The Catholic Priesthood and the English Reformation*, Oxford: Oxford University Press, 1994.
P. N. Brooks, *Reformation Principle and Practice, Essays in Honour of A. G. Dickens*, London: Scolar Press, 1980.
P. Zagorin, *Rebels and Rulers, 1500-1660*, Vol.1: Society, States and Early Modern Revolution, Agrarian and Urban Rebellions, Cambridge: Cambridge University Press, 1982.
R. Christophers, *Social and Educational Background of the Surrey Clergy 1520-1620*, London: University of London, 1975.
R. G. Thorne, *The History of Parliament: The House of Commons, 1790-1820*, vol. I, London: Secker Warburg Press, 1986.
R. Hall, S. Richardson, *The Anglican Clergy and Yorkshire Politics in the Eighteenth Century*, York: York University Press, 1998.
Richard Cust & Ann Hughs, ed., *Conflict in Early Stuart England: Studies in Religion and Politics 1603-1642*, London and New York: Longman, 1989.
Richard Cust & Ann Hughs, ed., *The English Civil War*, London and New York: Arnold, 1997.
R. J. Holton, *The Transition from Feudalism to Capitalism*, London: MacMillan, 1985.
Roger Lockyer, *The Early Stuarts: A Political History of England 1603-1642*, London and New York: Longman, 1989.
R. O'Day, *Clerical Patronage and Recruitment in England in the Elizabethan and Early Stuart Periods*, London: University of London, 1972.
R. O'Day, F. Heal, *Continuity and Change : Personnel and Administration of the Church in England 1500-1642*, Leicester: Leicester University Press, 1976.
R. O'Day, *The English Clergy: The Emergence and Consolidation of a Profession 1558-1642*, Leicester: Leicester University Press, 1979.

R. O' Day, F. Heal, *Princes and Paupers in the English Church 1500-1800*, Leicester: Leicester University Press, 1981.

R. O'Day, *Education and Society, 1500-1800*：*The Social Foundations of Education in Early Modern Britain*, London: Longman, 1982.

R. O'Day, *The Family and Family Relationships, 1500-1900: England France and the United States of America*, London: MacMillan, 1994.

R. O'Day, *The Professions in Early Modern England 1450-1800: Servants of the Commonweal*, Harlow Essex: Pearson Education, 2000.

R. Pares, *King George III and the Politicians*, Oxford University Press, 1973.

R. Porter, *English Society in the Eighteenth Century*, London: Penguin Books, 1990.

R. Sedgwick, *The History of Parliament: The House of Commons, 1715-1754*, vol. I, London: Her Majesty's Stationery Office, 1970.

Sandra Clark, *Women and Crime in the Street Literature of Early Modern England*, New York: Palgrave Macmillan Press, 2003.

S. Doran, C. Durston, *Princes Pastors and People: The Church and Religion in England 1500-1700*, London: Routledge, 2003.

S. H. Beer, *Modern British Politics: A Study of Parties and Pressure Groups*, London: Stroud Press, 1965.

Sir D. L. Keir, *The Constitutional History of Modern Britain since 1485*, London, Stroud Press, 1964.

S. J. Gunn, *Early Tudor Government 1485-1558*, Macmillan, 1995.

S. K. Tillyard, *Aristocrats: Caroline, Emily, Lousia, and Sarah Lennox, 1740-1832*, Vintage, 1995.

Susie L. Steinbach, *Understanding the Victorians: Politics, Culture and Society in Nineteenth Century Britain*, London and New York: Routledge, 2012.

Suzanne Fagence Cooper, *The Victorian Women*, V&A Publications, 2001.

T. Hart, *The Country Clergy in Elizabethan and Stuart Times 1558-1660*, London: Phoenix House, 1958.

T. Hart, *Clergy and Society 1600-1800*, London: S. P. C. K. for the Church Historical Society, 1968.

T. Hart, *The Curat's Lot*：*the Story of the Unbeneficed English Clergy*, London: John Baker, 1970.

Tim Cooper, *The Last Generation of English Catholic Clergy: Parish Priests in the*

Diocese of Coventry and Lichfield in the Early Sixteenth Century, Woodbridge: Boydell Press, 1999.

Trevor Aston, ed., *The Brenner Debate: Agrarian Class Structure and Economic Development in Pre-industrial Europe*, Cambridge, 1985.

T. Webster, *Godly Clergy in Early Stuart England*, Cambridge: Cambridge University Press, 1997.

Venetia Murray, *High Society: A Social History of the Regency Period 1788-1830*, London: the Penguin Group, 1998.

V. G. Kiernan, *State and Society in Europe, 1550-1650*, New York: Basil Blackwell Ltd., 1986.

Wallace MacCaffrey, *Elizabeth I*, London: Edward Arnold, 1993.

Walter E. Houghton, *The Victorian Frame of Mind 1830-1870*, Yale University Press, 1964.

W. A. Speck, *Reluctant Revolutionaries: Englishmen and the Revolution of 1688*, Oxford: Oxford University Press, 1988.

W. Bagehot, *The English Constitution*, Oxford: Oxford University Press, 1933.

W. Doyle, *The Old European Order 1660-1800*, Oxford: Oxford University Press, 1978.

W. G. Hoskins, *The Age of Plunder: The England of Henry VIII, 1500-1547*, London and New York: Longman, 1979.

W. Gibson, *The Domestic Chaplain 1530-1840*, Leicester: Leicester University Press, 1997.

William B. Willcox Walter L. Arnstein, *The Age of Aristocracy 1688 to 1830*, Lexington: D. C. Heath and Company, 1988.

W. M. Jacob, *Clergy and Society in Norfolk 1707-1806*, Exeter: University of Exeter, 1982.

W. M. Jacob, N. Yates, *Crown and Mitre: Religion and Society in Northern Europe Since the Reformation*, Woodbridge: Boydell Press, 1993.

W. M. Jacob, *The Clerical Profession in the Long Eighteenth Century 1680-1840*, Oxford: Oxford University Press, 2007.

W. Prest, *The Professions in Early Modern England*, London: Croom Helm, 1987.

W. Reinhard, *Power Elites and State Building*, Oxford: Clarendon Press, 1996.

W. Speck, *Stability and Strife: England 1714-1760*, London: Edward Arnold, 1977.

W. Stubbs, *The Constitutional History of England*, London: Clarendon Press, 1926-1929.

后 记

本书是教育部人文社会科学研究一般项目"转型时期英国社会重构与社会关系调整研究"（项目批准号 10YJA770018）的最终成果。诚挚感谢在本项目研究过程中给予指导与帮助的专家学者！诚挚感谢对本项目研究提出宝贵意见与建议的王晋新教授、陈晓律教授、石庆环教授、于文杰教授、吴舒屏教授！

本书撰写分工如下：
序　言　姜德福
第一章　姜德福
第二章　朱君杙　姜德福
第三章　姜德福　王兆鹏
第四章　马雪松　姜德福
第五章　姜德福
第六章　王萍薇　姜德福
第七章　马俊燕　姜德福